Jahrbuch z'Rieche 2020

HERAUSGEBERIN STIFTUNG Z'RIECHE
© 2020 VERLAG Z'RIECHE.
FRIEDRICH REINHARDT VERLAG, BASEL
ISBN 978-3-7245-2440-3
REDAKTION ROLF SPRIESSLER
LEKTORAT SABINE KRONENBERG
KORREKTORAT BRIGITTA KAUFMANN
GESTALTUNG FORMSACHE, SYLVIA PFEIFFER
AUFTRAGSFOTOGRAFIE URSULA SPRECHER
BILDAUFBEREITUNG PATRICK BERNET
DRUCK WERNER DRUCK & MEDIEN AG

www.zrieche.ch

Für die Unterstützung bei der Herausgabe des ‹Jahrbuchs z'Rieche› 2020 danken wir herzlich: Daniele Agnolazza, Cornelius Birrer, Bürgerkorporation Riehen, Bürgerinnenkorporation Riehen, Brüderlin Merkle Architekten AG, Kommunität Diakonissenhaus, Stiftung Dominikushaus, Paul A. und Niina Eschmann, Fan & Söhne Bodenbeläge GmbH, Willi und Dorothee Fischer-Pachlatko, Gewerbehaus Riehen AG, Handels- und Gewerbeverein Riehen, Beat Kaufmann, Gerhard Kaufmann, Hanspeter und Esther Kiefer-Volkart, Esther Knecht, Edith Lohner, Gabriela Mangani, Werner Mory, Lorenz Müller Schreinerei, Paul Müller, Dr. Peter Nussberger, Heinz Oehen, Georg Osswald, Samuel Preiswerk-Tschopp, Petra Priess, QVN Quartierverein Niederholz Riehen, Ribi Malergeschäft AG, Ariane Rihm Tamm, Geologiebüro Ryser GmbH, Sylvia Schindelholz, Oliver Schlösser Gartenbau, Annelise Schmid-Fischer, Helene Schmid-Hari, Jürg Sollberger, Christoph Schudel, Paul Spring, Robert und Ruth Stritmatter-Braun, Tierpraxis mondo a Gianini & Co., Dr. Heiner Vischer, Stephan und Christine Wenk-Furter, Sabine Wicki, Peter Zinkernagel. Stand: 13. Oktober 2020.

Wenn Sie die Herausgabe des ‹Jahrbuchs z'Rieche› ebenfalls unterstützen möchten, freuen wir uns auf Ihre Kontaktaufnahme unter stiftung@riehener-jahrbuch.ch.

INHALT

	Vorwort	5
	Editorial	7
KLIMA		
	Das Klima von Riehen – einst und heute DANIEL HERNÁNDEZ, GIAN-KASPER PLATTNER	10
	Klimawandel im Schlipf – Winzer Rinklin erzählt DANIEL HERNÁNDEZ	22
	Wie aus einem Schulstreik eine weltweite Bewegung wurde NATHALIE REICHEL	26
	Wald im Klimawandel – wohin führt die Reise? LUZIUS FISCHER, ANDREAS WYSS	36
	Unterwegs zum Masterplan Hochwasserschutz	
	CHRISTIAN JANN, SALOME LEUGGER ARNOLD	46
	Energiepolitisch immer am Ball RICHARD GRASS	54
	Das Klima. Zweiter Akt. URSULA SPRECHER	60
Z'RIECHE		
	Ein Virus stellt die Gesellschaft auf die Probe ROLF SPRIESSLER	70
	Austausch eines Engels gegen fünf Monster STEFAN HESS	76
	Im Dienst des Wortes VALENTIN HERZOG, EDITH LOHNER	86
	Musik mitten im Dorf DOMINIK HEITZ	96
	Moosrain – wo die Diakonie zu Hause ist THOMAS WIDMER-HUBER	102
	Grenzgängerin zwischen Erinnerung und wahrer Fiktion MICHÈLE FALLER	110
	Bewegung als Grundlage fürs Leben ROLF SPRIESSLER	116
CHRONIK		
VEREINE / INSTITUTIONEN	Chronik Vereine und Institutionen ROLF SPRIESSLER	124
KULTUR	Kulturchronik MICHÈLE FALLER	132
SPORT	Sportchronik ROLF SPRIESSLER	142
RELIGION	Römisch-katholische Pfarrei St. Franziskus Riehen-Bettingen	
	CHRISTOPH BOSSART, ODO CAMPONOVO	153
	Evangelisch-reformierte Kirchgemeinde Riehen-Bettingen ANDREAS KLAIBER	154
POLITIK	Schwerpunkte der Gemeindepolitik	157
	Aus den Sitzungen des Einwohnerrats	159
	Gremien und Behörden	165
	Wahlen und Abstimmungen	167
	Bürgeraufnahmen	168
MENSCH UND ZEIT	Unsere Jüngsten	171
	Unsere Jubilare	173
	Unsere Verstorbenen	175
	Paul Jungi-Schweizer (29.09.1944–07.03.2020) ROLF SPRIESSLER	179
	Theo Meyer (21.12.1950–31.03.2020) WERNER BLATTER	180
	Hedwig Vogt-von der Crone (18.09.1915–25.10.2019) ROLF SPRIESSLER	181
	Johannes Wenk-Madoery (12.03.1930–05.05.2020) ROLF SPRIESSLER	182

AUTORINNEN UND AUTOREN

WERNER BLATTER	Journalist BR, Redaktor ‹Kleinbasler-Zeitung›
CHRISTOPH BOSSART	Pfarreiratspräsident römisch-katholische Pfarrei St. Franziskus Riehen-Bettingen
ODO CAMPONOVO	Koordinator römisch-katholische Pfarrei St. Franziskus Riehen-Bettingen
MICHÈLE FALLER	lic. phil., Kunsthistorikerin, Historikerin, Redaktorin ‹Riehener Zeitung›
LUZIUS FISCHER	Forstingenieur ETH, Amt für Wald beider Basel, Mitglied Naturschutzkommission Riehen
RICHARD GRASS	Dipl. Bauingenieur HTL, ehemaliger Leiter Abteilung Tiefbau und Verkehr Gemeinde Riehen, ehemaliger Verwaltungsrat Wärmeverbund Riehen AG
DOMINIK HEITZ	lic. phil., Redaktor ‹Basler Zeitung›
DANIEL HERNÁNDEZ	M. A., Meteorologe, Geograf, Lehrer, Betreiber der Meteorologischen Stationen Basel-Bernoullianum und Bettingen
VALENTIN HERZOG	Dr. phil., Literaturwissenschaftler, ehemaliger Gymnasiallehrer, Autor, Gründungsmitglied und Präsident der Arena Literaturinitiative
STEFAN HESS	Dr. phil., Historiker, Kunsthistoriker, wissenschaftlicher Mitarbeiter der Dokumentationsstelle Riehen
CHRISTIAN JANN	Dipl. Bauingenieur FH, Fachbereichsleiter Ver- und Entsorgung, Gemeindeverwaltung Riehen
ANDREAS KLAIBER	Pfarrer Kornfeld-Andreas, evangelisch-reformierte Kirchgemeinde Riehen-Bettingen
SALOME LEUGGER ARNOLD	Dipl. Umweltnaturwissenschaftlerin ETH, Fachstelle Umwelt, Gemeindeverwaltung Riehen
EDITH LOHNER	Buchhändlerin, Leitung Kaleidoskop in der Arena
GIAN-KASPER PLATTNER	Dr. phil. nat., Klimawissenschaftler, Senior Scientist und Leiter Forschungsprogramm an der Eidgenössischen Forschungsanstalt für Wald, Schnee und Landschaft WSL
NATHALIE REICHEL	B. A., Medienwissenschaftlerin, Altertumswissenschaftlerin, freie Mitarbeiterin ‹Riehener Zeitung›
ROLF SPRIESSLER	Redaktor ‹Riehener Zeitung›
THOMAS WIDMER-HUBER	reformierter Pfarrer VDM, Klinikseelsorger Sonnenhalde, Gemeinschafts- und Fachstellenleiter Verein Offene Tür, Präsident Verein Lebensgemeinschaft Moosrain
ANDREAS WYSS	eidg. dipl. Förster, Revierförster Riehen, Bettingen und Kleinbasel, Betriebsleiter Forstbetrieb der Einwohnergemeinde Riehen

Die Bildbeiträge stammen von URSULA SPRECHER, Fotografin.

Die Autorinnen und Autoren verantworten den Inhalt ihrer Beiträge. Ihre Sichtweise und ihre Schwerpunkte müssen sich weder mit den Ansichten der Redaktion noch mit denen der Herausgeberin decken.

VORWORT

60 Jahre ‹Jahrbuch z'Rieche›

Dieses Jahr feiert das ‹Jahrbuch z'Rieche› seinen 60. Geburtstag. Ins Leben gerufen wurde es 1961 vom Buchhändler und Verleger Theo Schudel, Herausgeber war der Verkehrsverein. Ziel des Jahrbuchs war es, «die Bürger und Einwohner mit ihrem Wohnort vertrauter zu machen, ihr Wissen um die Heimat zu mehren und die Liebe zu ihr zu vertiefen». Die Weitsicht der Initiatorinnen und Initiatoren lässt sich daran ermessen, dass dieses Ziel an Aktualität nichts eingebüsst hat und – in etwas anderen Worten – auch für diese und kommende Ausgaben Verwendung finden kann.
Die Idee eines Jahrbuchs fiel in eine Zeit, in der sich viel veränderte und Riehen sich gegenüber Basel und dem Kanton Basel-Stadt vermehrt als eigenständige Gemeinde positionierte. Vertrauen zu schaffen und Verbundenheit zu stärken in Zeiten der Veränderung, ist eine Aufgabe, die nicht hoch genug eingeschätzt werden kann. Sie gewinnt insbesondere im Zeitalter von Digitalisierung und Globalisierung verstärkt an Bedeutung.
Das Vorhandensein von Möglichkeiten allein füllt die Menschen nicht aus. Im Gegenteil: Die damit verbundene Notwendigkeit, sich in der schier unendlichen Fülle von Optionen zurechtzufinden und zu wählen, stellt eine grosse Herausforderung dar. Im Niemandsland kann sich niemand orientieren. Darum sind Bezüge und Wegmarken wichtig. Einen solchen Bezug schafft das ‹Jahrbuch z'Rieche›, weil es – bezogen auf unsere Gemeinde – Einblicke in Vergangenes gewährt, über aktuelle Themen und Ereignisse berichtet und herausragende Leistungen einzelner Personen, Vereine, Institutionen und Firmen würdigt. Darüber hinaus schreibt es seit mittlerweile 60 Jahren systematisch die Riehener Chronik fort.
Es ist noch nicht allzu lange her, dass in den politischen Gremien der Gemeinde eine intensive Diskussion darüber geführt wurde, ob das Jahrbuch noch zeitgemäss sei und das weitere finanzielle Engagement der Gemeinde rechtfertigen würde. Diese Fragen zu stellen, ist selbstverständlich legitim. Der Bezug auf seine Historie ist allein keine ausreichende Begründung für die Fortsetzung eines Engagements. Weil sich der Stiftungsrat in den vergangenen zwei Jahren

jedoch intensiv mit grundsätzlichen Fragen beschäftigt hatte, konnte er diese Fragen klar und eindeutig beantworten: Das ‹Jahrbuch z'Rieche› erfüllt nach wie vor eine wichtige Aufgabe und eine Fortführung liegt darum nicht nur im Interesse der Stiftung, sondern der Gemeinde und der Bevölkerung insgesamt. Die breite Unterstützung, die der Stiftungsrat im Rahmen dieser Diskussion erfahren durfte, sei an dieser Stelle herzlich verdankt.

Das ‹Jahrbuch z'Rieche› darf nicht bloss als Archiv für Daten und Fakten verstanden werden. Das Jahrbuch ist vielmehr eine Chronik, die aktuelle Themen aufgreift, aus verschiedenen Perspektiven beleuchtet und inhaltliche Zusammenhänge herstellt. Es leistet damit eine wesentliche Ergänzung zu den wichtigen Aufgaben, mit denen die Dokumentationsstelle der Gemeinde betraut ist. Dem ‹Jahrbuch z'Rieche› ist es in seiner 60-jährigen Geschichte immer wieder gelungen, Kontinuität und Innovation zu verbinden, so etwa 1992, als die Rubrik «Unsere Jüngsten» und damit eine Auflistung aller Geburten in Riehen aufgenommen wurde, 2005, als dem Jahrbuch die CD «Riehener Klanglandschaften» beilag, oder 2015, als sich die Leserinnen und Leser am Booklet «Riehener Restaurants und Cafés» erfreuen konnten. 2019 wurden ein grafisches Redesign vorgenommen und der Teil «z'Rieche» und die «Chronik» erweitert. In den kommenden Jahren wird der Stiftungsrat einen Fokus darauf richten, den reichen Schatz an Artikeln zu den verschiedensten Themen der vergangenen Jahre noch intensiver zu vernetzen sowie Kooperationen auszubauen.

Hinter der Konzeption und Herausgabe jedes der bisher erschienenen Jahrbücher steckt viel Arbeit und viel Begeisterung. Mehr als 300 Personen haben bisher Inhalte beigesteuert und dazu beigetragen, Riehen und die vielfältigen Engagements seiner Bewohnerinnen und Bewohner aus immer neuen Perspektiven zu beleuchten. Ihnen allen, genauso wie den Verantwortlichen für inhaltliche Konzeption, Gestaltung und Druck, den Mitgliedern der 2019 gegründeten Vereinigung «Pro Jahrbuch z'Rieche», dem Gemeinderat und allen Leserinnen und Lesern danke ich an dieser Stelle herzlich für ihre Beiträge, ihr Interesse und ihre Treue.

Ich freue mich zusammen mit dem gesamten Stiftungsrat auf viele weitere Jahrgänge unseres Jahrbuchs.

FELIX WERNER, PRÄSIDENT STIFTUNG Z'RIECHE

EDITORIAL

Liebe Leserin, lieber Leser

Wer auf das Jahr 2020 zurückblickt, kommt um Covid-19 nicht herum – einen viralen Krankheitserreger, der sich ab Anfang Jahr von China ausgehend auf der ganzen Welt ausbreitete und zur Pandemie wurde. Dieses Coronavirus schränkte das Leben auch bei uns ganz erheblich ein und tut es immer noch. Der Begriff ‹Corona-Krise› ist in aller Munde. Ausbildungsstätten und Geschäfte wurden während fast zwei Monaten in einem sogenannten ‹Lockdown› geschlossen, Veranstaltungen abgesagt. Existenzen sind bedroht. Selbstverständlichkeiten hängen plötzlich in der Schwebe. Wie sich die Krise weiterentwickelt und wie lange sie unseren Alltag noch entscheidend prägen wird, ist offen. Und wie der Umgang von Politik und Gesellschaft mit Covid-19 im Rückblick zu beurteilen ist, wird sich erst in einigen Jahren sagen lassen.

Weil sich das Phänomen ‹Corona› in seinen ersten Auswirkungen beschreiben, nicht aber abschliessend einordnen und beurteilen lässt, haben wir ihm zwar ein Kapitel gewidmet im aktuellen Jahrbuch, es aber nicht zum Hauptthema erhoben. Denn 2019 ahnte niemand diese Pandemie voraus – und trotz Covid-19 ging das Leben 2020 auch bei uns weiter. Die Ungewissheiten führten allerdings dazu, dass der Schreib- und Zeichenwettbewerb für Kinder 2020 nicht stattfand. Er wird 2021 voraussichtlich in erneuerter Form wieder ausgeschrieben.

Der thematische erste Teil dieses Jahrbuchs widmet sich dem Klima mit besonderem Blick auf das Lokale, was sicher eine grössere und langfristigere Bedeutung für uns alle hat als die Auswirkungen der Corona-Krise. Die wissenschaftlichen Daten und Erkenntnisse zum lokalen Klima, die als Auftakt präsentiert werden, sind aufschlussreich. Die Erfahrungen eines Winzers und ein Blick auf unsere Wälder und Gewässer vertiefen und ergänzen sie. Dass man sich in Riehen schon früh Gedanken zur umweltschonenden und nachhaltigen Energiegewinnung gemacht hat, zeigt ein weiteres Kapitel auf. Und schliesslich gilt es auch, das Engagement unserer Jugend für den Klimaschutz zu würdigen.

Gerade in einer Zeit der Beschränkungen lohnt es sich, den persönlichen Horizont zu erweitern und über das Einengende hinauszublicken – sei es, indem man sich die trotzdem stattfindenden kulturellen, politischen, gesellschaftlichen oder sportlichen Ereignisse vergegenwärtigt, sei es im Rückblick auf Vergangenes, etwa die Entwicklung einer vor 100 Jahren gegründeten Pflegeanstalt für Alte und Gebrechliche zu einem modernen Generationenhaus, die bereits jahrzehntelang gepflegte Auseinandersetzung mit Literatur oder einen wichtigen Gefangenenaustausch im Zusammenhang mit dem ‹Frieden von Basel› 1795, bei dem Riehen eine wichtige Rolle spielte.

In diesem Sinne wünsche ich Ihnen eine spannende Lektüre, viele Aha-Erlebnisse und das Gefühl, sich in der Heimat vertraut, verstanden und geborgen zu fühlen.

ROLF SPRIESSLER, REDAKTOR

KLIMA

Feuerstelle beim Naturbad Riehen, Juli 2020. Dieser Juli war der trockenste in der Region seit Messbeginn 1864: In Riehen fielen nur 5,7 Millimeter Niederschlag (7 Prozent der Norm von 1961–1990), in Bettingen lediglich 14 Millimeter.

Das Klima von Riehen – einst und heute

DANIEL HERNÁNDEZ UND GIAN-KASPER PLATTNER

Der Klimawandel findet statt – er ist weltweit, in der Schweiz und auch in Riehen eindeutig mess- und spürbar. Die Klimaerwärmung und die vielen daraus resultierenden Effekte werden sich in Zukunft weiter verstärken. Die Auswirkungen auf Natur, Gesellschaft und Wirtschaft sind vielfältig und betreffen alle Regionen der Schweiz und alle Sektoren. Wir werden uns als Gesellschaft an das sich verändernde Klima gewöhnen und anpassen müssen, um negative Auswirkungen möglichst gering zu halten. Zur Eingrenzung des Klimawandels und dessen Folgen ist eine Reduktion der Treibhausgasemissionen unumgänglich.

Die Erde erwärmt sich und der Mensch trägt dafür die Verantwortung. Gemäss dem Spezialbericht des Intergovernmental Panel on Climate Change (IPCC) zu «1,5 °C Globale Erwärmung»[1] hat sich die Erde seit Beginn der Industrialisierung aufgrund menschlicher Aktivitäten um zirka 1 Grad Celsius erwärmt. Der Mensch beeinflusst das Klima durch die Emissionen von Treibhausgasen, insbesondere von Kohlendioxid (CO_2), aufgrund der zunehmenden Verbrennung fossiler Brenn- und Treibstoffe sowie durch die Abholzung tropischer Regenwälder und die Landnutzung. Die CO_2-Konzentration in der Atmosphäre ist in der Folge heute zirka 40 Prozent höher und ihr Anstieg ging in den letzten 20 Jahren 10 Mal rascher vonstatten als je zuvor in den letzten 800 000 Jahren. Die Auswirkungen des Klimawandels sind heute weltweit mess- und spürbar, zum Beispiel an erhöhten Lufttemperaturen über Land und Ozean, wärmeren Meeren, schmelzenden und verschwindenden Gletschern, steigendem Meeresspiegel, zunehmender Ozeanversauerung und zunehmenden Hitze- und Trockenheitsextremen in vielen Gebieten der Welt. Auch die Schweiz wird von diesen Änderungen nicht verschont: Die Auswirkungen des Klimawandels sind in vielen Bereichen von Natur, Gesellschaft und Wirtschaft bereits heute deutlich wahrnehmbar.[2]

DIE SCHWEIZ UND RIEHEN IM KLIMAWANDEL

Über die letzten 150 Jahre hat die bodennahe Lufttemperatur in der Schweiz um etwa 2 Grad Celsius zugenommen. Das ist ein rund doppelt so starker Anstieg wie im weltweiten Durchschnitt. Neun der zehn wärmsten Jahre seit Messbeginn 1864 (Gründung des Schweizer Klimamessnetzes) fallen allesamt ins 21. Jahrhundert. Als eine Folge dieser Erwärmung kommt es heute zu häufigeren und längeren Hitzeperioden im Sommer und zu milderen Wintern. Der vergangene Winter 2019/20 war der bisherige Höhepunkt dieser Entwicklung: Mit Temperaturen knapp 3 Grad Celsius über der Norm 1981–2010 wurde der mildeste Winter seit Messbeginn registriert.[3] Seit 2003 sind in allen vier Jahreszeiten neue Allzeitrekorde der Durchschnittstemperatur festgestellt worden: 2011 wärmster

Frühling, 2003 heissester Sommer, 2006 mildester Herbst und 2019/20 wärmster Winter seit Messbeginn. Auch in Bezug auf Starkniederschläge lassen sich eindeutig Änderungen feststellen: Diese sind heutzutage stärker und häufiger als zu Beginn des 20. Jahrhunderts. Die bisherige Entwicklung wirkt sich auch auf weitere Bereiche des Klimasystems aus. So hat sich das Volumen der Alpengletscher seit Mitte des 19. Jahrhunderts um insgesamt rund 60 Prozent verringert. Die Nullgradgrenze liegt heute um rund 300–400 Meter höher als in den 1960er-Jahren und die Vegetationsperiode dauert rund 2–4 Wochen länger.[4] Die Folgen des Klimawandels haben in den letzten 30 Jahren auch in Riehen und allgemein in der Region Basel zu einer deutlichen Veränderung der für Mitteleuropa typischen Klimaverhältnisse geführt: Milde Winter, eine markante Abnahme der Frost-, Eis- und Schneedeckentage, warme und trockene Frühjahre, Hitzesommer mit langen Trockenzeiten, zunehmende Hitzewellen, mehr schwüle Tage und Tropennächte sowie insgesamt sommerlich warme Herbstmonate treten alle in einer vor den 1990er-Jahren nicht beobachteten Häufigkeit auf. Für andere Klimavariablen wie zum Beispiel Wind und Stürme oder auch den Niederschlag lassen sich aufgrund der grossen räumlichen und zeitlichen Variabilität vielfach noch keine verlässlichen Aussagen zu regionalen Veränderungen machen.

Für die nachfolgenden Ausführungen zur Entwicklung des Klimas[5] von Riehen wird mangels einer ausreichend langen Riehener Messreihe die Basler Klimareihe (ab 1755) herangezogen.[6] Die geografischen Verhältnisse und die Höhenlage der Meteorologischen Station Basel-Binningen sind auch für Riehen repräsentativ. Da nicht für alle Klimavariablen seit 1755 Daten vorliegen und zur besseren Vergleichbarkeit wird für die grafische Darstellung in der Regel der Zeitraum 1901–2020 verwendet.

ES WIRD WÄRMER

Keine andere Grösse veranschaulicht den menschgemachten Klimawandel im Laufe des 20. Jahrhunderts deutlicher und unmittelbarer als die Temperatur. Der Temperaturanstieg, den die Region derzeit erlebt, ist markant (Grafik 1). Seit rund 30 Jahren war in der Schweiz kein Jahr mehr kühler als der klimatologische Mittelwert der vorangehenden 30-Jahr-Periode 1961–1990. Die fünf wärmsten Jahre der langen Basler Klimareihe wurden allesamt nach dem Jahr 2010 registriert. Neben 2019 waren auch die Jahre 2011, 2014, 2015 und 2018 rekordverdächtig warm. Diese fünf extremen Jahre liegen alle mindestens 1 Grad Celsius über dem Wärmerekord aus der Zeit vor 1980. Das mag uns gering erscheinen, doch auf die Jahresmitteltemperatur bezogen, ist 1 Grad Celsius viel: Im submediterran geprägten Klima am Lago Maggiore beispielsweise sind die Temperaturen im Jahresmittel ‹nur› 1,9 Grad Celsius höher als in Riehen.

WINTER SIND HÄUFIGER MILD

Am Verlauf der Wintertemperaturen im 20. Jahrhundert lässt sich die Erwärmung beispielhaft verfolgen. Von 1901 bis zu Beginn der 1970er-Jahre bewegen sich die winterlichen Mitteltemperaturen in Riehen nahe am langjährigen Klimamittelwert von 1901–2020 (Grafik 2). Serien von kälteren und wärmeren Wintern wechseln sich ab. Als ausgesprochene ‹Strengwinter›[7] des 20. Jahrhunderts nehmen der Winter 1929, die Kriegswinter 1940–1942 und der als ‹Seegfrörni-Winter› berühmt gewordene Jahrhundertwinter 1963 ihren Platz in der jüngeren Klimageschichte der Region Basel ein.

Über die letzten drei Jahrzehnte des 20. Jahrhunderts haben sich die Winter in der Region auf ein Niveau erwärmt, das seit Beginn der instrumentellen Messungen im 18. Jahrhundert nie beobachtet worden ist. Bereits im

JAHRESTEMPERATUR BASEL-BINNINGEN 1755–2019

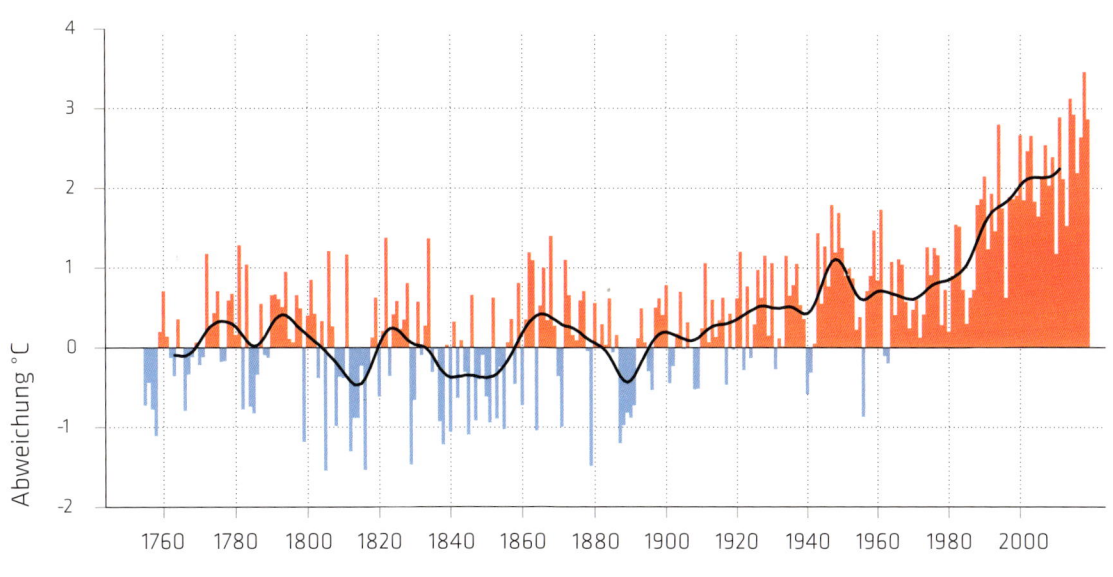

Jahre über dem Durchschnitt 1871-1900
Jahre unter dem Durchschnitt 1871-1900
20-jähriges gewichtetes Mittel

Grafik 1:
Die Temperaturreihe von Basel seit 1755 veranschaulicht die starken Schwankungen des Klimas und den übergeordneten langfristigen Trend. In den ersten 200 Jahren der Messreihe sind die Schwankungen vorwiegend natürlich bedingt und warme und kalte Jahre im Vergleich zum langjährigen Mittel wechseln sich ab. In den letzten Jahrzehnten bewegen sich die Jahresmitteltemperaturen kontinuierlich aus dem Bereich der langfristigen natürlichen Schwankungen Richtung immer höherer Temperaturen. Gezeigt werden die Abweichungen in Grad Celsius (°C) vom Jahresmittel 1871–1900.

WINTERTEMPERATUR BASEL-BINNINGEN 1901–2020

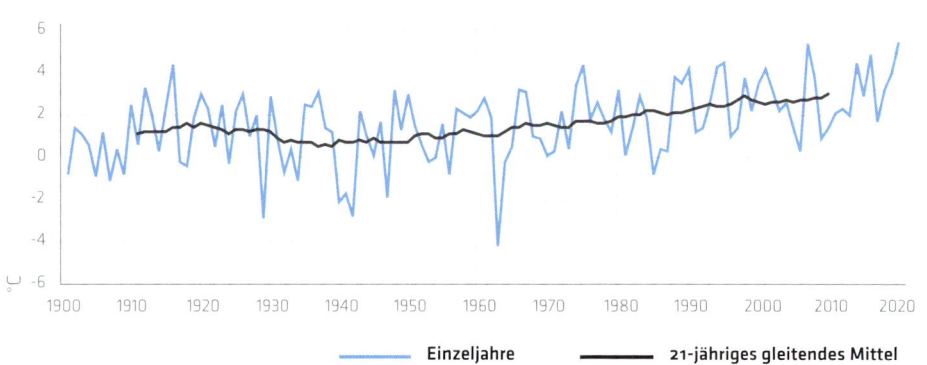

Grafik 2:
Der Verlauf der Wintertemperaturen 1901–2020 an der Messstation Basel-Binningen. Das 21-jährige gleitende Mittel gibt den von den Jahr-zu-Jahr-Schwankungen überlagerten langfristigen Trend anschaulich wieder.

30-JAHRE-MITTEL WINTERTEMPERATUR BASEL-BINNINGEN 1901–2020

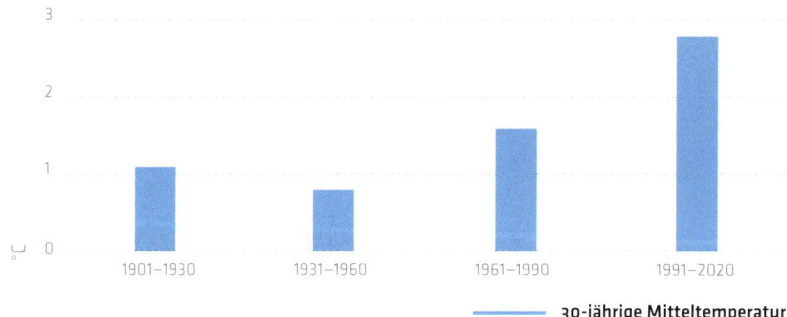

Grafik 3:
30-jährige Mittel der Wintertemperaturen über die Periode 1901–2020 an der Messstation Basel-Binningen.

EISTAGE BASEL-BINNINGEN 1901–2020

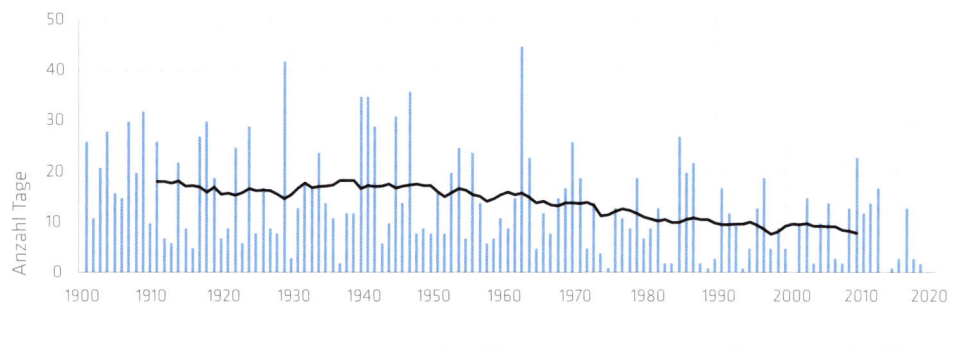

Grafik 4:
Anzahl der Eistage (Tagesmaximum unter 0 °C) in den Wintern 1901–2020 an der Messstation Basel-Binningen.

Verlauf der 1970er-Jahre kam es zu einer ersten auffälligen Häufung milder Winter. Der Winter 1988 leitete dann eine ausgeprägte Warmwinterphase ein, die bis heute andauert und mit den extrem warmen Wintern 2007 und 2020 einen vorläufigen Höhepunkt erreicht hat. Charakteristisch für die Winter ab 1988 sind ausserordentlich hohe Durchschnittstemperaturen sowie das vollständige Ausbleiben sehr kalter Winter, wie sie in den Jahrzehnten zuvor hin und wieder aufgetreten waren. Dies deutet darauf hin, dass sich im ausgehenden 20. Jahrhundert ein tiefgreifender Wandel im winterlichen Temperaturregime vollzogen hat. Dies kann auch anhand der 30-jährigen Mittel der Wintertemperaturen eindrücklich illustriert werden (Grafik 3). Während das langjährige winterliche Temperaturmittel 1901–1930 noch +1,1 Grad Celsius betrug, so liegt es im Zeitraum 1991–2020 bei mittlerweile +2,8 Grad Celsius.

FROST-, EIS- UND SCHNEEDECKENTAGE NEHMEN AB
Die Häufung milder Winter in der Region Basel geht einher mit einer markanten Abnahme der Anzahl Frost-, Eis- und Schneedeckentage im 20. Jahrhundert und ganz besonders während der letzten drei Jahrzehnte. Zwei Faktoren sind hauptsächlich für diesen deutlichen Rückgang in der Region Basel verantwortlich. Einerseits sind mit der kontinuierlichen Erwärmung auch nachhaltige kontinentale arktische Kaltlufteinbrüche aus Norden bis Osten in unsere Region seltener geworden. Andererseits führen die seit Mitte der 1980er-Jahre im Winter häufiger gewordenen milden West- und Südwetterlagen vermehrt zu bedeckten, häufig auch windigen Nächten, was die Wärmeabstrahlung des Bodens und somit die Abkühlung der bodennahen Luftschicht unter 0 Grad Celsius hemmt.[8]
Die Anzahl Frost- und Eistage charakterisieren die Strenge der Winter an einem bestimmten Ort. Die zunehmende Häufung von Mildwintern seit Mitte der 1980er-Jahre ging zum Beispiel mit einer markanten Abnahme der Eistage in der Region einher (Grafik 4). Für die Gesamtreihe 1901–2020 beläuft sich der Mittelwert in Basel-Binningen auf 14 Eistage pro Winter. Die zahlreichen Mildwinter zwischen 1988 und 2020 haben das Mittel auf nur noch 8 Eistage pro Winter gesenkt. Dies entspricht einem Rückgang der Eistage in unserer Region um 43 Prozent in den letzten 20 Jahren. Von den 26 Wintern im Zeitraum 1901–2020 mit 5 und weniger Eistagen entfallen 22 auf den Zeitraum nach 1970. In den sieben Jahrzehnten zuvor zählte man hingegen nur 4 solche Fälle. Im vergangenen Winter 2019/20 gab es in Riehen und selbst im höher gelegenen Bettingen keinen einzigen Eistag. Solche Winter kamen in Riehen von 1901 bis 2000 nie vor, nach 2000 jedoch schon drei Mal.

Der deutliche Rückgang der Anzahl Eistage führt unter anderem dazu, dass die beliebten Natureisbahnen und Schlittelwege in Riehen immer seltener präpariert werden können. Letztmals durften die Einwohnerinnen und Einwohner im Januar 2017 ihre Runden auf Natureis im Freizeitzentrum Landauer drehen.

Im Einklang mit der starken winterlichen Erwärmung in den letzten 30 Jahren hat auch die Anzahl Tage mit einer Schneedecke von mindestens 5 Zentimeter Höhe stark abgenommen. Gab es in den Winterhalbjahren (November bis April) des Zeitraums 1960–1989 im Mittel noch 14 solcher Tage, so hat sich deren Anzahl in den drei Dekaden 1990–2020 auf 7 Tage halbiert. Der vergangene Winter 2019/20 blieb in der Region Basel in den Höhenlagen unterhalb 400–500 Meter über Meer als erster seit Messbeginn in Basel-Binningen 1929 gänzlich schneelos. Damit fielen Schlitteln oder erste Skifahrversuche im Wenkenpark oder auf dem Lenzen erstmals buchstäblich komplett ins Wasser.

DER FRÜHLING SETZT IMMER FRÜHER EIN

Die höheren Wintertemperaturen führen auch zu einem früheren Frühlingsbeginn. Die Vegetationsentwicklung setzt gegenüber den langjährigen Normwerten deutlich früher ein. Die allgemeine Blüte des Haselstrauchs unterhalb von 600 Meter über Meer zum Beispiel findet heute Mitte Februar statt, 13 Tage früher als noch im Jahr 1951. Diese Entwicklung wird zusammen mit der Blüte und dem Blattaustrieb von acht weiteren Pflanzenarten im ‹Frühlingsindex› von MeteoSchweiz deutlich.[9]

Der immer zeitigere Frühlingsbeginn lässt sich für die Region Basel exemplarisch zeigen an den Aufblühdaten eines Kirschbaums auf dem Gelände der Meteorologischen Station Basel-Binningen, die seit 1941 festgehalten werden. Ab 1990 hat sich sein durchschnittliches Aufblühdatum um rund 14 Tage von Mitte April nach Ende März vorverschoben.

HITZESOMMER MIT SCHWÜLEN TAGEN UND TROPENNÄCHTEN WERDEN HÄUFIGER

Der stetige Anstieg der mittleren Sommertemperaturen (Grafiken 5, 6) sowie die Zunahme der Anzahl Sommer- und Hitzetage (Grafik 7) sind weitere deutliche Zeichen des Klimawandels. Was in den 1970er- oder 1980er-Jahren ein sehr heisser Sommer war, ist heutzutage ein normaler, sprich ein durchschnittlicher Sommer.

Selbst die kühlsten Sommer der letzten 25 Jahre liegen meist deutlich über dem langjährigen Durchschnitt der klimatologischen Normperiode 1961–1990. Die Temperatur der extremsten Sommer vor 1990 sind in den vergangenen 30 Jahren zur Normalität geworden. Noch nie zuvor in der langen Basler Klimareihe wurde eine derartige Häufung von Hitzesommern innert weniger Jahre beobachtet wie in den Jahren 2015 und 2017–2020 (Grafik 7). Diese liegt weit ausserhalb des bisherigen klimatischen Schwankungsbereichs in unseren Breiten und ist ein deutliches Signal für den fortschreitenden Klimawandel.[10]

Dies kann auch sehr eindrücklich anhand der Entwicklung der 30-jährigen Mittel der Sommertemperaturen gezeigt werden (Grafik 6). 1901–1930 betrug das sommerliche Temperaturmittel +17,2 Grad Celsius. In den nachfolgenden klimatologischen Normalperioden stiegen die Werte auf knapp +18 Grad Celsius. 1991–2020 erhöhte sich die sommerliche Durchschnittstemperatur auf hohe +19,4 Grad Celsius.

Auch markante Hitzewellen kommen heutzutage in Riehen und der Region häufiger vor als noch vor 30 Jahren, nämlich im Mittel etwa alle 2–4 Jahre. Von einer ‹markanten Hitzewelle› wird gesprochen, wenn während mindestens 3–5 Tagen eine Tageshöchsttemperatur von 30 Grad Celsius (Grafik 7) oder mehr erreicht wird.[11] Für die Gesundheit von besonderer Bedeutung ist nebst den häufigeren und längeren Hitzewellen die geringere Abkühlung in den Nächten und die grössere Anzahl schwüler Tage. Letztere beeinträchtigen das Wohlbefinden und die Schlafqualität erheblich. Die Zahl der Tropennächte mit Tiefstwerten von 20 Grad Celsius und höher haben in den letzten Jahren in der Region Basel, im Mittelland, Wallis und Tessin spürbar zugenommen. Die Zahl schwüler Tage hat sich in Riehen seit Beginn der 1990er-Jahre deutlich erhöht. Gab es in der Vergleichsperiode 1961–1990 im Durchschnitt 25 Tage pro Jahr mit grosser Schwülebelastung, so wurden in den Sommern seit 2000 regelmässig 30–35 solcher Tage registriert.

DIE NIEDERSCHLÄGE VERÄNDERN SICH

Die Zahl der Tage mit mindestens 0,1 Millimeter Niederschlag beläuft sich in Basel-Binningen im Jahresmittel der Normperiode 1961–1990 auf 167 Tage. Die jährliche Niederschlagssumme hat von durchschnittlich 778 Mil-

SOMMERTEMPERATUR BASEL-BINNINGEN 1901–2020

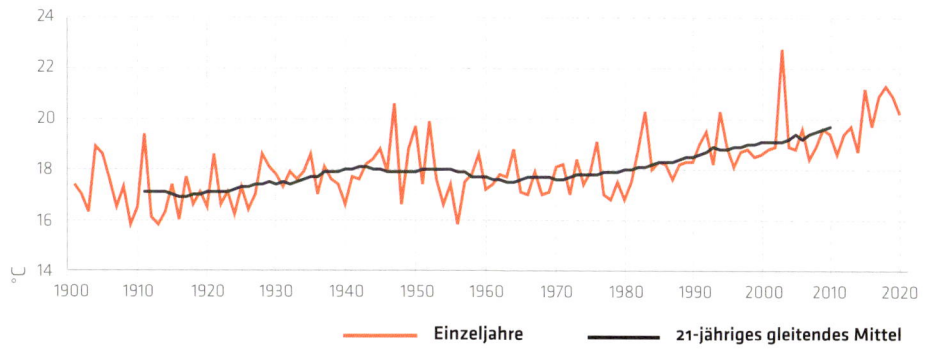

Grafik 5:
Verlauf der Sommertemperaturen 1901–2020 an der Messstation Basel-Binningen.

30-JAHRE-MITTEL SOMMERTEMPERATUR BASEL-BINNINGEN 1901–2020

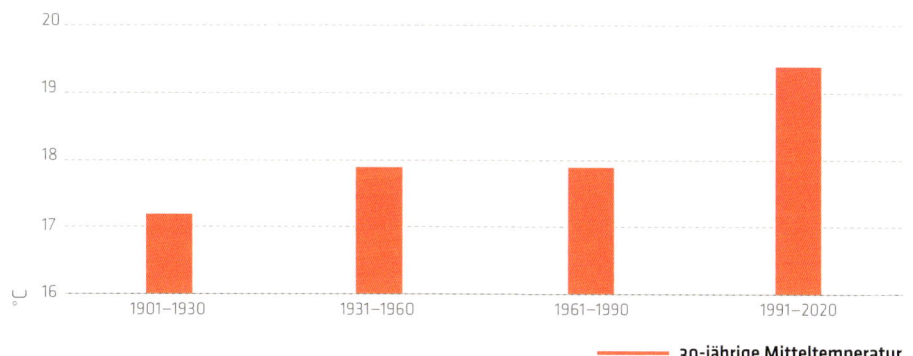

Grafik 6:
30-jährige Mittel der Sommertemperaturen über die Periode 1901–2020 an der Messstation Basel-Binningen.

HITZETAGE BASEL-BINNINGEN 1901–2020

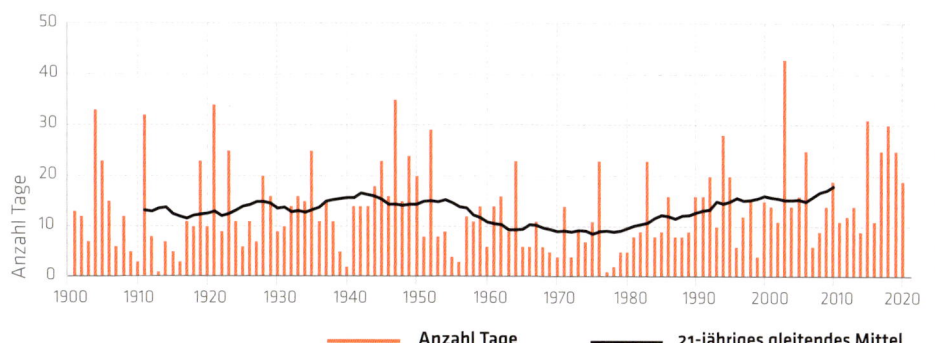

Grafik 7:
Anzahl Hitzetage (Tagesmaximum 30 °C oder mehr) in den Sommern 1901–2020 an der Messstation Basel-Binningen.

Natureisfeld im Freizeitzentrum Landauer, Januar 2017.

Schnee auf dem Lenzen, Bettingen, Dezember 2010.

limeter in dieser Referenzperiode auf 842 Millimeter in der Bezugsperiode 1981–2010 zugenommen. In Riehen und Umgebung liegen die Jahressummen in der Normperiode 1981–2010 zwischen 842 Millimeter in Riehen-Dorf, 933 Millimeter im Wenkenhof und 1005 Millimeter in Bettingen-St. Chrischona. Im Vergleich zur Situation vor 120 Jahren fällt heute in der Region Basel im Jahresmittel insgesamt knapp 10 Prozent mehr Niederschlag. Die Änderungen sind aber (noch) nicht statistisch signifkant (Grafik 8). Die Beobachtungen zeigen jedoch einen deutlichen Trend hin zu einer jahreszeitlichen Verschiebung mit bis zu 20 Prozent höheren Niederschlagsmengen im Winter sowie einer Zunahme der intensiven Winterniederschläge um fast 50 Prozent.[12] Die Zunahme der winterlichen Niederschlagsmenge ist eine Folge der höheren Wintertemperaturen. Denn wärmere Luftmassen können mehr Wasserdampf aufnehmen. In warmen Wintern bringen Tiefdruckgebiete milde Atlantikluft aus Westen und Südwesten nach Mitteleuropa. Diese enthält viel Wasserdampf und bringt ausgiebige Regenfälle. Je wärmer die Winter also werden, desto feuchter sind sie tendenziell. In Sommer und Herbst hingegen ist für die Region Basel bislang weder in der Gesamtniederschlagsmenge noch in Intensität und Häufigkeit von Starkniederschlägen ein signifikanter Trend erkennbar, obwohl die letzten Jahre auch in Riehen von teilweise grosser Sommertrockenheit geprägt waren. Längere Perioden grosser Trockenheit im Sommer und Herbst dürften aber in Zukunft mit dem weiter fortschreitenden Klimawandel deutlich zunehmen.

WAS BRINGT DIE ZUKUNFT?

Das Klima in Riehen hat sich also in den letzten Jahren und Jahrzehnten deutlich gewandelt. Die klimatische Situation in der Schweiz war in den vergangenen Jahren teilweise ausserordentlich im langjährigen Vergleich und hat vielfach zu Problemen geführt, auch in der Region Basel.

Kirschbaum an der Allmendstrasse beim Bäumlihofareal, März 2019.

Sommertrockenheit in Riehen, Juli 2020.

Der Sommer 2018 beispielsweise war bezüglich Hitze und Trockenheit ein Rekordsommer, wenn man die jüngere Vergangenheit betrachtet.[13] Das Sommerhalbjahr 2018 (April bis September) war schweizweit das wärmste seit Beginn der Messreihe 1864 und es fielen nur 69 Prozent der normalen Niederschlagsmenge. Die Auswirkungen auf Natur und Gesellschaft waren vielfältig und betrafen alle Regionen der Schweiz und alle Sektoren: vom Gesundheitswesen über den Tourismus, die Fischerei und Waldwirtschaft (siehe Beitrag ‹Wald im Klimawandel›) bis zum Gütertransport. Die Rheinschifffahrt musste aufgrund der tiefen Wasserstände reduziert und der Güterverkehr auf Alternativrouten verlagert werden.[14]

In Zukunft könnten solche Verhältnisse zur Norm oder sogar deutlich übertroffen werden, wenn man sie mit Projektionen der zukünftigen Klimaentwicklung bis Ende des 21. Jahrhunderts vergleicht. Die aktuellen Klimaszenarien des Bundes zeigen eine Fortsetzung der bisherigen Entwicklung bei weiter steigenden Treibhausgasemissionen.[15] Trockenere Sommer, mehr Hitzetage, heftigere Niederschläge (siehe Beitrag ‹Unterwegs zum Masterplan Hochwasserschutz›) und schneeärmere Winter sind die absehbaren Folgen in der Schweiz.

Für die Region Basel und Riehen hätte dies teils markante Folgen. Steigen zum Beispiel die Temperaturen im gleichen Tempo wie zuletzt, dann werden bis 2050 in den Niederungen der Region die Schneedeckentage um weitere 80 Prozent gegenüber heute abnehmen. Gemäss Modellrechnungen des Instituts für Schnee- und Lawinenforschung (SLF) in Davos[16] wird es in den tiefen Lagen der Region Basel und des Mittellands nur noch ein paar wenige Tage mit Schnee pro Saison geben und immer mehr Winter werden ganz ohne Schneedecke bleiben. Häufigkeit, Intensität sowie Dauer markanter Hitzewellen werden zunehmen.[17] Sommer, die heute als extrem heiss gelten wie derjenige von 2003, werden bis 2100 der Normalfall sein.

JAHRESNIEDERSCHLAG BASEL-BINNINGEN 1864–2019

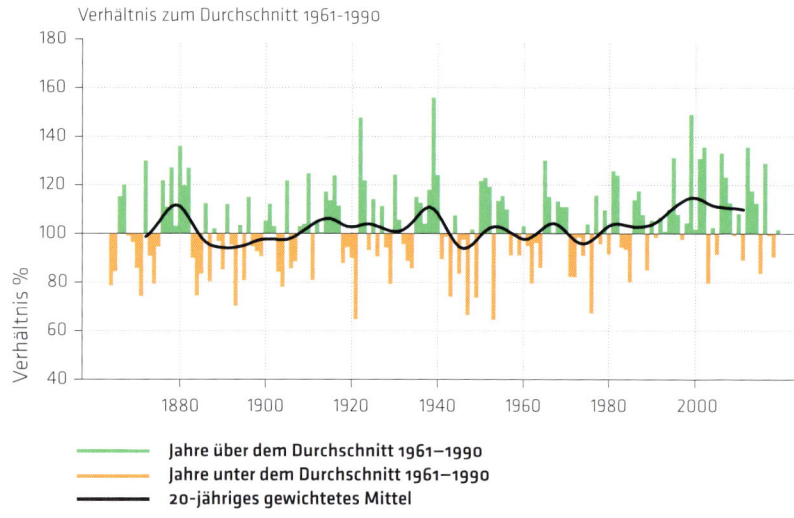

Grafik 8:
Verlauf der jährlichen Niederschlagsmenge an der Station Basel-Binningen seit 1864. Gezeigt wird das Verhältnis zum klimatologischen Mittelwert 1961–1990: Jahre mit Werten über 100 Prozent waren nässer, Jahre mit Werten unter 100 Prozent trockener als dieser Mittelwert.

MITTLERE SOMMERTEMPERATUR SCHWEIZ – SZENARIEN BIS 2100

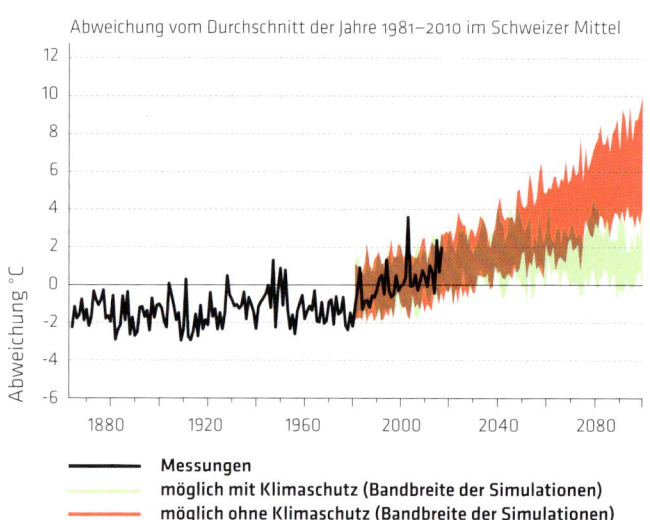

Grafik 9:
Szenarien der zukünftigen Entwicklung der mittleren Sommertemperatur in der Schweiz mit und ohne Klimaschutzmassnahmen. Gezeigt wird die Abweichung vom Durchschnitt der Jahre 1981–2010. Mit Klimaschutzmassnahmen kann die weitere Erwärmung im Sommer in der Schweiz bis Mitte des Jahrhunderts (2060) auf zirka 1,5 °C wärmer als bisher limitiert werden. Ohne wirksame Klimaschutzmassnahmen wären es 2,5–4,5 °C.

Entsprechend werden dann einzelne Ausreisser-Sommer noch extremer ausfallen.[18] Zudem muss im Sommer trotz insgesamt abnehmender Gesamtniederschlagsmengen mit einer deutlichen Zunahme der Häufigkeit als auch der Intensität von Starkniederschlägen gerechnet werden – mit entsprechendem Schadenpotenzial. Zwar liessen sich rund zwei Drittel der klimatischen Veränderungen bis Ende des 21. Jahrhunderts durch konsequenten globalen Klimaschutz und die Reduktion der Treibhausgasemissionen vermeiden (Grafik 9). In jedem Fall müssen wir uns jedoch auf das Unvermeidbare einstellen und uns an den Klimawandel anpassen.

---

[1] Intergovernmental Panel on Climate Change (IPCC): Summary for Policymakers 2018, in: IPCC (Hg.): Global Warming of 1.5 °C. An IPCC Special Report on the impacts of global warming of 1.5 °C above pre-industrial levels and related global greenhouse gas emission pathways, in the context of strengthening the global response to the threat of climate change, sustainable development, and efforts to eradicate poverty, Cambridge, UK / New York, USA (im Druck).

[2] Akademien der Wissenschaften Schweiz (Hg.): Brennpunkt Klima Schweiz. Grundlagen, Folgen und Perspektiven, Bern 2016; Bundesamt für Umwelt (BAFU) et al.: Hitze und Trockenheit im Sommer 2018. Auswirkungen auf Mensch und Umwelt, Bern 2019. Umwelt-Zustand Nr. 1909, S. 91ff.; Gian-Kasper Plattner, Andreas M. Fischer, Niklaus E. Zimmermann: Klimawandel in der Schweiz – eine Realität, in: Praktischer Umweltschutz Schweiz Pusch (Hg.): Thema Umwelt 2 (2020), S. 6f.

[3] MeteoSchweiz: Klimabulletin Winter 2019/2020, Zürich 2020.

[4] National Centre for Climate Services (NCCS) (Hg.): CH2018 – Klimaszenarien für die Schweiz, Zürich 2018, S. 24ff. Auskünfte zur Schweiz von Andreas M. Fischer, MeteoSchweiz, Sommer 2020.

[5] ‹Wetter› beschreibt den physikalischen Zustand der Atmosphäre zu einem bestimmten Zeitpunkt an einem bestimmten Ort. Niederschläge wie Regen und Schnee sowie Sonnenschein zählen zu den Wetterelementen. Ausserdem beschreiben auch messbare Faktoren wie Temperatur, Luftfeuchte, Luftdruck und Windstärke den Begriff ‹Wetter›. ‹Klima› dagegen beschreibt die Statistik des Wetters über einen Zeitraum, der lang genug ist, um diese statistischen Eigenschaften auch bestimmen zu können. Zur Beschreibung des Klimas wird in der Regel eine Zeitspanne von 30 Jahren als Bezugszeitraum herangezogen.

[6] Mündliche Mitteilung von Max Baumann, Meteorologische Station Basel-Binningen, Juni 2020.

[7] Als ‹Strengwinter› gelten in der Regel Winter mit einer Mitteltemperatur von rund 2 und mehr Grad Celsius unter dem langjährigen Mittel.

[8] Yutian Wu et al.: Changes in storm tracks and energy transport in a warmer climate simulated by the GFDL CM2.1 model, in: Climate Dynamics 35 (2011), S. 53–72.

[9] MeteoSchweiz: Frühlingsindex, www.meteoschweiz.admin.ch/home/klima/klimawandel-schweiz/vegetationsentwicklung/fruehlingsindex.html, Zugriff: 19.08.2020.

[10] Bundesamt für Meteorologie und Klimatologie (MeteoSchweiz), Deutscher Wetterdienst (DWD), Österreichische Zentralanstalt für Meteorologie und Geodynamik (ZAMG): Aus extrem wurde normal: Sommer in Deutschland, der Schweiz und Österreich immer heisser, gemeinsame Medienmitteilung 02.07.2020.

[11] Es existieren verschiedene Definitionen einer Hitzewelle. Zu ihrer Bestimmung wird jedoch genau genommen nicht nur die Temperatur verwendet, sondern ein sogenannter ‹Hitzeindex›, der aus der Kombination von Lufttemperatur und Feuchtigkeit berechnet wird. Von einer Hitzewelle wird gesprochen, wenn dieser Hitzeindex für 3 oder 5 Tage einen bestimmten Schwellenwert überschreitet.

[12] Daniel Hernández Rodríguez und Eberhard Parlow: Die Änderung der winterlichen Niederschläge von Basel. Untersuchungen der Basler Klimareihe 1901–2007, in: Regio Basiliensis. Basler Zeitschrift für Geographie 1 (2009), S. 43–51.

[13] MeteoSchweiz: Hitze und Trockenheit im Sommerhalbjahr 2018 – eine klimatologische Übersicht. Fachbericht MeteoSchweiz 272, Zürich 2018, S. 38ff.

[14] BAFU 2019, S. 91ff.

[15] NCCS 2018, S. 24ff.

[16] Institut der Eidgenössischen Forschungsanstalt für Wald, Schnee und Landschaft (WSL).

[17] José L. Lozán et al. (Hg.): Warnsignal Klima: Extremereignisse – wissenschaftliche Fakten, Hamburg 2018, S. 384ff.

[18] NCCS 2018, S. 24ff.

Willy Rinklin im wieder neu bepflanzten Rebberg
am Lampiweg, August 2020.

Klimawandel im Schlipf – Winzer Rinklin erzählt

DANIEL HERNÁNDEZ

Willy Rinklin (*1945) hat sein ganzes Leben als Weinbauer im Schlipf verbracht. Schon sein Vater war Winzer im Schlipf und heute betreibt sein Sohn Urs das Riehener Weingut. Im Gespräch mit Daniel Hernández im Mai 2020 erzählt er von seiner Wahrnehmung der klimatischen Veränderungen auf lokaler Ebene.

DANIEL HERNÁNDEZ: **Welche Auswirkungen des Klimawandels auf die Rebkulturen konnten Sie in Ihrer langen Zeit als Winzer feststellen?**
WILLY RINKLIN: Es ist wie bei den Kirschbäumen – die Reben treiben immer früher aus. Mein Vater hatte das Rebgut 1939 übernommen und starb 1984. Er erzählte mir, dass er während seines ganzen Lebens zwei Mal im September herbsten musste. Heute müssen wir die Riesling-Silvaner-Trauben zum Teil schon im August abnehmen. Deshalb haben wir fast alle Riesling-Silvaner ausgerupft, weil es sich um eine frühreife Sorte handelt. Denn damit sich eine gute Aromatik entwickelt, brauchen sie warme Tage und kalte Nächte. Diese gibt es im August aber noch nicht. Auch in der ersten Hälfte des Septembers haben wir noch keine kalten Nächte. Wenn wir die Aromatik und damit die Qualität nicht mehr hinbekommen, schmeckt sogar ein Hallauer Riesling-Silvaner, der ein Billigwein ist, besser als unserer.

Auf einen warmen Vorfrühling kann ein später Kälteeinbruch im April oder Mai folgen wie zum Beispiel 2018 und 2019. Jede Rebe hat ein Haupt- und ein Nebenauge. Friert das Hauptauge ab, folgt das Nebenauge. Beim Gutedel ist das Nebenauge nicht sehr fruchtbar, während es beim Blauburgunder auch mit dem Nebenauge noch recht gute Erträge gibt. Mein Sohn Urs hatte im Jahr 2018 nur 18 Prozent eines normalen Ertrags. Ein Klimawandel findet unbestritten statt. Das ist sicht- und fühlbar.

Welche Rebsorten profitieren vom Klimawandel und welche leiden darunter?
In unserer Gegend leidet der Riesling-Silvaner. Er ist zu früh reif und bringt die Qualität nicht. Der Gutedel profitiert. Er ist eine später reifende Sorte und bringt mittlerweile viel höhere Oechslegrade. Das heisst, der Zuckergehalt ist heute höher als früher. Mein Ziel war es immer, möglichst auf 72 Grad Oechsle zu kommen. Das ist für mich das Mass. Der Walliser Fendant zum Beispiel muss 72 Grad Oechsle haben, sonst darf er nicht Fendant genannt werden. Diese Oechslegrade erreicht man mit den heutigen Klimaverhältnissen eigentlich immer.

Welches sind die Spitzenwerte, die Sie in einem milden Herbst erzielen?

Wenn wir beim Gutedel auf 80 Grad Oechsle kommen, ist das sehr gut. Rein von den Oechslegraden her profitiert auch der Blauburgunder. Das ist aber zugleich ein Problem. Zu viele Oechslegrade ergeben einen alkohollastigen, schweren Wein. Im Jahrhundertsommer 2003 hatten wir Blauburgunder mit 17,5 Prozent Alkoholgehalt. Mit 0,5 Prozent mehr Alkohol wäre er ein Likör geworden [lacht]. Und dann hat man ein Problem, trinkt man nur schon zwei Gläser davon ...

Man versucht jetzt auch, auf andere Sorten auszuweichen und Cuvées zu machen. 1998 fingen wir an, Diolinoir zu pflanzen. Entstanden ist dieser aus den Walliser Rebsorten Rouge de Diolly und Pinot Noir. Man weiss mittlerweile, dass sein Ursprung im Rhonetal liegt. Die Walliser behaupten immer noch, diese Rebe wachse nur im Wallis. Wir pflanzten ihn trotzdem. In den ersten Jahren mussten wir ihn zwar etwas ‹bäschele›, aber mittlerweile wächst er tipptopp. Das verdanken wir der zunehmenden Wärme und damit einer längeren Vegetationsperiode. Das ergibt einen besseren Wein.

Wie sollte der ideale Wetterverlauf zum Beispiel für den Gutedel sein?

Natürlich viel Sonne und zwischendurch etwas nass. Lange Trockenperioden sind nicht gut. 2018 und 2019 hatten wir sehr trockene Sommer. Auch dieses Jahr ist unser Brunnen nach einem sehr trockenen März und April wieder ausgetrocknet. Der Mai hat das Niederschlagsdefizit aber etwas entschärft.

Welche Rolle spielt der Frost für die Reben?

Der Winter sollte kalt sein, aber nicht zu kalt. Das ist für die ganze Entwicklung wichtig. In den Tropen, wo es nie unter Null Grad ist, wird kein Wein angepflanzt. Es braucht einmal einen richtigen Frost.

Welche Beobachtungen haben Sie bei der Verteilung des Regens im Jahresverlauf gemacht? Gibt es Verschiebungen im Vergleich zu früher?

Ich mache keine Aufzeichnungen. Die Grundtendenz ist aber, dass wir ausgedehntere Trockenperioden haben. Es dauert immer länger, bis es wieder einmal regnet. Sonne braucht es, aber Regen zwischendurch ist ebenso wichtig. Mittlerweile haben wir alle Reben begrünt. Das Gras zwischen den Stöcken muss gemäht werden. Früher ging man im Frühling mit dem Pflug oder mit der Hacke durch, um die Erde frei zu halten. Mit dem Effekt, dass wir jeden Herbst mit dem ‹Chäreli› unten alle Erde aufsammelten und oben wieder hinkippten. Mit der Begrünung ist das viel besser. Das Gras schützt den Boden vor Austrocknung und Erosion. Die Grasdecke halten wir möglichst kurz, damit nicht zu viel Wasser verdunstet. In einem nassen Jahr kann das Gras aber auch etwas höher stehen. Reben vertrocknen nicht so schnell. Sie machen 10–15 Meter lange Wurzeln, gehen also tief in den Boden hinein, um Wasser zu saugen. Ein Problem mit der Trockenheit haben nur die Junganlagen. Mein Sohn Urs musste schon zwei Mal eine Anlage nachpflanzen beziehungsweise Wasser zuführen, weil es lange trocken war.

Mit dem Klimawandel wandern Schädlinge aus wärmeren Regionen ein. Sind die Reben auch davon betroffen?

Das hat nicht nur mit dem Klimawandel, sondern auch mit der Globalisierung zu tun. Was uns Sorgen macht, ist die japanische Kirschessigfliege. Wir waren die Ersten, die davon betroffen waren. Wir haben ein Stück Rebland im Tüllinger Berg, der genau in der Südwestströmung vom Rheinhafen her liegt. In Japan bereitet die Kirschessigfliege keine grossen Probleme, weil die Kirsche dort vor allem der Blüte wegen kultiviert wird, und da die Kirschessigfliege weder Hitze noch Kälte verträgt, gibt es in Japan nur einen schmalen Streifen, in dem sie sich wohlfühlt. Bei uns hingegen behagt es ihr, weil wir keine kalten Winter mehr haben. Das Problem der Kirschessigfliege kennen alle Betriebe, die dunkle Früchte produzieren – also Heidelbeeren, Kirschen, Zwetschgen oder eben auch rote Trauben. Weisse Früchte, auch weisse Trauben, interessieren die Kirschessigfliege nicht.

Eine letzte Frage, die weniger die Reben betrifft, sondern vor allem die Kinder interessieren dürfte: Wie verhält es sich mit Schnee, Eis und harten Wintern? Woran erinnern Sie sich? Wie haben sich die Winter im Laufe Ihres Lebens verändert?

Mit meiner ein Jahr jüngeren Schwester ging ich jeweils über die Lörracherstrasse zur Mühle, wo der Kindergarten war. Es hatte häufig Schnee und dann fuhr der Vögeli-Migger vorbei und pflügte den Weg. Links und rechts davon gab es dann grosse ‹Schneemaden›. Das kann man sich heute gar nicht mehr vorstellen. Uns Kindern fiel nichts Besseres ein, als die ‹Schneebölle› zurück auf die Strasse zu befördern. Mein Vater, der das beobachtet hatte, gab uns am Abend den Ranzen voll [lacht]. Der Vögeli-Migger war von der Gemeinde angestellt und kam jeweils mit Ross und Pflug und bahnte auch unsere Privatstrasse, obwohl er dies nicht hätte tun müssen. Da mein Vater ihm dafür jeweils einen Schnaps offerierte, tat er das aber sehr gerne. Wir hatten einen schönen Hügel auf deutschem Gebiet, auf dem wir schlitteln konnten. Als ich in der Burgstrasse in die Realschule ging, liefen wir Buben mit vier bis sechs Schlitten auch auf die St. Chrischona hinauf. Aneinandergehängt, fuhren wir dann den Krummen Weg bis nach Riehen hinunter. Heute wäre das nicht mehr erlaubt. Wir machten das oft und es war immer eine Riesengaudi!

Der Eisweiher am Erlensträsschen war regelmässig gefroren. Wir liefen dort immer Schlittschuh. Man liess das Wasser vom ‹Alte Dyych› hineinlaufen. Es versickerte ins Grundwasser, bis die IWB ihr Veto einlegte, da der Eisweiher in der Grundwasser-Schutzzone liegt. Die Kanalisation kam erst in den 1950er-Jahren. Den Eisweiher durfte man nur noch füllen, wenn der Boden schon mindestens drei Tage lang gefroren war. Da das nie mehr vorkam, konnte man den Weiher nicht mehr gebrauchen.

Anno 1956 war die Wiese im sehr kalten Februar gänzlich zugefroren. Man konnte vom einen Ufer zum anderen hinübergehen. Im Winter 1962/63 war die Wiese sogar während mehrerer Monate zugefroren. Das kann man sich heute überhaupt nicht mehr vorstellen. Meine Enkelkinder wissen fast nicht mehr, was Schnee ist.

Auch in Basel zogen letztes Jahr im Rahmen der «Fridays for Future»-Bewegung Hunderte von jungen Klima-Aktivistinnen und -Aktivisten durch die Strassen.

Wie aus einem Schulstreik eine weltweite Bewegung wurde

NATHALIE REICHEL

Seit zwei Jahren setzen sich Jugendliche und junge Erwachsene auf der ganzen Welt mit viel Herzblut für eine wirkungsvolle Klimapolitik ein. Ein Leitspruch der Bewegung lautet: global vernetzt, lokal verankert. Die sogenannte ‹Klimajugend› war und ist deshalb auch in Riehen vertreten.

Wer meint, der Klima-Aktivismus der jungen Menschen sei etwas Neues, der täuscht sich. Ebenso wer meint, die junge schwedische Klima-Aktivistin Greta Thunberg habe mit dem 2018 initiierten «Schulstreik für das Klima» die heutige Jugend auf völlig neue Ideen gebracht. Und wer meint, der Klima-Aktivismus beschränke sich auf demonstrierende, ja rebellierende Jugendliche, die seit Ende 2018 weltweit immer wieder auf die Strassen strömen, der täuscht sich erst recht.

Doch eins nach dem anderen. Zweifellos hat sich in den letzten zwei Jahren etwas verändert. Und diese Veränderung hat natürlich auch irgendwo einen Ursprung. Am 20. August 2018 veröffentlichte die 16-jährige Greta Thunberg auf der Social-Media-Plattform Instagram ein Foto, worauf sie vor dem schwedischen Parlament stehend und ein selbst angefertigtes Plakat haltend zu sehen ist: «Schulstreik für das Klima» lautete die Botschaft auf Schwedisch. Anlass für diesen (zunächst sehr diskreten) Protest war die Wahl des Schwedischen Reichstags im September 2018.

Was die Jugendliche damit sagen wollte: Die Politik muss etwas für das Klima tun! Wenige Monate später folgten Tausende von Schülerinnen und Schülern auf der ganzen Welt ihrem Paradigma.

DER TROPFEN, DER DAS FASS ZUM ÜBERLAUFEN BRACHTE

Dass sich das Klima in einer Krise befindet, war schon viel früher klar. Die wissenschaftlichen Fakten, die dies unter Beweis stellen, lagen vor und das 2015 verabschiedete Übereinkommen von Paris sieht konkrete Ziele zur Eindämmung der Klimakrise vor. Sogar der Wille, diese Ziele zu verfolgen und sich für das Klima und eine umweltfreundliche Lebensweise zu engagieren, existierte bei vielen Jugendlichen schon lange. Man verzichtete beispielsweise auf Flugreisen oder kaufte regional ein. Ernährte sich vegan. Nutzte den Zug statt das Auto. Man setzte sich im Prinzip für das Klima ein – allein im stillen Kämmerlein.

«Klima ist für mich …

… grundlegend. Ein Blick in die Vergangenheit zeigt: Erst die Stabilisierung des Klimas schuf die Grundlagen für das menschliche Zusammenleben und den Fortschritt unserer Zivilisation. Die klimatische Stabilität ist also eine grundlegende Voraussetzung für das Leben, wie wir es kennen. Fällt sie aus der Balance, wird dieses Leben so nicht mehr möglich sein.»

PHILIPPE KRAMER, 20

… rückwirkend. Das Klima wird nämlich in den nächsten Jahren unserem derzeitigen Verhalten entsprechend reagieren. Tut man dem Klima etwas Schlechtes, werden auch die Konsequenzen schlecht sein. Man kann das mit einer guten Freundschaft vergleichen: Setzt man sich nicht dafür ein, wird sie irgendwann kaputtgehen.»

TIMEA POLLHEIMER, 18

… eine Krise. Die klimatischen Bedingungen sind dermassen aus dem Gleichgewicht gebracht worden, dass von einer Krisensituation die Rede sein muss. Die Klimakrise bringt aber noch viele weitere Krisen mit sich: Schwierigkeiten in der Kollaboration zwischen den Ländern, das Dilemma zwischen alten Idealen und neuen Perspektiven oder die Absenz einer gemeinsamen Vision.»

MARIE-CLAIRE GRAF, 24

«Wenn aber Tausende von Leuten dafür auf die Strasse gehen, dann zeigt das eine viel grössere Entschlossenheit und der Einsatz für das Klima bekommt eine völlig andere Dynamik», erklärt der 20-jährige Klima-Aktivist Philippe Kramer aus Riehen. «Greta Thunberg war lediglich der Tropfen, der das Fass zum Überlaufen brachte.» Oberstes Ziel sei es gewesen, die Aufmerksamkeit der Politik und der Öffentlichkeit auf die Klimakrise zu lenken und gleichzeitig das Interesse zu wecken, etwas dagegen zu unternehmen. «Ich hätte niemals gedacht, dass diese Bewegung solche Massen aufnehmen wird.» Momentan stehen wir wohl an einem Punkt, an dem es kein Zurück mehr gibt: Der Wille, das Klima, *unser* Klima zu schützen, ist da. Jetzt erst recht.

JÜNGERE SEMESTER AM START

Gerade in den ersten Monaten wurden die an den Strassendemonstrationen beteiligten Schülerinnen und Schüler mit dem Vorwurf des Schulschwänzens konfrontiert. Tatsächlich machen bis heute Jugendliche und junge Erwachsene die überwältigende Mehrheit der «Fridays for Future»-Bewegung aus und nicht ohne Grund war «Klimajugend» das Deutschschweizer Wort des Jahres 2019. Aber wieso sind es gerade die jungen Leute, die ein solch grosses Engagement zeigen? Die Antwort ist wenig überraschend und ziemlich pragmatisch: Es ist die junge Generation, welche die Welt in den nächsten Jahrzehnten bewohnen und demnach die Folgen der Klimakrise miterleben wird. Die 18-jährige Timea Pollheimer, Riehener Klima-Aktivistin und Mitglied des Jungen Rates, weist aber darauf hin, dass auch die älteren Semester in der Bewältigung der Klimakrise gefragt seien. Sie seien ausserdem verantwortlich, dafür zu sorgen, dass die nächsten Generationen auf dieser Welt gut leben könnten. «Schliesslich braucht es alle», resümiert sie.

Junge Aktivistinnen und Aktivisten gehen dem Klima zuliebe regelmässig auf die Strassen, fertigen Plakate an, halten Reden, tun aber bei Weitem nicht nur das. Die Teilnahme an internationalen Konferenzen, die Lancierung von Kampagnen, die Organisation von Projekten und die Pflege eines ökologischen Lebensstils sind genauso wesentliche Bestandteile des jungen Klima-Aktivismus.

Die Ziele, die dahinterstecken, sind mindestens so vielfältig wie die Klimabewegung selbst: In erster Linie soll weltweit die Aufmerksamkeit auf die Problematik gelenkt und die Gesellschaft dafür sensibilisiert werden. Eng damit verbunden ist die Intention, Druck auf die Politik auszuüben, damit Entscheide getroffen und auch umgesetzt werden. Von besonderer Bedeutung ist ausserdem die Diskussion über Klimagerechtigkeit. Eine Frage als Beispiel: Wie gerecht verhalte ich mich, wenn ich ständig mit dem Flugzeug reise, gegenüber jenen Menschen in Südamerika, die aufgrund des Hochwassers ihr gesamtes Hab und Gut und ihre Existenz verlieren? Philippe Kramer erklärt, dass gewisse Folgen der Klimakrise für uns momentan vielleicht einfach unangenehm, in anderen Regionen der Welt aber verheerend sind, und fügt entschlossen hinzu: «Ich möchte in 30 Jahren mit gutem Gewissen auf die heutige Zeit zurückblicken und sagen können: ‹Doch, ich habe es immerhin versucht, die Klimakatastrophe zu verhindern.›»

STATEMENTS DER KLIMAJUGEND IN DEN WENKENHOFGESPRÄCHEN

Das brandaktuelle Thema «Klimawandel» stand auch in den Riehener Wenkenhofgesprächen Ende Mai 2019 im Fokus. ‹Die Welt am Abgrund?!›, lautete die provokative Fragestellung. Am ersten Abend wurde über Nachhaltigkeit und Ressourcen diskutiert. Die fünf Gäste des zweiten Abends betrachteten den Klimawandel aus einer anderen Perspektive: Zentral war die Frage, was wir Menschen

Das Komitee ‹Riehener Jugend für eine lebenswerte Zukunft› überreichte der Gemeinde Riehen im April 2019 die Volksanregung.

dagegen unternehmen können und sollen. Auch die Klimajugend war an diesem zweiten Gespräch vertreten, nämlich durch die Aktivistin Marie-Claire Graf, die an der Universität Zürich Umwelt- und Politikwissenschaften studiert. Ihrer Ansicht nach ist es enorm wichtig, globale Themen wie den Klimawandel auf das Lokale herunterzubrechen und den Leuten nahezubringen. Eines ihrer wichtigsten Statements im Gespräch war das folgende: «Die Klimapolitik ist keine Sonderpolitik, sondern muss in alle Entscheide einfliessen.» Der Einsatz für das Klima dürfe nicht nur auf einen Bereich, eine Person oder eine Strategie fokussieren, denn schliesslich brauche es alle: die Landwirtschaft, die Privatwirtschaft, die Politik, die Bildung, die Medien, jeden einzelnen Menschen. «Klimapolitik bedeutet Zusammenarbeit», brachte es die 24-Jährige auf den Punkt. Die fruchtbaren Diskussionen in der Reithalle des Wenkenhofs hätten etwas Wichtiges bewiesen, nämlich dass man bereits ein gemeinsames Ziel vor Augen habe und in die gleiche Richtung blicke. Gleichzeitig betonte Marie-Claire Graf aber auch: «Es braucht noch mehr aktive Unterstützer dieser Vision. Jeder und jede von uns kann etwas dazu beitragen.»

RIEHEN SOLL KLIMA-VORBILD BLEIBEN
DANK EINER VOLKSANREGUNG

Kurze Zeit nach den ersten Demonstrationen hatte die Klimabewegung Riehen erreicht. Obwohl – oder vielleicht gerade weil – die Gemeinde eine Energiestadt mit der höchsten Auszeichnung ‹European Energy Award Gold› ist, existieren hohe Ansprüche. «Riehen hat das Potenzial, seine Rolle und Verantwortung noch viel stärker wahrzunehmen», meint Philippe Kramer. «Die Gemeinde Riehen muss eine Vorbildfunktion haben. Wenn sie sich jetzt zurücklehnt, könnte sie ins Hintertreffen geraten. Und das möchte ich als Riehener verhindern.»

Schon im Januar 2019 gründeten sieben in Riehen wohnende Schülerinnen und Schüler das Komitee ‹Riehener Jugend für eine lebenswerte Zukunft› mit dem Ziel, eine Volksanregung zu lancieren. Zwei der Komiteemitglieder, Timea Pollheimer und Philippe Kramer, begründen das Vorgehen: «Eine nachhaltige Klimapolitik fängt schon im Kleinen an, sprich: auf Gemeindeebene.» Die zwei Forderungen der Riehener Jugendlichen an den Einwohnerrat klangen drastisch und orientierten sich an den nationalen Klimastreik-Forderungen: Erstens solle die Gemeinde Riehen den Klimanotstand ausrufen, zweitens einen Massnahmenkatalog erarbeiten, sodass Riehen bis 2030 klimaneutral werde. Das heisst, der Treibhausgas-Ausstoss ist bis 2030 so zu begrenzen, dass er von der Natur ohne Schäden vollständig kompensiert werden kann.

Für das Instrument der Volksanregung entschieden sich die Schülerinnen und Schüler, weil diese ab dem Alter von 14 Jahren unterschrieben werden kann. Das Komitee habe ein Zeichen setzen wollen, dass das Anliegen von der jungen Riehener Bevölkerung komme, erklärt Philippe Kramer. Die Volksanregung konnten deshalb nur bis zu 25 Jahre alte, in Riehen wohnhafte Personen unterzeichnen. Innerhalb weniger Wochen kamen fast doppelt so viele wie die notwendigen Unterschriften zusammen. Stolz überreichte das Komitee am 4. April 2019 die Volksanregung mit 182 Unterschriften dem Abteilungsleiter Publikums- und Behördendienste Patrick Breitenstein.

Im Juni und erneut im Oktober 2019 prüfte die Kommission für Volksanregungen und Petitionen die vom Komitee eingereichte Volksanregung und verfasste einen Bericht an den Einwohnerrat. Dieser behandelte das Anliegen der Riehener Jugendlichen in seiner Sitzung vom 27./28. November 2019. Von den beiden Forderungen wurde nur die zweite betreffend Klimaneutralität in Riehen bis 2030 als Anzug an den Gemeinderat überwiesen. Dieser bekam den Auftrag, einen entsprechenden Massnahmenkatalog zu erarbeiten und ausserdem den Zwischenbericht zum Energiekonzept 2014–2025 nachzureichen, den er bereits 2018 hätte vorlegen müssen. Den Klimanotstand in Riehen auszurufen, hielt der Einwohnerrat hingegen nicht für sinnvoll: Erstens habe das kurze Zeit davor bereits der Kanton getan und zweitens sei dann die Gefahr zu gross, dass man sich tatsächlich weniger um eine nachhaltige Klimapolitik bemühe, weil man sich zu sehr auf den Ausruf des Klimanotstands verlasse.

Die Komiteemitglieder reagierten unterschiedlich darauf. Während Philippe Kramer nachvollziehen kann, dass es nicht sinnvoll sei, auch auf Gemeindeebene den Notstand auszurufen, betrachtet Timea Pollheimer den Entscheid des Einwohnerrats kritisch: «Der Ausruf des Klimanotstands ist doch ein rein symbolischer Akt, der ein Zeichen setzt und gar nicht einschränkend ist.» Und überhaupt sei sie eher enttäuscht als zufrieden, weil viel Zeit ohne handfeste Ergebnisse verstrichen sei. «Wir können es uns nicht leisten, dass jeder Prozess so lange dauert, weil wir gerade in Sachen Klima schnell handeln müssen», erläutert die Riehener Klima-Aktivistin. Ihr Kollege Philippe Kramer hingegen spricht von einem «grossen Erfolg»:

Schon dass die Volksanregung indirekt dazu geführt habe, den überfälligen Energiebericht einzufordern, sei befriedigend. Damit könne sich der Gemeinderat nun einen Überblick verschaffen und feststellen, an welchem Punkt Riehen momentan in der Klimapolitik stehe, und anhand dessen prüfen, welche Massnahmen für eine Klimaneutralität bis 2030 vonnöten seien. Zufrieden ist Philippe Kramer, zurücklehnen will er sich aber nicht: «Wir verfolgen seither, wie sich die Sache entwickelt, und werden überprüfen, ob die Anfertigung des Berichts nicht nur eine Pro-Forma-Übung ist.»

KLIMA-AKTIVISMUS 2020 – EIN WENIG ANDERS
So gut das Jahr 2019 für die Klimajugend lief, so schlecht fing das Jahr 2020 an. Durch die Corona-Krise rutschte das Thema Klimakrise auf der Prioritätenliste erst mal ein gutes Stück nach unten. «Wir hatten schlichtweg nicht mehr die gleiche Aufmerksamkeit wie zuvor», bestätigt Philippe Kramer. Das sei aber durchaus nachvollziehbar, sei doch die Pandemie eine akutere Gefahr.

Das Coronavirus schaffte es trotzdem nicht, die Klimabewegung komplett lahmzulegen. «Sie nahm lediglich eine andere Form an», erklärt Marie-Claire Graf. Durch den Lockdown und das Homeoffice habe man viel mehr Zeit gehabt, sich konzeptionelle Gedanken zu machen, neue Ideen zu entwickeln und Aktionen zu planen. Selbst Konferenzen konnten online durchgeführt und Kampagnen auf den sozialen Medien lanciert werden. So teilten Zehntausende von Jugendlichen beispielsweise den Hashtag #Climatestrikeonline, um zu signalisieren, dass der Klimastreik online auf der Plattform Instagram weitergeht. Anders gesagt: Aus den Augen, nicht aus dem Sinn! Während dieser Zeit hat sich die Natur sogar etwas erholen können: kein Flugverkehr, nur wenige Autos auf den Strassen. Wer weiss, vielleicht blickt die Welt nach der Corona-Krise anders auf das Klima. Die Klimajugend kam aus der Zwangspause jedenfalls gestärkt und mit neuen Ideen zurück. Und das sollten wir auch tun. Schliesslich geht es doch um *unser* Klima.

DREI PERSONEN, DREI FRAGEN, DREI ANTWORTEN

NATHALIE REICHEL: **Hat sich in Ihrem Alltag etwas geändert, seitdem Sie sich für das Klima einsetzen?**

PHILIPPE KRAMER, 20: Eigentlich fliege ich sehr gern. Ich liebe es, in einem Flugzeug zu sitzen und den Sonnenuntergang zu beobachten. Seit einigen Jahren fliege ich gar nicht mehr – und das heisst etwas. Mein Einsatz für das Klima ist jedoch nicht auf einzelne Handlungen zu reduzieren, denn umweltfreundlich zu leben ist eine Lebenseinstellung.

Wie reagiert Ihr Umfeld auf Ihr klimafreundliches Verhalten?
Sehr gut, meine Familie und meine Freunde haben mich sehr unterstützt. Ich hänge aber nicht an die grosse Glocke, was ich für das Klima mache, und genauso wenig verurteile ich andere Menschen, die sich nicht klimafreundlich verhalten.

Welchen Ratschlag würden Sie jemandem geben, der die Seriosität der Klimaproblematik nicht einsieht?
Sich eine halbe Stunde Zeit für eine Recherche zu nehmen und dabei der Frage auf den Grund zu gehen, was genau die Folgen des Klimawandels für den Menschen bedeuten. Anschliessend keine vorschnellen Schlüsse zu ziehen, sondern erst mal in Ruhe das Ganze auf sich wirken zu lassen.

NATHALIE REICHEL: **Wie widerspiegelt sich der Klima-Aktivismus in Ihrem Alltag?**

TIMEA POLLHEIMER, 18: Ich bin mit der Mentalität aufgewachsen, bewusst mit der Umwelt umzugehen. Ökologisch zu leben ist für mich also nichts, was ich mir angewöhnen musste. Ich kaufe saisonal ein, esse kein Fleisch, reise nicht mit dem Flugzeug und wir haben in der Familie auch kein Auto.

Konnten Sie jemanden in der Familie oder im Freundeskreis zu etwas motivieren?
Tatsächlich ja. Die Familie meines Freundes ass früher häufig Fleisch. Durch mich lernte sie neue Rezepte für feine vegetarische Gerichte kennen. So konnte ich ihnen zeigen, dass auch Fleischersatz oder Gemüse ganz gut schmecken kann.

Wie könnte das Riehener Komitee künftig wieder aktiver werden?
Ich habe bereits einige Ideen. Man könnte mittels Informationskampagnen der Riehener Bevölkerung zeigen, wie sich die Gemeinde bereits für das Klima einsetzt. Oder man könnte naturnahe Projekte organisieren: zum Beispiel ein Bienenhotel bauen. So können die Menschen allmählich lernen, ganz bewusst im Einklang mit der Natur und dem Klima zu leben und dabei die Klimastreikenden nicht als etwas Aussenstehendes oder gar Übertriebenes zu betrachten.

NATHALIE REICHEL: **Konnten Sie Ihr Umfeld durch Ihren Klimaeinsatz inspirieren?**

MARIE-CLAIRE GRAF, 24: Offenbar schon. Es sind zum Beispiel schon mehrere Leute auf mich zugekommen, die mit dem Zug in ein entferntes Land fahren wollten und mich um Empfehlungen oder Tipps gebeten haben. Das ist schön zu sehen, trotzdem müssen wir jetzt einen Schritt weitergehen. Es braucht noch eine grössere Veränderung.

Welche Massnahmen würden Sie im Hinblick auf den Klimaschutz treffen, hätten Sie die Macht dazu?
Ich würde Informationskampagnen organisieren, damit der Klimawandel der Bevölkerung verständlich gemacht werden kann. Wenn den Leuten die Klimakrise als solche bewusst wird und sie deren Dringlichkeit realisieren, muss man sie nicht mehr mit willkürlichen Massnahmen zu überzeugen versuchen. Wer das Verständnis für diese Krise hat, verhält sich dementsprechend.

Wie wichtig finden Sie, dass jede und jeder Einzelne klimafreundlich lebt?
Es ist wichtig, aber nicht mehr ausreichend. Wir haben nicht fünf vor, sondern schon fünf nach zwölf! Teilweise ist es nämlich schon zu spät, Tierarten sind bereits ausgestorben, die Klimakrise hat uns eingeholt. Schliesslich braucht es beides: einzelne Efforts und systematische Veränderungen. Eine Krise kann man nicht lösen, wenn alle ihr eigenes Ding machen.

Luftbild von abgestorbenen Fichten im Riehener Wald, 2020.
Trockenheit und Käferfrass führten zum Baumtod.

Wald im Klimawandel – wohin führt die Reise?

LUZIUS FISCHER UND ANDREAS WYSS

Der Klimawandel ist eine historische Herausforderung und seine Auswirkungen sind auch im Riehener Wald deutlich spürbar. Der zukünftige Wald unserer Region wird sich durch neue Baumarten und einen anderen Aufbau von den heute gewohnten Waldbildern unterscheiden. Für die langfristige Sicherstellung der von der Bevölkerung verlangten Waldfunktionen wie Erholung, Schutz vor Naturgefahren, Trinkwasserproduktion und Biodiversität müssen langjährige Erfahrungen mit neuen Modellen verknüpft werden.

Für die Schweiz prognostizieren die Forscher bis Ende des 21. Jahrhunderts eine Erwärmung des Klimas um durchschnittlich 5 Grad; es wird wärmer und trockener. Die Schweiz wird als Alpenland vom Klimawandel besonders betroffen sein: Der Temperaturanstieg wird doppelt so hoch sein wie im weltweiten Durchschnitt. Sonneneinstrahlung und Verdunstung werden zunehmen, gleichzeitig wird das für die Bäume lebensnotwendige Wasser im Boden fehlen, was zu einem frühzeitigen Absterben führt.

Unsere Buchenwälder werden deshalb etwa 500 bis 700 Meter hoch in montane Lagen wandern. In tiefen Lagen wird die Buche zunehmend durch trockenheitsangepasste und wärmebedürftige Baumarten abgelöst. Dies sind düstere Aussichten und grosse Herausforderungen. Störungen, mit denen weder unser Wald noch wir als Waldbewirtschaftende Erfahrungen haben. Den Umgang mit diesen Problemen, insbesondere mit dem schnellen Ablauf der Veränderungen, müssen wir erst noch planen und lernen.

SCHLEICHENDE VERÄNDERUNGEN WERDEN PLÖTZLICH SICHTBAR

Das Ökosystem Wald ist einem gewaltigen Stresstest ausgesetzt. Speziell in der Region Basel wird es wärmer und im Sommer trockener. Der vom Menschen verursachte Klimawandel – aufgrund erhöhter Treibhausgas-Emissionen – ist dafür verantwortlich. Die sommerliche Trockenheit dürfte in jenen Regionen am stärksten zunehmen, die bereits heute relativ trocken sind. Die Region Basel ist mit 778 Millimeter Jahresniederschlag eine der trockeneren Regionen der Schweiz. Als Folge des Klimawandels verändern sich die Wachstumsbedingungen und die Konkurrenzverhältnisse der Waldbäume. Langfristig führt das zu einer anderen Baumarten-Zusammensetzung. Nur durch eine gezielte Unterstützung dieser Anpassungen können unsere menschlichen Ansprüche an die Waldleistungen wie Erholung, Schutz vor Naturgefahren, Biodiversität oder Energieträger beziehungsweise Rohstoffträger gewährleistet werden. Denn der Klimawandel dürfte so rasch ablaufen, dass der Wald diese Leistungen ohne

Buche

Traubeneiche

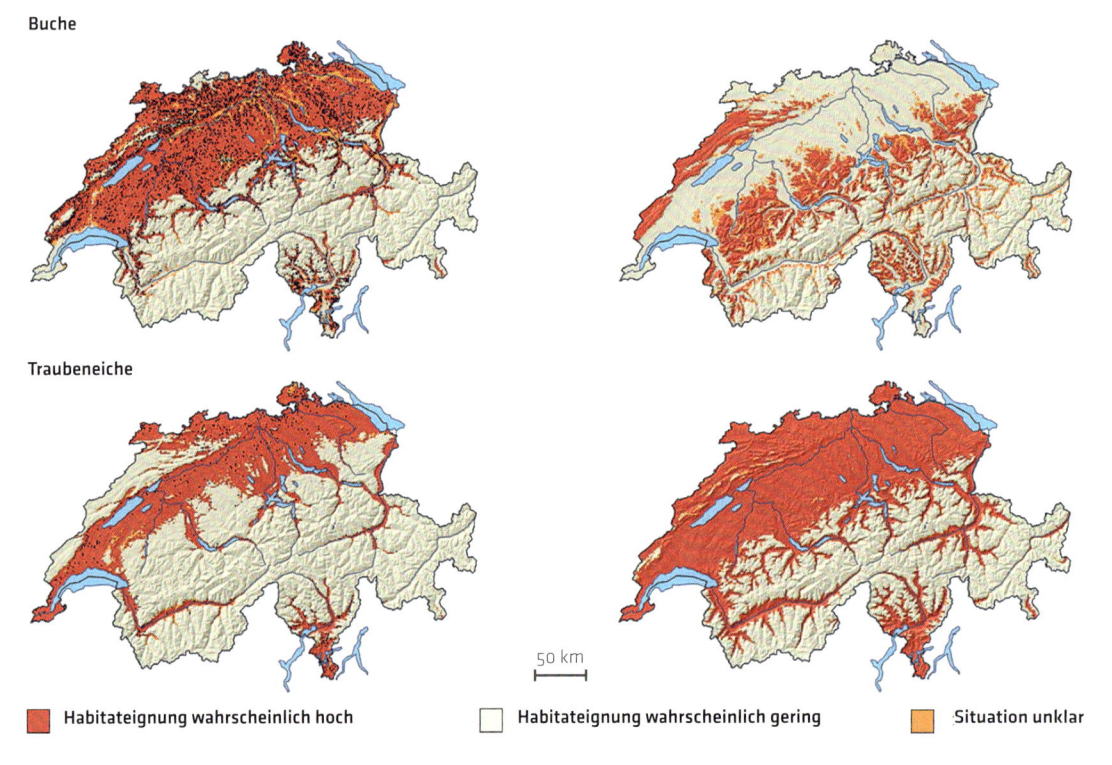

Die Habitateignung für die Buche und die Traubeneiche heute (links) und gegen Ende des 21. Jahrhunderts (rechts) in der Schweiz: Bei der Buche nimmt die geeignete Fläche (rot) deutlich ab, bei der Traubeneiche hingegen zu.

■ Habitateignung wahrscheinlich hoch □ Habitateignung wahrscheinlich gering ■ Situation unklar

gezielte Massnahmen nicht mehr in gefordertem Mass zu erbringen vermag.

Die Jahresmitteltemperaturen in der Schweiz sind in den vergangenen drei Jahrzehnten kontinuierlich gestiegen. Insbesondere in Basel lag die Abweichung von der langjährigen lokalen Jahresmitteltemperatur 2019 ganze 2,9 Grad Celsius darüber – und deutlich über der weltweiten Abweichung, die 2019 genau bei 1 Grad Celsius lag (siehe Grafik 1 im Beitrag ‹Das Klima von Riehen›). Dass die Erwärmung in der Schweiz und insbesondere in der Region Basel stärker ist, hat mehrere Ursachen. Die meerferne Lage mit wenig Luftfeuchtigkeit sowie die grossen Gesteinsmassen der Alpen als Wärmespeicher sind hauptsächlich dafür verantwortlich. Dieser Effekt wird in der Region Basel im Wind- und Regenschatten zwischen Schwarzwald, Jura und Vogesen noch verstärkt. Der Temperaturanstieg sowie die Zunahme von Extremereignissen als Folge davon – beispielsweise lang anhaltende Trockenphasen im Sommer – bringen den Riehener Wald an seine Belastungsgrenzen und teilweise darüber hinaus. Bereits heute ist ein Trend zu mehr und intensiveren Hitze- und weniger Frosttagen zu beobachten.

Wie sich das Klima bei uns entwickeln wird, ist nicht ganz einfach vorherzusagen. Mittels verschiedener Modelle lässt sich aber ein Trend feststellen: In einem ‹mittleren› Szenario beträgt die Erwärmung bis Ende des 21. Jahrhunderts um bis zu 5 Grad Celsius im Vergleich zur vorindustriellen Zeit. Gleichzeitig verändert sich auch die Saisonalität der Niederschläge. Im Sommer dürfte die Schweiz in den Einflussbereich der sehr trockenen mediterranen Klima-

Trockenheitsresistente Eiche (links) und trockenheitsanfällige Buche (rechts) in einem Altholzbestand am Ausserberg, Gemeinde Riehen.

zone geraten, weshalb eine Abnahme der sommerlichen Niederschläge zu erwarten ist. In der Region Nordwestschweiz und damit auch in der Gemeinde Riehen dürften die Niederschläge um bis zu einem Viertel abnehmen. Extreme Trockenperioden, wie wir sie bereits in den Jahren 2003, 2011, 2015 und 2018 erlebt haben, werden noch häufiger vorkommen. Generell werden Extremereignisse wie Stürme, Starkniederschläge mit Überschwemmungen oder lange sommerliche Hitzewellen wegen der aufgeheizten Erdatmosphäre spürbar zunehmen.

EINFLUSS AUF DAS WALDWACHSTUM UND DIE WALDBESTÄNDE

Verschiedene Faktoren wie Klima, Bodenzusammensetzung und Topografie bestimmen massgeblich, welche Baumarten und Waldgesellschaften (Gemeinschaft von Pflanzen) an einem Ort überhaupt vorkommen und gedeihen können. Mit dem Klimawandel verändern sich somit auch diese Standortfaktoren. Bis Ende dieses Jahrhunderts dürfte den Bäumen in der Vegetationszeit, wenn sie am meisten davon benötigen, weniger Wasser zur Verfügung stehen. Neben dem Rückgang der Sommerniederschläge wirkt sich auch die steigende Verdunstung im Zuge der Erwärmung negativ auf das Wachstum aus. Der Baum reagiert mit einem Schutzmechanismus, indem er kleinste Blattöffnungen, sogenannte Spaltöffnungen, an der Blattoberfläche schliesst, über die er Sauerstoff abgibt beziehungsweise CO_2 aufnimmt. Er kann sich somit nicht mehr durch Photosynthese ernähren. Entweder verdurstet er also an Wassermangel oder er verhungert.

Berechnungen zeigen, dass die Wasserverfügbarkeit im Riehener Wald Ende des 21. Jahrhunderts derjenigen von Wäldern in den Walliser Trockentälern heute entsprechen könnte. Das Bild des Riehener Waldes wird sich mit den Voraussetzungen für das Wachstum der Baumarten verändern. Wer verliert und wer gewinnt? Die Fichte, die in Riehen immer nur eine untergeordnete Rolle spielte, wird bald vollständig verschwinden und sich in die höheren Lagen des Juras und der Alpen zurückziehen. Die grössten Lebensraumverschiebungen werden bei der Buche

Störungen beschleunigen die Veränderung

Der Klimawandel beeinflusst auch Störungen im Wald wie Waldbrände, Stürme oder die Massenverbreitung von Schädlingen. Das Risiko steigt, durch ein solches Ereignis betroffen zu werden. Diese Veränderungen werden meistens als Kombination von klimabedingter Trockenheit, die Stress für den Waldbaum bedeutet, und Folgeschäden sichtbar.

Die häufigsten Folgeschäden neben dem trockenheitsbedingten Absterben sind im Riehener Wald Pilzschäden wie Rindennekrose, Russrindenkrankheit oder Borkenkäferbefall. Borkenkäfer wie der Buchdrucker oder der Kupferstecher haben im Riehener Wald allerdings aufgrund des kleinen Fichtenanteils nur eine geringe Bedeutung.

Trockenheitsbedingtes Absterben: Bei lang anhaltender Trockenheit schliessen die Bäume die Spaltöffnungen der Blätter und unterbrechen so die Photosynthese. Sie können keine Stärke (Zuckernahrung) mehr produzieren und verhungern. Gleichzeitig können sie sich nicht mehr mit Wasser aus dem Boden versorgen, was zu frühzeitigem Laubfall und dem Verlust dieses natürlichen ‹Sonnenschutzes› führt. Die direkte Sonneneinstrahlung führt auf der Rinde, die dem Baum als Schutzschicht dient, zu einer Überhitzung (Sonnenbrand) und lässt sie aufplatzen. Die Leitbahnen werden irreparabel geschädigt, die Bäume vertrocknen nach kurzer Zeit. Kronenteile und Äste brechen rasch ab, die Bäume können umstürzen. Geschwächte Buchen werden nach kurzer Zeit von holzabbauenden Pilzen befallen.

Rindennekrose: Schwarze Flecken am Stammfuss sind ein untrügliches Zeichen, dass die Buche aufgrund der Trockenheit stark gestresst ist. Die Buchenwollschildlaus befällt den geschwächten Baum und durch die Löcher in der Rinde kann ein Pilz eindringen und die Rinde schwarz verfärben. Rund 10 Prozent der Buchen (mit Trockenheitsschäden) sind unheilbar befallen. Rindennekrosen sind vor allem in alten, dauerwaldähnlich-bewirtschafteten Beständen zu beobachten, in denen alte Individuen bewusst stehengelassen wurden. Besonders in der Umgebung von Erholungsanlagen ist das gefährlich, da pilzbefallene Buchen aufgrund von fortschreitender Stammfäule umkippen oder Äste und ganze Kronenteile abbrechen können.

Anteile der verschiedenen Baumarten im Riehener Wald und ihre Entwicklungstendenz unter Berücksichtigung des Klimawandels:

Baumart	Buche	Esche	Eiche	Ahorn	Fichte	Lärche	Föhre	Tanne	andere*
Anteil	34 %	16 %	15 %	13 %	4 %	2 %	1 %	<1 %	15 %
Zukunft	↓	↓	↑	↓	↓	→	↑	→	↑

* insbesondere wärmeliebende Arten: Elsbeere, Speierling, Schneeballblättriger Ahorn, Edelkastanie, Linde, Kirschbaum, Nussbaum, Wildbirne, Wildapfel

Russrindenkrankheit: Ein vor vielen Jahren aus Amerika eingeschleppter Pilz verursacht bei unseren einheimischen Ahornarten (hauptsächlich beim Bergahorn und auf trockenen Schotterböden in den Langen Erlen) ein Absterben der gesamten Rinde von mittelalten Bäumen. Der Pilz breitet sich unter der Rinde aus, bis diese abstirbt und aufplatzt. Die vielen Sporen des Pilzes färben den Baum schwarz. Einmal befallen, führt diese Erkrankung zum Absterben. Sie tritt vor allem nach heissen und trockenen Sommermonaten auf.

Eschentriebsterben: Eine aus Asien eingeschleppte Pilzkrankheit belastet die Esche ganz besonders, indem sie das sogenannte Eschentriebsterben auslöst. Der Pilz nistet sich in den Gefässen der Blätter und Stiele ein und unterbricht die Versorgung mit Wasser und Nährstoffen. Der Baum stirbt langsam ab. Geschwächte oder abgestorbene Bäume werden dann vom einheimischen holzabbauenden Hallimasch-Pilz befallen, meist am Stammfuss, was rasch zu Instabilität und zum Umkippen der Bäume führt, insbesondere nach Sturmereignissen. Ungefähr 25 Prozent des Eschenbestands sind betroffen.

Die Forstwarte Jonas Müller (links) und Tim Oberkirch von der Forstunternehmung Ackermann entfernen abgestorbene Bäume, Mai 2020.

erwartet, der häufigsten Baumart im Riehener Wald. Für die tieferen Lagen wird ein Klima vorausgesagt, das die Buche hier bei ungenügender Wasserversorgung zum Verschwinden bringt, insbesondere auf Böden mit steinigem Untergrund. In Riehen wird das Risiko für die Buche also deutlich zunehmen, wegen Trockenheit abzusterben. Vom Klimawandel profitieren dürfte hingegen die Traubeneiche, die in Riehen bereits seit einigen Jahren stark gefördert wird.

Grundsätzlich wachsen Bäume schneller, wenn es wärmer wird – aber nur, solange genügend Wasser verfügbar ist. Sinkt dessen Verfügbarkeit, wird das Baumwachstum in den tieferen Lagen in der Schweiz zunehmend eingeschränkt. Das bedeutet, dass der Zuwachs an Holzmasse längerfristig zurückgehen dürfte. In den höheren Lagen (Voralpen) ist mit stärkerem Wachstum zu rechnen, weil die Wasserverfügbarkeit meist ausreichen dürfte. Ausgeprägte Trockenheit kann auch zum Baumtod führen. Bislang war die trockenheitsbedingte Mortalität (Absterben) in niederen Lagen bei den meisten Baumarten gering. In Zukunft ist von einer Zunahme auszugehen, weil lang anhaltende Trockenperioden deutlich öfter auftreten dürften und viele Schadorganismen, zum Beispiel der Borkenkäfer, von den steigenden Temperaturen profitieren. Wie Bäume auf steigende Temperaturen und zunehmende Sommertrockenheit reagieren, ist von Art zu Art unterschiedlich. ‹Verlierer› unter den Baumarten wachsen langsamer oder sterben ab, ‹Gewinner› profitieren aufgrund der geringeren Konkurrenz durch andere Baumarten. Die Konkurrenzverhältnisse verschieben sich, was langfristig die Baumartenzusammensetzung verändert. Die Buche zeigt bereits heute ein rückläufiges Wachstum. Andere, trockenheitstolerante Arten wie zum Beispiel die Eiche werden sich in Zukunft besser durchsetzen können.

ZWANGSNUTZUNGEN BESTIMMEN DEN FORSTLICHEN ALLTAG IN RIEHEN

Die Bewirtschaftung von Wäldern erfolgt langfristig und wird mit Waldentwicklungs- und Betriebsplänen gesteuert. Planungszeiträume von bis zu 15 Jahren sind in der

Forstwart Tim Oberkirch pflanzt im April 2020 eine Winterlinde (links) und eine Traubeneiche (rechts). Beide Baumarten ertragen trockenere und wärmere klimatische Bedingungen besser als die Buche.

Forstwirtschaft normal. In Gesetzen, Verordnungen und Plänen werden Holzvorrat, Zuwachs, Betriebsart, die jährliche Nutzungsmenge (Hiebsatz) sowie die Naturnähe der Wälder beschrieben und verbindlich festgelegt.

Die Auswirkungen des Klimawandels haben heute schon einen grossen Einfluss auf diese Planungen und die täglichen Arbeiten im Wald. Sie beeinflussen auch die langfristigen, auf Nachhaltigkeit und stabile Walderhaltung ausgerichteten Absichten. Die vielen Zwangsnutzungen von abgestorbenen Bäumen, vor allem in stark besuchten Erholungswäldern wie in Riehen, wo grosse Sicherheitsanforderungen bestehen, verursachen hohe Kosten und erschweren die Arbeitsplanung und Budgetierung der Massnahmen. Es braucht ausserdem zusätzliche Baumkontrollen und die Bevölkerung muss immer wieder in unterschiedlicher Form auf ihre Eigenverantwortung bei Waldbesuchen hingewiesen werden.

In den vergangenen Jahren mussten im Riehener Wald entlang von Waldstrassen, bei Erholungseinrichtungen und den Infrastrukturanlagen für die Grundwasseranreicherung der Industriellen Werke Basel (IWB) aus Sicherheitsgründen Hunderte Kubikmeter Holz unplanmässig entfernt werden. Dabei ist das Fällen von abgestorbenen Bäumen gefährlicher und viel aufwendiger als das Fällen von gesunden Bäumen. Vertrocknetes Holz ist für die Verarbeitung minderwertig und kann nur als Industrie- oder Energieholz verkauft werden.

EICHENFÖRDERUNG IM RIEHENER WALD

Zur Risikominimierung wird eine möglichst grosse Vielfalt an trockenheitsresistenten Baumarten angestrebt. Traubeneiche und Stieleiche gehören zur natürlichen Baumartenzusammensetzung des Riehener Waldes. Die Traubeneiche bevorzugt wärmere und trockenere Lagen, sie braucht auch weniger Feuchtigkeit und Nährstoffe als die Stieleiche. Die trockenheitstolerante Traubeneiche gilt deshalb als eine der Nutzniesserinnen des Klimawandels. Heute beträgt der Eichenanteil am Vorrat (stehende Holzmenge) im Riehener Wald knapp 15 Prozent. Dieser Anteil soll wegen der Veränderungen durch den Klimawandel

Buchenaltholz an einem produktiven Laubholzstandort beim Waltersgraben, Gemeinde Riehen.

erhöht werden. Bis 2034 soll die Eiche einen Anteil von mehr als 20 Prozent am Vorrat einnehmen. Neben der guten klimatischen Anpassungsfähigkeit hat die Eiche auch ökologische Vorteile. Viele einheimische Tier- und Insektenarten sind von diesen Baumarten abhängig.

Da im Riehener Wald geeignete Samenbäume meistens fehlen, kann die Eiche nur mit künstlicher Verjüngung (gepflanzte Bäume) und in einer eingezäunten Kultur langfristig und wirtschaftlich vertretbar gefördert werden. In den vergangenen Jahren wurden daher auf einer Fläche von rund 10 Hektaren ungefähr 32 000 junge Eichen gepflanzt.

Die Neuanlage einer Kultur von der Grösse einer Hektare kann den Waldeigentümer, die Waldeigentümerin mehr als 35 000 Franken kosten. Eichen brauchen viel Licht und Wärme und eine intensive Pflege in der Jugend. Ohne Wildschutzmassnahmen (Zaun, Einzelschutz) würde die nur langsam wachsende Eiche in den ersten fünf bis sieben Wachstumsjahren vom Rehwild verbissen und ausfallen. Zudem wird auf den gut wüchsigen Waldböden in Riehen die Eiche aufgrund ihrer Lichtbedürftigkeit und ihres langsameren Wachstums von der schattenertragenden Buche stark konkurrenziert. Ohne regelmässige Kultur- und Jungwaldpflege fällt die Eiche aufgrund des Lichtmangels aus. Die gepflanzten Bäume müssen deshalb regelmässig vor der Konkurrenzvegetation (andere Baumarten, Brombeeren) geschützt werden. Die kostenintensiven Pflegemassnahmen für die Erhaltung der Eiche werden vom Bund, dem Kanton Basel-Stadt und den Gemeinden Riehen und Bettingen mit Beiträgen unterstützt.

Vitale 150-jährige Eichen beim Rotengraben, Gemeinde Riehen. Die schönsten und grössten Eichen mit einem Stammdurchmesser von mehr als 60 Zentimeter und einem Alter von 200 und mehr Jahren stehen noch zahlreich in den Gebieten Maienbühl, Nordhalde und Ausserberg. Diese Bäume sind Relikte der bis etwa in die 1920er-Jahre in der Region Basel weit verbreiteten Mittelwaldbewirtschaftung.

«Rund 32 000 Tier- und Pflanzenarten leben in unseren Wäldern, davon sind nur gerade 6000 näher untersucht. Diesem einzigartigen Ökosystem müssen wir Sorge tragen. Denn auch für uns Menschen ist der Wald ein einzigartiger Rückzugsraum, was wir gerade in den vergangenen Monaten während der Corona-Krise erlebt haben. Frische Luft, spannende Geräusche, Natur pur! Mit einer angepassten Pflege können wir das Risiko für noch grössere Schäden minimieren. Es braucht aber auch ein Umdenken in der Bevölkerung, dass wir unseren Wald dem Stress des Klimawandels nicht noch stärker aussetzen. Beginnen wir jetzt damit!»

LUZIUS FISCHER

«Der Klimawandel setzt den Wald unter Druck. Weil dieser Wandel schneller abläuft, als die Bäume darauf reagieren können, stehen wir vor einer wichtigen Weichenstellung. Die Bäume, die heute im Wald keimen, werden in ihrer Hauptwachstumsphase – in ungefähr 50 Jahren – in einem völlig anderen Klima leben. Damit die von der Bevölkerung verlangten Waldfunktionen möglich bleiben, muss der Mensch jetzt eingreifen und diesen Wandel umsichtig begleiten.»

ANDREAS WYSS

Die bereits gesättigten Böden können den Niederschlag nicht mehr aufnehmen: Aus Zwischenbergen strömt Oberflächenwasser durch den Wald Richtung Moostal, 8. Juni 2016.

Unterwegs zum Masterplan Hochwasserschutz

CHRISTIAN JANN UND SALOME LEUGGER ARNOLD

Das Klima verändert sich. Eine erwartete Auswirkung davon sind zunehmende Wetterextreme wie Starkregen-Ereignisse in den Sommermonaten und, damit verbunden, häufigeres Hochwasser. Auch wenn die Riehener Dorfbäche schon früher immer mal wieder über die Ufer getreten sind: In Zukunft ist wohl vermehrt mit solchen Ereignissen zu rechnen.

Wie in anderen dicht besiedelten Gebieten sind auch die Gewässer in Riehen geprägt durch Eindolungen, hart verbaute Ufer und monotone Gewässerbettstrukturen mit einer entsprechend geringen Artenvielfalt an Pflanzen und Tieren. Diese Defizite entstanden mehrheitlich seit dem Ende des 19. Jahrhunderts, als die Gewässer in ihr heutiges Profil gezwängt wurden. Mitte des 20. Jahrhunderts wurden ausserdem zahlreiche kleinere Gewässer überdeckt, verbaut oder – wie der Hungerbach, der früher dem Steingrubenweg entlang verlief und nur zeitweise Wasser führte, – ganz aufgehoben. Vorrangige Gründe für die partiellen Eindolungen und Eingrenzungen der Gewässer waren der Schutz vor Hochwasser und Epidemien. Gleichzeitig entstand neuer Raum für Bauten, Verkehrswege sowie für die Landwirtschaft.

Dank des gestiegenen Umweltbewusstseins und der entsprechenden Neuausrichtung vieler gesetzlicher Grundlagen wurden gegen Ende des 20. Jahrhunderts die Gestaltungskriterien für urbane Fliessgewässer verändert und die Verbesserung dieses Lebensraums samt tierischer und pflanzlicher Besiedlung gefordert. Seither wurden in vielen kleinen, aber auch einigen grossen Projekten Renaturierungen umgesetzt. In den vergangenen Jahren wurde die Naturnähe der Fliessgewässer beim alten Teich im Brühl und des Aubachs vom Bachtelenweg bis zum Mühleteich wiederhergestellt.

Der Schutz des Riehener Siedlungsraums vor Hochwasser stellt beim grössten Gewässer der Gemeinde, der Wiese, praktisch kein Problem dar. Bei den drei aktiven Bächen Aubach, Bettingerbach und Immenbach jedoch schon. Sie fliessen durch das Siedlungsgebiet und können bei sehr starken Hochwasser-Ereignissen grossen finanziellen Schaden verursachen.

WIEDERKEHRWAHRSCHEINLICHKEIT EINES NATUREREIGNISSES

Hochwasser sind natürliche Ereignisse. Sie bilden sich als Folge langer, grossflächiger Dauerregen oder kurzzeitiger, kräftiger Starkniederschläge. Sie treten regelmässig auf und sind charakteristisch für das Abflussverhalten von

Hochwasser im Aubach unterhalb der Holzbrücke im Reservat Autal, 8. Juni 2016. Das Hochwasser führte zu Schäden an diversen Liegenschaften in der Schlossgasse.

Aubach mit normaler Wassermenge, 27. Juli 2020.

WIEDERKEHRINTERVALL	BETTINGERBACH	IMMENBACH	AUBACH
Niedrigwasser (NQ)	ca. 5–7 l/s	ca. 2–4 l/s	ca. 10–15 l/s
Mittelwasser (MQ)	20–25 l/s	5–10 l/s	30–50 l/s
Hochwasser HQ30	3,1 m^3/s*	1,7 m^3/s	8,5 m^3/s
Hochwasser HQ100	5,2 m^3/s	2,5 m^3/s	14,4 m^3/s
Hochwasser HQ300	6,8 m^3/s	3,3 m^3/s	18,9 m^3/s

* 1 m^3/s = 1000 l/s.
Abflusskennwerte der Gewässer gemäss Prozess Hochwasser, Szenarienbericht der TK Consult AG, Zürich 2013, in: Tiefbauamt Basel-Stadt: Naturgefahrenkarte Basel-Stadt, 2014.

Flüssen und Bächen. Durch den Klimawandel dürfte sich in Zukunft die Wahrscheinlichkeit für das Auftreten von Hochwasser erhöhen. Die sogenannte ‹Jährlichkeit› gibt statistisch an, in welchem Zeitraum dieser Wert im Mittel erreicht oder überschritten wird: Bei einem 100-jährlichen Abfluss ist das im Schnitt alle 100 Jahre (HQ100) einmal der Fall, bei einem 30-jährlichen Abfluss (HQ30) im Schnitt alle 30 Jahre et cetera. Das Schutzziel für den Siedlungsraum beträgt gemäss den Vorgaben des Bundes mindestens HQ100 (Abkürzung HQ: H von ‹hoch›, Q als wissenschaftliche Bezeichnung der Abflussmenge). Beim Bettinger-, Immen- und Aubach kann die heutige Kapazität der Gerinne (Gewässerbetten) ein HQ100 nicht aufnehmen – im Gemeindegebiet Riehen besteht also eine potenzielle Überflutungsgefahr. Um dieser entgegenzuwirken, wurde ein Masterplan Hochwasserschutz ausgearbeitet (vgl. unten), der entsprechende Massnahmen vorschlägt. Neben Hochwasser in Bächen können Starkniederschläge auch Probleme verursachen durch Oberflächenwasser abseits der Bachläufe. Dieses kann ebenfalls zu Überflutungen von Strassen, Plätzen und Gebäuden führen. Die Wassermengen des Oberflächenwassers sind bei starken Ereignissen zu gross, als dass diese vom Boden aufgenommen, respektive von den Entwässerungsleitungen der Strassen und Plätze abgeführt werden könnten. Versiegelte Flächen und eine geneigte Topografie begünstigen diese Abflussbildung. Im Gebiet Hungerbachhalde–Rotengraben wurden in den letzten Jahren regelmässig grosse Oberflächenabflüsse beobachtet. 2014 führte der Oberflächenabfluss zu Schäden entlang des Steingrubenwegs bis zum Schulhaus Hinter Gärten. Auch im Moostal führt Oberflächenwasser immer wieder zu Schäden im angrenzenden Siedlungsraum.

HOCHWASSEREREIGNISSE IN RIEHEN

Verfügbare Forschungsergebnisse des IPCC (Intergovernmental Panel on Climate Change) weisen auf eine signifikante Zunahme schwerer Regenereignisse in Zukunft hin. Starkniederschläge werden häufiger und intensiver auftreten. Das zeichnet sich in Riehen bereits ab und hat

Der Schacht am Vormbergweg mag das Oberflächenwasser aus Zwischenbergen nicht aufnehmen, 8. Juni 2016. Das Wasser fliesst über das Landwirtschaftsland im Moostal weiter Richtung Siedlung.

Auswirkungen auf die Hochwassergefahr. Obwohl Hochwasser ein natürliches Ereignis ist, beeinflusst auch der Mensch, wie hoch die Wahrscheinlichkeit ist, dass ein Hochwasser eintritt, wie es verläuft und welche Schäden es anrichtet. Trotz eingeleiteter Massnahmen zum Schutz des Klimas dürften die bisherigen und zukünftigen Emissionen an Treibhausgasen die Durchschnittstemperatur weiter ansteigen lassen. Die Temperaturerhöhung führt dazu, dass sich der Wasserkreislauf intensiviert und beschleunigt: Je höher die Temperatur in der Atmosphäre, desto mehr Wasser kann verdunsten und als Niederschlag fallen. Dabei ist die Veränderung des Niederschlags nicht gleichmässig über das ganze Jahr verteilt.

Die vergangenen Jahrzehnte ergeben ein relativ klares Bild der typischen meteorologischen Ursachen für Hochwasser und Oberflächenabflüsse im Gebiet der Gemeinden Riehen und Bettingen. Gewitterzüge mit kurzen, aber sehr hohen Niederschlagsmengen, die das Einzugsgebiet der Riehener und Bettinger Dorfbäche ganz oder teilweise treffen, gehören gerade in der jüngeren Vergangenheit zu den häufigsten meteorologischen Auslösern von Hochwassern und Oberflächenabflüssen.

Unwetter mit Schäden durch Hochwasser und Oberflächenwasser gab es in der Vergangenheit immer wieder. In diesem Jahrhundert besonders zu erwähnen ist das Gewitter vom 22. Juli 2004, das im ganzen Einzugsgebiet der Gemeinde Riehen zu Überflutungen von Kellern führte. Aber auch am 20. Juli 2014 entlud sich abends nach 21 Uhr ein heftiges Gewitter über Riehen und Bettingen. Zwischen 21.20 Uhr und 21.50 Uhr fielen 33 Millimeter Regen. Das entspricht 33 Liter Regen pro Quadratmeter Boden, was in Riehen etwa alle 10–15 Jahre einmal auftreten kann. Ein letztes grosses Unwetter ereignete sich am 8. Juni 2016. Zwischen 12.40 Uhr und 13.10 Uhr fielen 26 Millimeter Regen.

BODENFRUCHTBARKEITSPROJEKT UND RECHENUMBAU

Aufgrund der Erfahrungen mit Ereignissen der letzten 10–20 Jahren wurden in Riehen bereits verschiedene Massnahmen für eine verbesserte Ableitung von Oberflächen- und Bachwasser umgesetzt. Zwei sollen hier vorgestellt werden: das Bodenerosionsprojekt und der Umbau der Rechen vor den Eindolungen.

Zu Schäden nach Oberflächenabflüssen kam es in der Siedlung hauptsächlich unterhalb der Ackergebiete im Moostal, aber auch in den Gebieten Rotengraben, Hungerbachhalde und Hinterengeli. Grössere Schäden an Gebäuden und Gärten ereigneten sich beispielsweise 2004 am Steingrubenweg und 2006 an der Inzlingerstrasse. Braunes, erdiges Wasser trat nach starken Regenfällen aus den Äckern und ergoss sich über Strassen und Wege bis weit ins Siedlungsgebiet. Die tiefgründigen Lössböden am Fuss des Dinkelbergs sind zwar gute Ackerböden, aber auch stark erosionsgefährdet. Stellenweise besteht bereits ab 2 Prozent Geländeneigung bei starken Regenfällen die Gefahr, dass die feinkörnige Bodenoberfläche verschlämmt und sich verschliesst, sodass die grossen Wassermengen nicht versickern können und sich oberirdisch ihren Weg Richtung Tal suchen. Schon vor 2007 wurde an diesen gefährdeten Stellen einiges unternommen, um die Schäden im Siedlungsgebiet zu minimieren: An der Hungerbachhalde fand eine Geländemodellierung statt und es wurden Ablaufrinnen mit Auffangbecken und Wiesenstreifen angelegt, andernorts müssen die Bewirtschaftenden auf den Maisanbau verzichten.

Es zeigte sich aber, dass das Problem grossflächig und umfassend angegangen werden muss. 2007 startete Riehen deshalb gemeinsam mit dem Kanton Basel-Stadt und der Gemeinde Bettingen ein Bodenfruchtbarkeitsprojekt mit dem Ziel, die Erosion zu reduzieren und dadurch die Fruchtbarkeit der Böden zu sichern. Nach einer umfassenden Kartierung und Untersuchung der Böden wurde eine Bodenerosionskarte erstellt. Diese zeigt auf, an welchen Orten die Böden stark erosionsgefährdet sind. Mithilfe dieser Gefährdungskarte wurden anschliessend gemeinsam mit den betroffenen Landwirten Massnahmen erarbeitet, um die Erosion zu reduzieren. Dazu gehörten die Aufgabe von Ackerflächen in besonders stark gefährdeten Hanglagen und ihre Umwandlung in Dauergrünland sowie spezielle Ansaatmethoden (sogenannte Streifenfräs- und Mulchsaaten). Diese Massnahmen werden bis heute umgesetzt. Auch wenn es immer noch vereinzelt zu Abflüssen aus dem Landwirtschaftsland kommt, hat sich die Situation stark verbessert.

Nach den Sommer-Hochwassern 2014 und 2015 zeigte eine Analyse, dass die Bäche hauptsächlich vor den Eindolungen über die Ufer traten, obwohl die Kapazitätsgrenze der Eindolungen an den meisten Orten nicht ausgeschöpft wurde. Eigentlich hätte also mehr Wasser abfliessen können. Was war passiert? Mitgeschwemmtes Material hatte sich vor den Eindolungen angesammelt, den Durchfluss verstopft und so zum Übertreten der gestauten Bäche geführt. Solche ‹Verklausungen› können die Abflusskapazität des Gerinnes deutlich mindern. Generell verhindern Rechen vor den Eindolungen das Einschwemmen von Material in die Rohrleitungen, damit es diese nicht verstopft. Die bisher senkrecht gestellten Rechen am Immen- und Bettingerbach wurden nun durch stark schräggestellte Rechen ersetzt. So wird das Schwemmgut auf dem Rechen nach oben transportiert und es kommt zu weniger Verklausung. Auch am Aubach wurde der Rechen erneuert, um bestehende Hindernisse zu entfernen. Der Rechenumbau ist als Sofortmassnahme zu verstehen, die es ermöglichen soll, zumindest ein 10-jährliches Hochwasserereignis ohne ein Übertreten der Bäche abzuleiten. Für

Der neue Rechen von 2017 bei der Eindolung Schlossgasse, 27. Juli 2020. Die Schrägstellung soll ein Verklausen und damit Überlaufen des Aubachs verhindern.

ein stärkeres Ereignis reichen die Kapazitäten der Eindolungen jedoch bei Weitem nicht aus.

Die Situation am Steingrubenweg war übrigens vergleichbar mit dem Verklausen der Rechen: Auch dort flossen grosse Wassermengen die Strasse hinunter, obwohl die Kanalisation für mehr Wasser angelegt gewesen wäre. Mitgeschwemmtes Material verstopfte die Einlaufschächte. Als Sofortmassnahmen wurden hier im Rahmen der Strassensanierung grössere Einlaufschächte gebaut sowie Notfallkästen aufgestellt. Darin finden die Anwohnerinnen und Anwohner das nötige Material, um im Ereignisfall die Gitter über den Schächten zu entfernen und so ein besseres Abfliessen in die Kanalisation zu ermöglichen. Aber auch hier sind weitere Massnahmen nötig, um bei einem starken Regenereignis Schäden im Siedlungsgebiet zu verhindern.

BLICK IN DIE ZUKUNFT: EIN MASTERPLAN HOCHWASSERSCHUTZ FÜR RIEHEN

Wie ausgeführt, reichen die umgesetzten Massnahmen nicht aus, um ein grosses Regenereignis mit einem 100-jährlichen Hochwasser abzuführen. Verschiedene Engpässe innerhalb der Siedlung führen bereits bei einem 30-jährlichen Hochwasser zum Überlaufen der Bäche. Die 2014 veröffentlichte Naturgefahrenkarte des Kantons Basel-Stadt (Prozess Hochwasser) weist für die Gemeinde Riehen bei einem 100-jährlichen Hochwasser ein grosses Überschwemmungspotenzial mit damit verbundenen Sachschäden aus; Menschenleben sind gemäss den Modellierungen im Szenarienbericht der TK Consult AG von 2013 jedoch nicht gefährdet.

Mit der Veröffentlichung der Naturgefahrenkarte und weiteren Untersuchungen zum Oberflächenabfluss 2017 waren die Grundlagen für einen umfassenden Masterplan Hochwasserschutz der Gemeinde Riehen geschaffen. Bis 2019 erarbeitete das kantonale Tiefbauamt gemeinsam mit den Fachbehörden von Bettingen und Riehen in einem Variantenstudium mögliche Hochwasserschutzmassnahmen in den beiden Gemeinden. Für die drei Dorfbäche Immen-, Bettinger- und Aubach sowie den Oberflächenabfluss im Bereich Rotengraben wurde geprüft, ob das Wassers schon oberhalb der Siedlung vollständig in Retentionsbecken zurückgehalten werden kann, wie ein Gerinneausbau für das Ableiten eines 100-jährlichen Hochwassers aussehen müsste oder ob eine Kombination der beiden Massnahmen Gerinneausbau und Retention sinnvoll ist. Die Gemeinde Inzlingen wurde in das Variantenstudium einbezogen, um die Hochwasserschutzmassnahmen grenzüberschreitend zu koordinieren.

Aufgrund der engen Platzverhältnisse sowie der Eigentumsverhältnisse – die Riehener Bäche sind nicht als solche parzelliert und fliessen in der Regel durch Privatgrundstücke – zeigte sich, dass ein Vollausbau der Bachrinnen zur Bewältigung von 100-jährlichem Hochwasser sehr schwierig zu realisieren wäre. Demnach soll der Bau von Rückhaltebecken weiterverfolgt werden. Ergänzende Gerinneausbauten an einzelnen Bachabschnitten und der Ausbau bestehender Eindolungen sind in Riehen jedoch unumgänglich.

Retentionsbecken liegen sinnvollerweise knapp oberhalb der Siedlung, um möglichst viel Wasser auffangen und aufhalten zu können. Zugleich sollen sie sich aber auch möglichst gut in die Landschaft einfügen. Im Variantenstudium wurden verschiedene Standorte für Retentionsbecken geprüft. Sinnvollerweise kommt dasjenige für den Aubach oberhalb des Reservats Autal zu liegen, das für den Bettingerbach oberhalb des Hellrings und jenes für den Immenbach oberhalb der Dinkelbergstrasse. Die genaue Lage und Dimensionierung dieser Becken sowie desjenigen am Wendeplatz Steingrubenweg wurden 2020 im Rahmen eines Vorprojekts erarbeitet. Am Aubach ist insbesondere die Dimensionierung des Retentionsbeckens sehr abhängig von den geplanten Massnahmen in der Gemeinde Inzlingen. Hier erfolgt deshalb eine enge Zusammenarbeit über die Landesgrenzen hinweg.

Da alle geplanten Rückhaltebecken in beliebten Naherholungsgebieten liegen, wird die Umsetzung der Hochwasserschutzmassnahmen wohl noch zu einigen Diskussionen führen. Mit dem vermehrten Auftreten von Extremereignissen aufgrund des Klimawandels wird der Hochwasserschutz die Gemeinde Riehen allerdings in Zukunft zunehmend beschäftigen und vor grosse Herausforderungen stellen.

Bohrturm am Bachtelenweg, erste Geothermiebohrung 1988.

Energiepolitisch immer am Ball

RICHARD GRASS

«WIR SIND CHAMPIONS LEAGUE» steht auf dem Titelblatt eines Flyers, den die Gemeinde Riehen 2018 herausgab. Er zeigt aber keine Fotos von jubelnden Fussballspielern, sondern von zufriedenen Einwohnerinnen und Einwohnern, die über Energieprojekte in der Gemeinde berichten. Riehen spielt in der Champions League der europäischen Energiestädte, dem ‹European Energy Award›, an der Spitze mit. Im Oktober 2019 feierte die Gemeinde gleich fünf entsprechende Jubiläen: 30 Jahre Wärmeverbund Riehen, 25 Jahre Geothermie, 20 Jahre Energiestadt, 15 Jahre ‹European Energy Award Gold› und 10 Jahre Wärmeverbund Riehen AG.

Energie wurde in der Schweiz erst in den 1970er-Jahren zu einem politischen Thema. Die Nutzung der Wasserkraft und der Betrieb von Stark- und Schwachstromanlagen waren zwar schon lange gesetzlich geregelt, aber die Diskussionen über den Bau von Kernkraftwerken und vor allem die beiden Ölkrisen zeigten, dass die Sicherung der Energieversorgung eine hochpolitische Angelegenheit ist. Im Herbst 1973 drosselte die Organisation der arabischen Erdöl exportierenden Staaten anlässlich des Jom-Kippur-Kriegs die Erdölförderung, um die westlichen Staaten, die Israel unterstützten, unter Druck zu setzen. Und 1979/80 führte der Krieg zwischen Iran und Irak zu Förderausfällen und politischen Unsicherheiten. Beide Ölkrisen führten jeweils zu einem sprunghaften Anstieg des Ölpreises, was in den Industrieländern eine schwere Rezession auslöste. In der Schweiz gab das den entscheidenden Impuls, sich mit der Erarbeitung einer umfassenden nationalen Energiepolitik zu befassen.

Besonders schnell arbeitete die Bundespolitik allerdings nicht. Erst 1990 erhielt der Bund durch einen Verfassungsartikel weitreichende Befugnisse im Energiebereich. Bis zum ersten eidgenössischen Energiegesetz dauerte es dann nochmals acht Jahre. Basel-Stadt war etwas schneller. 1977 lag das Energieleitbild beider Basel vor, in dem Ressourcenschonung und Umweltschutz thematisiert wurden, und 1983 trat im Kanton Basel-Stadt das Energiespargesetz in Kraft.

STRASSENSPARLAMPEN UND EIN FRÜHER ENERGIEBERICHT

In den meisten Gemeinden war Energie zu jener Zeit höchstens am Rande ein politisches Thema. Nicht so in Riehen. Bereits im Sommer 1978 genehmigte der Weitere Gemeinderat (heute Einwohnerrat) das ‹Gesamtkonzept der öffentlichen Beleuchtung›. Beim Ersatz von alten Strassenlampen wurden seither Lampen mit zwei Leuchtkörpern montiert. Von spätnachts bis frühmorgens, wenn die Strassen nur leicht frequentiert waren, wurde die eine davon ausgeschaltet, um Strom zu sparen. Ab 1993 wurde die Strassenbeleuchtung auf Kompaktsparlampen umgerüstet und schon bald soll auf LED umgestellt werden. Kurz bevor die zweite Ölkrise die Weltwirtschaft erschütterte, unterbreitete der damalige Gemeinderat Paul Meyer dem Gemeinderat 1979 einen umfassenden Bericht mit

Heizzentrale des Wärmeverbundnetzes: Blockheizkraftwerke, 2011.

Twike aus der Zeit des LEM-Grossversuchs 1996–2001.

dem Titel ‹Die Energieversorgung von Riehen›. Am Schluss des Berichts sind verschiedene Massnahmen aufgelistet, zum Beispiel: Information der Öffentlichkeit über Energiesparmassnahmen in der ‹Riehener-Zeitung›, Verbesserung der Isolierung der gemeindeeigenen Liegenschaften, Durchführung einer Probebohrung zur Nutzung von geothermischer Energie und Unterstützung von privaten Initiativen zur Nutzung neuer Energiequellen im Bewilligungsverfahren.

Zwar hatte sich der Gemeinderat bereits 1972 aufgrund eines Anzugs im Weiteren Gemeinderat beim Kanton nach den Möglichkeiten eines Anschlusses der Gemeinde an das Fernheiznetz der Stadt Basel erkundigt. Im Energieleitbild beider Basel von 1977 wurde für Riehen jedoch Gas als Hauptversorgungssystem bezeichnet. Der Aufbau einer Fernheizung sei in dieser Zone wirtschaftlich nicht vertretbar. Daraufhin liess der Gemeinderat 1980 ein ‹Konzept zur Nutzung regenerierbarer Energien› ausarbeiten.

WÄRME AUS DER TIEFE

Riehen hatte nun also ein Gesamtkonzept der öffentlichen Beleuchtung und ein Wärmeversorgungskonzept, aber noch kein Energiekonzept über alle Bereiche. Dennoch engagierte sich die Gemeinde in fortschrittlichen Projekten. Das wohl aussergewöhnlichste umfasste die beiden Geothermiebohrungen 1988 am Bachtelenweg und im Lettacker, deren Realisierung dank einer ausserordentlich fruchtbaren und unbürokratischen Zusammenarbeit zwischen Kanton und Gemeinde möglich wurde, da ihre unterschiedlichen Interessen diesmal einer raschen Einigung nicht im Weg standen. Während das Interesse an einer Bohrung beim Kanton primär auf wissenschaftlichem Gebiet lag, stand bei der Gemeinde die praktische Nutzung alternativer Energiequellen eindeutig im Vordergrund. Die beiden Parlamente bewilligten deshalb je einen Kredit von 2,75 Millionen Franken. Erstmals wurde in der Schweiz so tief gebohrt mit dem ausschliesslichen Zweck, die Nutzungsmöglichkeiten der Erdwärme abzuklären: am Bachtelenweg auf 1547 Meter Tiefe und im Lettacker auf 1247 Meter.

Im Herbst 1989 nahm die Gemeinde eine vorerst mit Öl betriebene Heizzentrale und die erste Etappe des Verteilnetzes des Wärmeverbunds Riehen Dorf in Betrieb. In den Folgejahren wurde das Wärmeverteilnetz etappenweise erweitert. Seit 1994 ist das Thermalwasser aus der Bohrung am Bachtelenweg die wichtigste Wärmequelle. Die Bohrung liefert 25 Liter Thermalwasser pro Sekunde mit einer Temperatur von 67 Grad Celsius. Daraus werden bis zu 40 Prozent der im Wärmeverbund benötigten Energie CO_2-frei gewonnen. Weitere Wärmequellen sind zwei Blockheizkraftwerke, ein Anschluss an die Fernwärme Basel und für den Spitzenbedarf zusätzlich Gasheizkessel. Der Wärmeverbund wurde stets weiterentwickelt.

Am 18. Juni 2009 ermächtigte der Einwohnerrat den Gemeinderat, zusammen mit den Industriellen Werken Basel (IWB) die ‹Wärmeverbund Riehen AG› zu gründen und die drei Wärmeverbünde Riehen Dorf, Wasserstelzen (bisher IWB) und Niederholz (bisher private WV Niederholz AG) mit einer Verbindungsleitung zusammenzuschliessen. Dadurch konnte die Nutzung der Geothermie nahezu verdoppelt werden. 2019 versorgte der Wärmeverbund rund 8500 Einwohnerinnen und Einwohner mit Wärme für die Raumheizung und das Brauchwarmwasser. Im Vergleich mit Ölheizungen spart der Wärmeverbund Riehen dadurch jährlich rund 10 000 Tonnen CO_2 ein. Und der Ausbau geht weiter, denn das Interesse der Liegenschaftseigentümerinnen und -eigentümer an einem Anschluss steigt stetig.

Auch das Interesse an der Heizzentrale der Wärmeverbund Riehen AG ist gross. Sie wird von Fachleuten aus dem In- und Ausland besucht, sogar aus dem asiatischen Raum, weil der Wärmeverbund die grösste Geothermieanlage der Schweiz betreibt. Und diese soll noch grösser werden. Um den Anteil an erneuerbarer, CO_2-freier Energie zu erhöhen, plant der Wärmeverbund unter dem Projektnamen ‹geo2riehen› eine zweite Geothermieanlage. Gemäss einer Machbarkeitsstudie sind die Erfolgsaussichten für eine weitere Bohrung vielversprechend. Für die detaillierte Untersuchung des Untergrunds hat das Bundesamt für Energie bereits einen Beitrag in der Höhe von maximal 1,2 Millionen Franken bewilligt.

ELEKTRISCH MOBIL IN DER ENERGIESTADT

Auch in anderen Energiebereichen war die Gemeinde bereits tätig, bevor sie ein Energiekonzept ausarbeiten liess. So wurden zum Beispiel 1988 auf dem Dach des Freizeitzentrums Landauer und 1993 auf dem Betriebsgebäude des Werkhofs am Haselrain die ersten Photovoltaikanlagen und 1991 beim Sportplatz Grendelmatte eine Holzschnitzelheizung installiert.

Von 1996 bis 2001 – also zu einer Zeit, als man auf den Strassen noch kaum elektrisch angetriebene Personenwagen oder E-Bikes sah – führte das Bundesamt für Energie einen Grossversuch mit Leichtelektromobilen (LEM) durch. Der verfolgte drei Hauptziele: den sinnvollen Einsatz der LEM zu evaluieren und zu demonstrieren, Fördermassnahmen und ihre Akzeptanz zu testen und LEM als Element eines umweltfreundlichen und zukunftsorientierten Mobilitätskonzepts bekanntzumachen. Nebst der Versuchsgemeinde Mendrisio nahmen sechs Partnergemeinden teil, darunter auch Riehen. Wer in der Gemeinde wohnte und gewillt war, sein Motorfahrzeug durch ein Elektromobil zu ersetzen, konnte die Hälfte des Kaufpreises einsparen. An dieser Subventionierung waren der Bund mit 37 Prozent beteiligt, je 6,5 Prozent übernahmen der Kanton Basel-Stadt und die Gemeinde Riehen. Die Gemeinde war Ansprechstelle für die Kaufinteressentinnen und -interessenten, organisierte Events und stellte darüber hinaus drei reservierte Parkplätze mit kostenlosen Stromtankstellen zur Verfügung. Im Rahmen dieses Versuchs wurden in Riehen je 17 Electroscooter und E-Bikes sowie 13 kleine Personenwagen subventioniert. Unter den Personenwagen war auch das dreirädrige Modell Twike, von dem in einem anderen Projekt nochmals die Rede sein wird.

Zu dieser Zeit wurde auch das erste umfassende Energieleitbild ausgearbeitet, das 1998 vorlag. In der Folge bewarb sich die Gemeinde um das Label ‹Energiestadt› und wurde 1999 erstmals zertifiziert. Mit dem Label werden Gemeinden ausgezeichnet, die sich für eine effiziente Nutzung von Energie, den Klimaschutz und erneuerbare Energien sowie umweltverträgliche Mobilität einsetzen. Und weil dieser Einsatz kontinuierlich erfolgen soll, muss alle vier Jahre ein Re-Audit erfolgen. Dass Riehen gleich beim ersten Mal eine hohe Punktzahl erreichte, war vor allem der Nutzung von Geothermie im Wärmeverbund zu verdanken.

Auf diesen Lorbeeren ausruhen konnte sich Riehen also nicht. Deshalb wurde sogleich das ‹Energiekonzept 2000–2015› ausgearbeitet. Es beinhaltete Ziele und Massnahmen für die Bereiche Energieversorgung, gemeindeeigene Gebäude und Anlagen, Verkehr und Transport, Öffentlichkeitsarbeit, Planung und Organisation. Das bereichsübergreifende Ziel lautete: «Riehen behält durch die konsequente Weiterführung einer aktiven Energiepolitik seine Vorreiterrolle im Energiebereich und etabliert sich unter den führenden Energiestädten der Schweiz.» Es hätte auch heissen können: «den führenden Energiestädten Europas». Denn 2004 wurde Riehen als erste Gemeinde mit dem ‹European Energy Award Gold› ausgezeichnet.

BEDARFSGERECHT VERBINDEN, SPEICHERN UND WIEDERVERWENDEN

Um sich unter den führenden Energiestädten zu etablieren, brauchte es Leistungen in allen Energiebereichen. An den öffentlichen Verkehr leistete die Gemeinde immer wieder finanzielle Beiträge. So werden die im Dorf zirkulierenden Kleinbuslinien zur Hälfte durch die Gemeinde finanziert. Sie binden das gesamte Wohngebiet gut an die Regio-S-Bahn sowie die Tram- und Buslinien der Basler Verkehrsbetriebe (BVB) an. In den Abendstunden, wenn die Kleinbuslinien nicht mehr verkehren, bietet die Gemeinde die Dienste eines kostenlosen Ruftaxis an. Um die Attraktivität der Regio-S-Bahn zu erhöhen, leistete die Gemeinde namhafte Beträge an den Umbau des Bahnhofs Riehen Dorf, den Bau der Haltestelle Niederholz und während zehn Jahren an den Betrieb der Durchbindung der S-Bahn-Linie 6 zwischen dem Badischen Bahnhof und dem Bahnhof SBB.

Nicht in allen Bereichen arbeitet Riehen bislang so wirksam wie im öffentlichen Verkehr oder dem Wärmeverbund. Der energetische Zustand der gemeindeeigenen Liegenschaften ist im Vergleich mit den grossen Leistungen in der Energieversorgung der Schwachpunkt. Auch gibt es noch ungenutzte Flächen für Photovoltaikanlagen auf den Dächern der Gemeindeliegenschaften. Allerdings setzte die Gemeinde in diesem Teilbereich 2018 einen Glanzpunkt: Aufgrund eines Anzugs im Einwohnerrat wurde das Potenzial der meisten Dächer der gemeindeeigenen Liegenschaften für die Stromerzeugung durch Photovoltaikanlagen eruiert. Dabei zeigte sich, dass die Dachflächen der Alterssiedlung Drei Brunnen dafür gut geeignet sind. Zusammen mit der Fachhochschule Nordwestschweiz (FHNW) wurde ein sehr innovatives Projekt ausgearbeitet: Das bestehende asbesthaltige Eternitdach wurde entfernt und durch eine sogenannte Photovoltaik-Indach-Anlage ersetzt. Diese übernimmt die Funktion einer homogenen Dachhaut, die gleichzeitig Strom produziert. Die Anlage weist aber noch eine weitere Besonderheit auf: Überschüssig produzierter Strom wird nicht ins Stromnetz eingespeist, sondern vor Ort gespeichert und in den Spitzenverbrauchszeiten genutzt. Als Speicher dienen gebrauchte Batterien, deren Leistungen für Elektromobile nicht mehr genügen, die aber als Speicher für Strom im Gebäudebereich weitergenutzt werden können.

Dadurch kann der Lebenszyklus der Batterien massgeblich verlängert und der Rohstoffverbrauch verringert werden. Ausserdem schliesst sich hier ein Kreis: Ein Teil der Batterien stammt von aktuell genutzten Twikes, dem dreirädrigen Fahrzeugmodell, das vor 20 Jahren im Rahmen des Grossversuchs mit LEM von der Gemeinde gefördert wurde. Der lokalen Zwischenspeicherung von elektrischer Energie wird im Zuge der Energiewende sicherlich eine wichtige Rolle zukommen. Wie lange diese Akkumulatoren noch genutzt werden können, welche Anpassungen nötig sind und welcher Gesamtaufwand damit verbunden ist, kann momentan nur grob abgeschätzt werden. Diese Fragen soll das Forschungsprojekt der FHNW in der Alterssiedlung Drei Brunnen beantworten.

ENERGIEPOLITIK IM WANDEL

Im neusten ‹Energiekonzept 2014–2025› orientiert sich die Gemeinde an den bis 2050 zu erreichenden Zielen der 2000-Watt-Gesellschaft und bricht diese auf das Jahr 2025 herunter. Bis dann müsste der Verbrauch von nicht erneuerbarer Energie um 30 Prozent reduziert werden. Dem Ausbau des Wärmeverbunds kommt dabei eine wichtige Rolle zu. Es braucht aber auch eine optimale energietechnische Sanierung der bestehenden Bausubstanz – und zwar nicht nur der gemeindeeigenen Liegenschaften, sondern auch der privaten.

Im Unterschied zu den Pionierzeiten des Wärmeverbunds läuft nicht mehr alles auf freiwilliger Basis. Bund und Kanton fördern zwar immer noch nachhaltige Energieprojekte, erlassen aber auch strengere Vorschriften. Um die internationalen Klimaziele des ‹Übereinkommens von Paris› 2015 und die nationale ‹Energiestrategie 2050› von 2017 zu erreichen, setzen Bund und Kantone immer mehr Gesetze ein. Das revidierte Energiegesetz des Kantons Basel-Stadt von 2017 verlangt, dass bei Neubauten oder beim Ersatz von Heizungen erneuerbare Energie genutzt wird.

Man kann die Riehener Energiepolitik folglich in drei Phasen unterteilen. Die ersten Energieprojekte ergaben sich mehr oder weniger aus den gegebenen Umständen. Es folgte die Phase der Energiekonzepte, in der sich die Gemeinde Ziele über mehrere Jahre setzte und die erforderlichen Massnahmen formulierte. Jetzt folgt die Zeit, in der kantonale Gesetze stärker Einfluss nehmen auf die Energiepolitik der Gemeinde. Vor über 30 Jahren hatte Riehen mit den beiden Geothermiebohrungen am Bachtelenweg und im Lettacker sowie mit der Installation der Photovoltaikanlage auf dem Dach des Freizeitzentrums Landauer freiwillig begonnen, auf diese Ziele hinzuarbeiten.

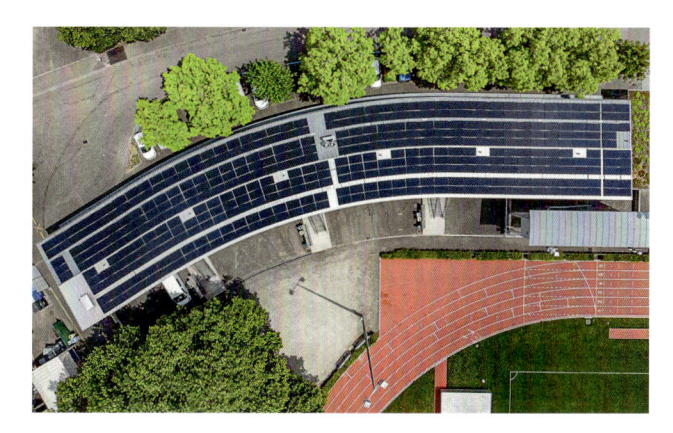

Im Sommer 2020 wurde auf dem Garderobengebäude der Sportanlage Grendelmatte eine grosse Photovoltaikanlage installiert.

QUELLEN
FHNW: Analyse von Energiefluss und 2nd-Life Batterie der Alterssiedlung «Drei Brunnen», Schlussbericht 2019
Gemeinde Riehen: Energiekonzept 2000–2015
Gemeinde Riehen: Energiekonzept 2014–2025
Gemeinde Riehen: Energieleitbild Riehen, 1998
Gemeinde Riehen: Gesamtkonzept der öffentlichen Beleuchtung, 1978
Gemeinde Riehen: Konzept zur Nutzung regenerierbarer Energien, 1980
Paul Meyer: Die Energieversorgung von Riehen, Riehen 1979

THOMAS WAR ÜBERZEUGT, DASS SIE IM NÄCHSTEN SOMMER DIE ERSTEN FRÜCHTE
WÜRDEN ERNTEN KÖNNEN.
MAJA WAR SICH DA NICHT SO SICHER.

Das Klima. Zweiter Akt.
URSULA SPRECHER

Wir machen uns die Welt, wie sie uns gefällt. Als wär's ein Stück Theater. Als könnten wir uns am Schluss vor dem Publikum verbeugen und tosenden Applaus entgegennehmen.*

Stell dir vor, ein Kind steigt heimlich in die Lok eines riesigen, gewaltigen Zuges und drückt – ohne zu wissen, was es tut – einen einzigen Knopf. Dann setzt sich diese riesige, gewaltige Masse in Bewegung, wird schneller und schneller und niemand weiss, wie man sie anhalten soll. Auf dem Zug steht in grossen Lettern «KLIMA». Das Kind, das abgesprungen ist, als die Lok erzitterte und zu schnauben anfing, schaut dem Zug entsetzt nach.

* Vielen Dank an Stefanie Berger, Tina Bubendorf, Maja Bürgi, Giuseppe Buso, Dominique Carruzzo, Tabea Michiel, Mirko Müller, Stefanie Werro, Michael Widmer von der Riehener Theatergruppe AHa – und Andreas Loosli für den Prolog.

SIE BLIEBEN NICHT LANGE AN DIESEM NOVEMBERNACHMITTAG.
ZU KÜHL, SAGTE ANGELIKA.
ZU GRAU, MEINTE NOËMI.
UND GINGEN NACH HAUSE.

AUF DEM WEG NACH HAUSE KAUFTE PAUL DIE ÄPFEL IN DER FRÜHJAHRSAKTION.

BIS OSTERN SOLLTE FRÉDÉRIC EIGENTLICH FERTIG WERDEN.

LANGE NOCH PLAGTE RAMONA DER GEDANKE, DASS SIE DEN TEPPICH
VIELLEICHT DOCH IRGENDWO ETWAS GÜNSTIGER
HÄTTE KAUFEN KÖNNEN.

IRGENDWANN WIRD ER SCHON KOMMEN, SAGTE SICH SANDRA.

IM WINTER FAHREN MÜLLERS IMMER ANS MEER – SONST.

Z'RIECHE

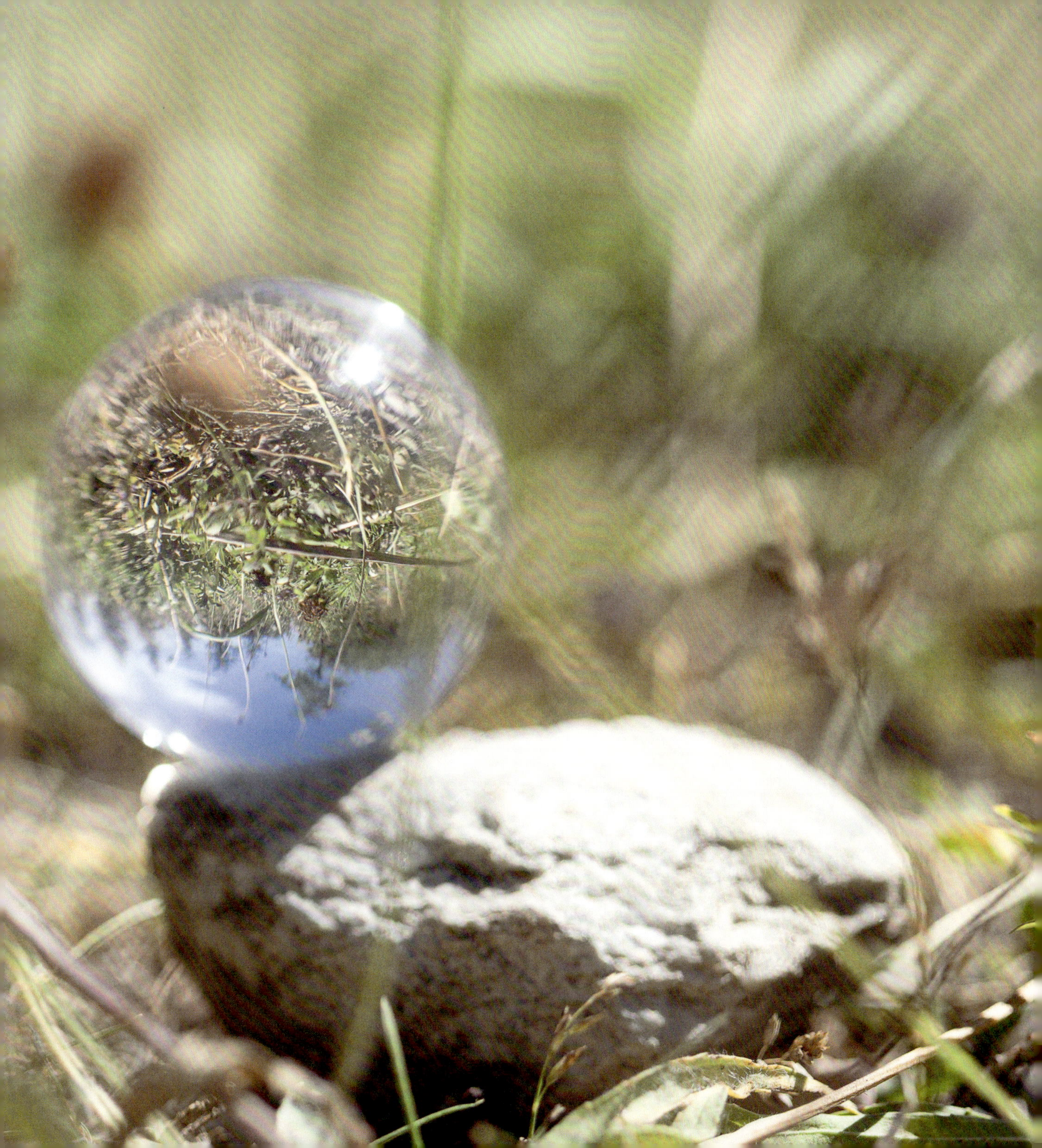

Corona-Schutzmassnahmen im Sitzungszimmer des Gemeinderats
im Gemeindehaus Riehen, 1. September 2020.

Ein Virus stellt die Gesellschaft auf die Probe

ROLF SPRIESSLER

Covid-19 bestimmte das ganze Jahr 2020. Mutmasslich von einem Markt im chinesischen Wuhan ausgehend, breitete sich das Coronavirus weltweit aus und sorgte auch in Riehen für weitgehende Einschränkungen im öffentlichen Leben: der Versuch einer ersten Zusammenfassung.

Am Donnerstag, 27. Februar 2020, wurde bekannt, dass sich eine Mitarbeiterin einer Kindertagesstätte in Riehen mit dem Covid-19-Virus infiziert hatte. Es war einer der ersten Fälle in der Schweiz. Am 25. Februar hatte das Bundesamt für Gesundheit den ersten bestätigten Fall in der Schweiz gemeldet, im Tessin. Die Riehener Kindertagesstätte wurde vorübergehend geschlossen. Die Kinder, die mit der Erzieherin Kontakt gehabt hatten, und deren Familien wurden zu Hause in Quarantäne gesetzt, um mögliche Ansteckungen zu verhindern.

Am Freitag, 28. Februar, gab der Bundesrat umfangreiche Vorsichtsmassnahmen bekannt, namentlich ein Verbot für Veranstaltungen mit mehr als 1000 Personen. Er tat dies, nachdem er die Situation in der Schweiz gemäss Epidemiegesetz als «besondere Lage» eingestuft hatte und indem er eine «Verordnung über Massnahmen zur Bekämpfung des Coronavirus (COVID-19)» verabschiedete. Gleichentags sagte die Basler Regierungspräsidentin Elisabeth Ackermann dann an einer Pressekonferenz: «Es ist klar, dass unter diesen Umständen die Fasnacht nicht stattfinden kann.» Am darauffolgenden Montag wäre der ‹Morgestraich› gewesen.

Schlagartig war eine ganze Region, die sich gerade noch in grosser Vorfreude auf die ‹drey scheenschte Dääg› befunden hatte, in Schockstarre versetzt. Das Fasnachtsverbot traf auch Riehen hart, wo es viele Fasnächtlerinnen und Fasnächtler gibt, die in Basler Cliquen aktiv sind, und Geschäfte, für die die Basler Fasnacht einen wichtigen Umsatzfaktor bedeutet. Die ‹Riechemer Chropf Clique› hatte an dieser Fasnacht ihren 90. Geburtstag feiern wollen – und verteilte, was an der Fasnacht ans Publikum hätte gehen sollen, an die Passantinnen und Passanten im Riehener Dorfkern.

HÄNDE WASCHEN, ABSTAND HALTEN, DESINFIZIEREN
Zunächst standen vor allem die Hygieneregeln im Vordergrund – viel Händewaschen, Abstand halten, desinfizieren. Am 12. März wurden die Quarantänemassnahmen in der betroffenen Riehener Kindertagesstätte wieder aufgehoben. Die Zahl der Neuansteckungen im Kanton stieg allerdings: 13 Personen waren bereits in Spitalpflege, davon zwei auf der Intensivstation, und 36 Personen befanden sich in häuslicher Isolation. Kantonsarzt Thomas Steffen rief die Bevölkerung auf, sich zu Hause in Selbstisolation

zu begeben, wenn man über 38 Grad Fieber habe und unter einer akuten Erkrankung der Atemwege leide, zum Beispiel Husten und Atembeschwerden. Und zwar so lange, bis man 24 Stunden symptomfrei geblieben sei.

Die ersten Tage verliefen noch recht geordnet. Es herrschte eine gewisse Vorsicht und der grösste Schock lag in der Absage der Fasnacht. Die Riehener Pflegeheime gaben sich gut gerüstet – die Besuchszeiten wurden zwar teilweise eingeschränkt, ein Besuchsverbot stand aber nicht zur Diskussion. «Wichtig ist, sich nicht an der teilweise herrschenden Hysterie zu beteiligen», liess sich Rainer Herold, Geschäftsleiter des Pflegeheims Wendelin, in der ‹Riehener Zeitung› vom 13. März zitieren. «Wir möchten den Courant normal so lange wie möglich aufrechterhalten», sagte Stefanie Bollag als Direktorin des Alterspflegeheims Humanitas, das auch das heimeigene Café ‹Rosis Garten› zunächst weiterhin öffentlich betrieb. Man stellte sich auf ein paar Unannehmlichkeiten ein, die aber bald einmal überstanden sein sollten.

BUNDESRAT RUFT AM 16. MÄRZ DIE «AUSSERORDENTLICHE LAGE» AUS

In der zweiten Märzwoche erklärten verschiedene Sportverbände ihre Meisterschaften für beendet. Die Nervosität stieg. Und dann kam der 16. März. An jenem Montag erklärte der Bundesrat die höchste Gefahrenstufe gemäss Epidemiegesetz. Die Schweiz führte zu ihren Nachbarstaaten – ausser dem Fürstentum Liechtenstein – Grenzkontrollen und Einreisebeschränkungen ein, was in Riehen zur Schliessung einzelner Grenzübergänge und später auch zur Errichtung von Grenzzäunen führte. Die Ausrufung der «ausserordentlichen Lage» hatte zur Folge, dass alle nicht lebensnotwendigen Geschäfte und Dienstleistungsbetriebe ab dem 17. März geschlossen bleiben mussten. Schon am Freitag zuvor hatte der Bundesrat die Schliessung der Schulen per 16. März verfügt. Mehrere Skilager von Riehener Schulen wurden kurz vor der Abreise abgesagt. Eine Ausgangssperre wurde zwar nie verhängt, aber eine Beschränkung der Anzahl Menschen verfügt, die sich draussen miteinander aufhalten durften. Offen blieben nur Lebensmittelgeschäfte und die Grossverteiler, über deren Angebot in der Folge gestritten wurde. Detailhändlerinnen und -händler, die ihre Läden geschlossen halten mussten, monierten, dass die Grossverteiler auch jene Waren verkauften, die die geschlossenen Spezialgeschäfte nicht feilbieten durften, und so mussten die Grossverteiler gewisse Bereiche ihres Angebots aus dem Verkauf nehmen. Geschlossen bleiben mussten insbesondere auch Betriebe mit nahem Kundenkotakt – also zum Beispiel Coiffeursalons oder Fitnessclubs.

Weiterarbeiten konnten Handwerksbetriebe, wenn sie in der Firma, bei der Kundschaft oder auf der Baustelle gewisse Hygieneregeln einhalten konnten, Werkstattbetriebe wie zum Beispiel Veloläden, die unter gewissen Beschränkungen Kundschaft empfangen sowie die zu reparierenden Fahrzeuge annehmen und abgeben konnten, sowie Betriebe ohne Publikumskontakt. Der Online-Handel boomte, die Paketpost schob Extraschichten.

Das ‹Homeoffice› – Arbeiten von zu Hause – gewann schlagartig an Bedeutung. Viele, auch grössere Firmen zogen mit, liessen einen grossen Teil ihrer Angestellten zu Hause arbeiten und entlasteten so auch den öffentlichen Verkehr und die Strassen, da der Berufsverkehr enorm zurückging. Viele Eltern arbeiteten auch deshalb im Homeoffice, weil ihre schulpflichtigen Kinder zu Hause lernen mussten oder die kleineren Kinder keinen Tagesstättenplatz mehr hatten, denn auch diese hatten schliessen müssen. Viele Lehrpersonen der Riehener Volksschulen schafften es innert kurzer Zeit, ihre Schulkinder mit Unterrichtsmaterial zu versorgen, es gab Klassen-Chats und Frage-

Stand der Spitex Riehen-Bettingen in der Schmiedgasse am Dorfmarkt der Vereinigung Riehener Dorfgeschäfte: Information und Diskussion mit Maske, 5. September 2020.

stunden via Webkonferenz. Obwohl der Heimunterricht im Grossen und Ganzen recht gut klappte – es gab auch Kinder, die sich zu Hause besser konzentrieren konnten –, war die Erleichterung gross, als die Gemeindeschulen und die Sekundarschulen den Unterricht nach 8 Wochen am 11. Mai wieder aufnehmen konnten – mit Hygienevorschriften vor allem zwischen Schulkindern und Lehrpersonen, aber sonst weitgehend normal. Nicht zuletzt der Basler Bildungsminister Conradin Cramer hatte auf die rasche Wiederaufnahme des Präsenzunterrichts in den Schulen gedrängt, weil er leistungsschwächere Schulkinder sowie solche aus bildungsfernen Familien gefährdet sah, den Anschluss zu verlieren.

Der Aufruf, dass ältere Personen mit hohem gesundheitlichen Risiko zu Hause bleiben sollten, führte von Beginn an zu einer Welle der Solidarität. Nicht nur Familienangehörige unterstützten einander, man half sich auch in der Nachbarschaft und es gab Freiwilligendienste, Vereine und private Initiativen, die für die zu Hause Bleibenden Einkäufe und Botengänge erledigten.

Viele Riehener Geschäfte setzten auf den Heimlieferservice. Sie hängten Plakate mit Telefonnummern und Internetadressen an ihre geschlossenen Türen und ihre Schaufenster, richteten schutzkonzeptkonforme Abholzonen ein und konnten so wenigstens einen Teil ihres Umsatzes retten. Jene Restaurants, die schon über einen Lieferservice wie zum Beispiel einen Pizzakurier verfügten, bauten dieses Geschäft aus, mussten aber ihr Speiselokal geschlossen halten und kamen nicht ohne Kurzarbeit über die Runden. Andere Restaurants schlossen den Betrieb ganz.

GRENZSCHLIESSUNG TRENNT DIE ZUSAMMENGEWACHSENE REGIO

Sehr einschneidend war die Schliessung der Landesgrenzen. Riehen war damit ab Mitte März von den benachbarten deutschen Gemeinden abgeschnitten – bis auf die Berufspendlerinnen und -pendler, die die Landesgrenze zum Erreichen ihrer Arbeitsplätze überqueren durften. Grenzzäune wurden errichtet. Es kam zu schwierigen Situationen: Familien wurden getrennt, Liebespaare konnten sich wochenlang nicht besuchen, Musikensembles mit Mitgliedern von dies- und jenseits der Grenze trafen sich an der Grenze zum gemeinsamen Spiel.

Erste Einwohnerratssitzung im Kongresszentrum der Messe Basel am 29. April 2020: Blick in den Saal.

Die Auswirkungen des Corona-Regimes auf die Riehener Geschäftswelt waren ganz unterschiedlich. Während etwa Apotheken oder spezialisierte Lebensmittelläden fast normale Umsätze meldeten, mussten verschiedene Geschäfte Umsatzeinbussen zwischen 50 und 80 Prozent hinnehmen, namentlich in der Gastronomie, in der Druckbranche oder im Kultur- und Unterhaltungsbereich. Jene Handwerksbetriebe, die viele Arbeiten in der eigenen Werkstatt vornehmen können, arbeiteten relativ normal. Für jene Firmen, die primär vor Ort bei der Kundschaft zu tun haben wie zum Beispiel Malerbetriebe, war die Situation schwieriger, da in kleineren Gruppen mit umfangreichen Sicherheitsmassnahmen gearbeitet werden musste, was den Aufwand erheblich erhöhte. Mit zunehmender Dauer der Beschränkungen nahmen auch die Aufträge ab – die Auftraggeberschaft wurde angesichts des offenen Ausgangs der Krise vorsichtiger in der Planung und Realisierung neuer Projekte.

Gemildert wurde die Situation für einige Riehener Geschäfte immerhin dadurch, dass der Einkaufstourismus nach Deutschland vorübergehend verunmöglicht worden war. Dass die immer länger andauernden Einschränkungen auch psychische Auswirkungen hatten, zeigte sich unter anderem darin, dass mehr Blumen gekauft und verschickt wurden – diese sollten dazu beitragen, jene aufzuheitern, die nun viel Zeit zu Hause verbringen mussten.

LOCKERUNGSSCHRITT FÜR LOCKERUNGSSCHRITT IN EINE ANDERE NORMALITÄT

Erste Lockerungen traten per 27. April in Kraft. So durften zum Beispiel Coiffeursalons und Tattoo-Studios unter strengen Hygienevorschriften ihre Arbeit wieder aufnehmen, Physiotherapie wurde in grösserem Umfang möglich, Baumärkte, Gartencenter, Blumenläden und Gärtnereien duften wieder öffnen und Kundschaft empfangen. Am 11. Mai folgte der ganze Detailhandel – also auch die kleineren, spezialisierten Ladengeschäfte. Auch Restaurants durften wieder Gäste bewirten, allerdings mit Einschränkungen wie etwa bei der Besetzung der Tische oder beim Abstand zwischen den Tischen. Das führte dazu, dass einzelne Restaurants erst später wieder öffneten oder ihre Öffnungszeiten teils massiv einschränkten. Die Fondation Beyeler, die ihren Museumsbetrieb wochenlang hatte einstellen müssen, öffnete sich dem Publikum mit einem

Nach der Präsidiumswahl an der ersten Einwohnerratssitzung im Kongresszentrum der Messe Basel am 29. April 2020: (von links) der neue Präsident Andreas Zappalà (FDP), der neue Statthalter Martin Leschhorn Strebel (SP) und die abtretende Präsidentin Claudia Schultheiss (LDP).

Dosierungssystem – die Tickets waren an klar definierte Eintrittszeiten gebunden –, verlängerte die hauptsächlich betroffene Sonderausstellung mit Werken von Edward Hopper bis in den September und verschob die grosse Ausstellung zu Francisco de Goya auf 2021.

Am 15. Juni wurde die Grenze zu Deutschland wieder geöffnet. Riehen und Lörrach feierten diesen Schritt mit einem kleinen Festakt vor den Medien. Der Lörracher Oberbürgermeister Jörg Lutz und der Riehener Gemeindepräsident Hansjörg Wilde sprachen am Lettackerweg zu den Gästen und schoben gemeinsam symbolisch den Grenzzaun zur Seite.

Per 6. Juli wurde in allen Kantonen der Schweiz eine Maskentragepflicht für Reisende ab 12 Jahren in öffentlichen Verkehrsmitteln eingeführt. Ab dem 24. August führte der Kanton Basel-Stadt zusätzlich eine erweiterte Maskentragepflicht in Läden ein.

Inzwischen waren aber die Beschränkungen für Veranstaltungen gelockert worden. So fanden in Riehen etwa – in Corona-gerecht reduziertem Rahmen – beim Freizeitzentrum Landauer und auf dem Dorfplatz Openair-Konzerte statt, das Naturbad zeigte drei Filme im Openair-Kino und der Turnverein führte mehrere auch national beachtete Leichtathletik-Meetings durch. In der Folge nahmen auch andere Sportverbände ihren Betrieb wieder auf und es fanden zunehmend auch wieder kulturelle Veranstaltungen statt.

RIEHENER GEMEINDEPARLAMENT VORÜBERGEHEND IM BASLER EXIL

Die Politik wich nach Basel aus. Nachdem die Einwohnerratssitzung vom März gestrichen worden war, traf sich das Riehener Gemeindeparlament im April, Mai und Juni in einem Saal des Kongresszentrums Basel. Im April fand turnusgemäss die Wahl des nächsten Parlamentspräsidenten statt – Andreas Zappalà (FDP) wurde zum Nachfolger von Claudia Schultheiss (LDP) gewählt und trat sein Amt per 1. Mai an.

Erst die August-Sitzung fand wieder im inzwischen Corona-gerecht eingerichteten Einwohnerratssaal im Riehener Gemeindehaus statt. Die Sitzplätze waren durch Plexiglasscheiben voneinander abgeschieden worden. Die Auswirkungen und Folgen der Pandemie werden unsere Gesellschaft noch längere Zeit beschäftigen.

ENTRÉE DANS LE VILLAGE SUISSE DE RIECHEN AU CANTON DE BASLE, DES DÉPUTÉS ET MINISTRES FRANÇOIS PRISONNIERS EN AUTRICHE, le 26 Décembre 1795.
pour être échangés contre la Princesse Marie-Therese-Charlotte, Fille de Louis XVI.
Publié par Chr: de Mechel, et se trouve chez lui à Basle.

Ankunft von 20 Franzosen in österreichischer Staatsgefangenschaft vor der Landvogtei in Riehen am 26. Dezember 1795. Aquatinta-Radierung von Johann Christian Haldenwang (1770–1831) nach einer Zeichnung von Antoine Sergent, verlegt 1796 vom Basler Kunsthändler Christian von Mechel.

Austausch eines Engels gegen fünf Monster

STEFAN HESS

Vor 225 Jahren, am 26. Dezember 1795, trafen 20 Franzosen, darunter fünf Abgeordnete des Nationalkonvents, als österreichische Staatsgefangene in Riehen ein. Sie wurden ausgetauscht gegen Marie-Thérèse Charlotte de Bourbon, Tochter des französischen Königs Ludwig XVI.

«Ist Allhier in Riechen etwas Grosses in der Landvogteÿ vor gegangen, welches niemahl geschächen und kaum mehr geschächen wird». So begann der Riehener Weibel Hans Jakob Schultheiss (1730–1810) seinen Bericht über ein Ereignis, das sich zu einem wesentlichen Teil in Riehen abgespielt hatte.[1] Ähnlich äusserten sich später die Lokalhistoriker: Riehen sei damals «auf einen Augenblick mitten in die grosse Weltgeschichte jener Zeit gerückt worden», bemerkte etwa 1923 der Basler Schriftsteller Paul Siegfried.[2] Ein halbes Jahrhundert später schrieb Michael Raith der Gemeinde gar eine aktive Rolle zu: «Der 26. Dezember 1795 ist der bislang einzige Tag, an dem Riehen Weltgeschichte gemacht hat.»[3] Diese fast überschwänglichen Worte gelten einem Gefangenenaustausch zwischen Österreich und Frankreich, der bereits 1923 in der ‹Geschichte des Dorfes Riehen› ausführlich, wenn auch fehlerhaft beschrieben wurde. Darüber hinaus fand die Episode Eingang in mehrere Überblicksdarstellungen zur Französischen Revolution, ja selbst in Universalhistorien, wenngleich dort der wichtige Schauplatz Riehen selten namentlich genannt wird.

EINE PRINZESSIN ALS LOCKVOGEL

1795 herrschte in grossen Teilen West- und Mitteleuropas Krieg: Das revolutionäre Frankreich hatte im April 1792 Österreich den Krieg erklärt, worauf der Erste Koalitionskrieg ausbrach. Die Eidgenossenschaft blieb zwar neutral, doch kam es in der unmittelbaren Nachbarschaft Riehens wiederholt zu Kriegshandlungen. Deshalb wurde im Dorf zeitweise ein bis zu 90 Mann starkes Kontingent eidgenössischer Soldaten stationiert.[4]

In Frankreich ging der Krieg mit einer innenpolitischen Radikalisierung einher: Am 21. September 1792 proklamierte der Nationalkonvent die Republik. Der abgesetzte König Ludwig XVI. wurde am 21. Januar 1793 hingerichtet und knapp neun Monate später auch seine Frau Marie-Antoinette. Es folgte eine Phase, die von Machtkämpfen und Fanatismus geprägt war. Im Lauf des Jahres 1795 konsolidierte sich die Lage Frankreichs: Zwischen April und August gelang es der Regierung, mit zwei Hauptgegnern der Französischen Republik, Preussen und Spanien, sowie mit Hessen-Kassel Separatfrieden abzuschliessen. Der damalige Basler Stadtschreiber Peter Ochs spielte bei den Unterredungen eine zentrale Rolle als Vermittler, weshalb die Friedensverträge in Basel unterzeichnet wurden.[5] Parallel dazu verhandelte Frankreich mit Österreich über einen Austausch der zur Waise gewordenen französischen Prinzessin Marie-Thérèse Charlotte (1778–1851) gegen 20 Franzosen, die in verschiedenen österreichischen Garnisonen als Staatsgefangene inhaftiert waren.[6] Österreich konnte den entsprechenden Vorschlag des französischen Nationalkonvents vom 30. Juni 1795 ohne Prestigeverlust bei den Monarchen Europas kaum ausschlagen, da ‹Madame Royale›, wie die französische Prinzessin genannt wurde, durch ihre Mutter eine Cousine des amtierenden Kaisers Franz II. war. Die Verhandlungen über die Modalitäten des Austauschs fanden wiederum in Basel statt. Unterhändler waren einerseits der österreichische Gesandte in der Schweiz, Sigmund Ignaz Freiherr von Degelmann, andererseits der Sekretär der französischen Botschaft, der Elsässer Théobald Bacher (1748–1813). Eine wichtige Rolle als Mittelsmann spielte der Basler Bürgermeister Peter Burckhardt. Auf seinen Vorschlag hin wurden Riehen und das Reber'sche Landgut vor dem St. Johanns-Tor als Übergabeorte bestimmt.[7]

DAS SCHICKSAL DER FRANZÖSISCHEN STAATSGEFANGENEN

Zwischen dem 13. und 27. November 1795 trafen die 20 französischen Staatsgefangenen in Freiburg im Breisgau ein, wo sie alle im selben Gebäude, aber in separaten Zimmern untergebracht wurden. Zuvor waren sie von ihren Gefängnissen in Mähren, Böhmen, im Tirol und in der Lombardei unter strenger Bewachung hierher übergeführt worden. Die Prominentesten unter ihnen waren der frühere Kriegsminister Pierre Riel de Beurnonville (1752–1821) sowie die Konventsdeputierten Arman-Gaston Camus (1740–1804), Jean Henri Bancal (1750–1826), Nicolas-Marie Quinette (1762–1821), François Lamarque (1753–1839) und Jean-Baptiste Drouet (1763–1824). Letzterer war im Oktober 1793 in Maubeuge als Angehöriger der französischen Nordarmee in österreichische Gefangenschaft geraten. Die anderen hatten zur Delegation gehört, die im April 1793 den abtrünnigen General Charles-François Dumouriez in Nordfrankreich hätten verhaften sollen, jedoch von diesem selbst gefangen gesetzt und den Österreichern ausgeliefert worden waren.[8] Dazu kamen die beiden Gesandten Charles-Louis Huguet de Sémonville (1759–1839) und Hugues-Bernard Maret (1763–1839) samt Gefolge, die im Juli 1793 auf diplomatischer Mission im Veltlin von den Österreichern gefangen genommen worden waren. In Freiburg mussten die Gefangenen mehrere Wochen auf die Weiterfahrt warten, da sich die Abreise der Prinzessin aus Paris verzögerte.

ZWISCHENHALT IN RIEHEN

Am 25. Dezember 1795 traf in Freiburg endlich die Nachricht ein, dass die französische Prinzessin in der Festung Hüningen eingetroffen sei. Noch am selben Tag, gegen zehn Uhr abends, brachen die auf verschiedene Kutschen verteilten Staatsgefangenen auf, eskortiert von einem Detachement österreichischer Soldaten unter der Leitung eines Oberstleutnants. Am folgenden Tag, um zwei Uhr nachmittags, trafen sie in Riehen ein, wo sie vor der Landvogtei Halt machten. Dort wurden sie der Obhut des Riehener Landvogts Lukas Legrand übergeben. Dieser rief anhand einer ihm ausgehändigten Liste alle Staatsgefangenen auf, damit sich der französische Gesandtschaftssekretär Bacher, der, von Basel her kommend, gleichzeitig mit dem Gefangenenkonvoi in Riehen angelangt war, sich von der richtigen Anzahl und Identität der Personen überzeugen konnte.

Zwischen Österreich und Frankreich war im Vorfeld vereinbart worden, dass sich die Auswechslung in aller Stille

Lukas Legrand, 1792–1798 letzter Landvogt in Riehen, um 1816. Lichtdruck nach einer Kohlezeichnung.

abspielen und darüber auch kein amtliches Protokoll geführt werden solle. Die Basler Obrigkeit war ebenfalls um Geheimhaltung bemüht, weshalb – wie der Riehener Weibel Schultheiss festhielt – «kein Burger in der Statt nichts darVon gewusst, sonst würde es ein grosser zu lauf aus der Statt gewässen sein».[9] Trotz aller Diskretion hatten zwei revolutions- und frankreichfreundliche Basler, der Wirt Johann Jakob Erlacher (1754–1821) und der frühere Berufsoffizier Remigius Frey (1765–1809), vom vereinbarten Austausch erfahren und sich rechtzeitig in Riehen eingefunden, um die Franzosen bei ihrer Ankunft zu begrüssen. Nach Abschluss der Identitätskontrolle wurden die Staatsgefangenen von Legrand ins Innere der Landvogtei geführt. Vor jeder Tür stand zur Bewachung ein kaiserlicher Unteroffizier, während vor dem Gebäude 24 Mann der Riehener Dorfmiliz unter Feldweibel Niklaus David (1763–1831) und Wachtmeister Johann Siegwald (1767–1814) für Ruhe und Ordnung zu sorgen hatten. Damit die Franzosen die Stunden bis zu ihrer endgültigen Befreiung überbrücken konnten, habe Legrand im Innern der Landvogtei «die neuesten und ausgesuchtesten Journale und mehrere Exemplare von der französischen Konstitution» aufgelegt, wie sie später vor dem französischen Nationalkonvent ausführten.[10] Dieser insgesamt unverkennbar propagandistisch angelegte Bericht scheint in diesem Punkt durchaus glaubhaft, denn Legrand, der offen mit der Französischen Republik sympathisierte, wird sich aus besonderem Interesse gedruckte Ausgaben der am 23. September 1795 in Kraft getretenen neuen Verfassung angeschafft haben, ja er besass davon sogar nachweislich ein prächtig eingebundenes Exemplar.[11]

Um den Staatsgefangenen in der Landvogtei aufzuwarten, hatte Legrand drei angesehene Riehener Männer aufgeboten: den bereits genannten Weibel Hans Jakob Schultheiss, den Kirchmeier und Statthalter des Untervogts Hans Jakob Stump (1740–1813) und dessen Bruder, den Rössliwirt Johannes Stump (1746–1814). Die drei waren gemäss den Aufzeichnungen von Schultheiss aufgefordert, «mit zu trinken, welches auch geschächen»; dabei hätten sie «die Neüwe einrichtung in Franckreich Freyheit und Gleich-

ARRIVÉE SUR LE TERRITOIRE DE BASLE,
DE LA PRINCESSE MARIE THÉRESE CHARLOTTE, FILLE DE LOUIS XVI,
le foir du 26 Décembre 1795
pour être échangée contre les Députés et Miniftres François prisonniers en Autriche.
Publié par Chr: de Mechel, et se trouve chez lui à Basle.

Ankunft von Marie-Thérèse Charlotte de Bourbon vor dem Reber'schen Landgut bei Basel. Aquatinta-Radierung nach einer Zeichnung von Antoine Sergent, verlegt 1796 von Christian von Mechel in Basel.

heit auch empfunden».¹² Diese Worte deuten auf unverhohlene Sympathien für die neuen Verhältnisse in Frankreich hin, welche die Riehener Dreierdelegation kaum erst «unter Alkoholeinfluss entdeckt habe», wie Michael Raith schreibt.¹³ Vielmehr fanden die neuen Ideen aus dem westlichen Nachbarland in den eidgenössischen Untertanengebieten oft begeisterte Aufnahme. Gerade die ländlichen und kleinstädtischen Eliten versprachen sich von der Entwicklung in Frankreich positive Auswirkungen auf die Verhältnisse im eigenen Land. Dies gilt zweifellos auch für Riehen, zumal der Kleine Rat 1791 unter dem Eindruck der Französischen Revolution mit der Abschaffung der Leibeigenschaft bereits eine erste, obgleich im Alltag kaum spürbare Verbesserung der Stellung der Landbevölkerung bewilligt hatte.¹⁴

DER DURCHZUG DER ‹MADAME ROYALE›
Während die französischen Staatsgefangenen in Riehen auf ihre endgültige Befreiung warteten, fuhr Bacher in einer Kutsche über Basel nach Hüningen, um dort Marie-Thérèse Charlotte de Bourbon und ihre Begleiterinnen abzuholen und sie an den vereinbarten Übergabeort zu geleiten. Vor dem Reber'schen Landgut wurde die Prinzessin vom österreichischen Gesandten Degelmann und dem ebenfalls in österreichischen Diensten stehenden Niederländer Charles-Alexandre de Gavre (1759–1832) in Empfang genommen. Anschliessend offerierte ihr der Gutsbesitzer Niklaus Reber-Passavant (1735–1821) im Innern des Hauses einen kleinen Imbiss.
In der Zwischenzeit wurde das Gepäck aus den beiden aus Paris gekommenen Kutschen auf jene übertragen, die zur Abholung der Prinzessin aus Wien eingetroffen waren. Nach acht Uhr abends – die Zeitangaben sind in den Quellen uneinheitlich – brach ‹Madame Royale› mit ihrem Gefolge auf. Zum Schutz und als Ehrenwache wurde sie von eidgenössischer Kavallerie begleitet. Um möglichst wenig Aufsehen zu erregen, war ursprünglich geplant, die Stadt zu umfahren und bei St. Margarethen den Birsig zu durchqueren, um auf dem linken Rheinufer ins damals noch österreichische Fricktal zu gelangen. Da der Birsig nach anhaltendem Regen stark angeschwollen war, entschied man sich jedoch, durch die Stadt zu fahren. Dort hatte sich in der Zwischenzeit die Kunde von der Ankunft der französischen Prinzessin wie ein Lauffeuer verbreitet, sodass – wie verschiedene Zeitzeugen berichten – bei der Durchfahrt des Konvois immer wieder Rufe wie «Vive la Princesse», «Vive Madame Royale» oder «Vive Marie-Thérèse-Charlotte de France» zu hören waren. Aber nicht alle Schaulustigen waren der Prinzessin wohlgesinnt. So berichtet Emanuel Merian (1753–1837), Wirt zum Wilden Mann und Informant von William Wickham (1761–1840), dem britischen Gesandten in der Schweiz, dass auch das Revolutionslied ‹Ah! ça ira› zu hören war, das dazu auffordert, alle Aristokraten aufzuhängen.¹⁵
Nach übereinstimmenden Berichten verliessen die insgesamt sechs Kutschen und die sie begleitenden Reiter die Stadt nicht – wie dies Siegfried in der ‹Geschichte des Dorfes Riehen› schreibt¹⁶ – durch das St. Alban-Tor, sondern durch das Riehentor. Von hier aus ging die Reise – den Riehener Bann berührend – zunächst nach Wyhlen, wo der Konvoi erstmals österreichisches Gebiet erreichte und die eidgenössischen Reiter durch ein Detachement kaiserlicher Husaren abgelöst wurden.¹⁷ Danach fuhr die Prinzessin mit ihrem Geleitzug weiter über Rheinfelden nach Laufenburg, wo sie auf ihrer 18-tägigen Reise nach Wien das erste Mal übernachtete.

DER EINZUG DER FRANZOSEN IN BASEL
Noch vor dem Aufbruch der Prinzessin hatte sich der französische Gesandtschaftssekretär Bacher mit der österrei-

chischen Bescheinigung über die Übergabe der Prinzessin wieder nach Riehen zur Landvogtei begeben, «worauf der Landvogt von Riehen sogleich den französischen Bürgern ankündigte, dass sie vollkommen frey wären».[18] Um halb zehn Uhr abends brachen die befreiten Franzosen in Riehen auf, begleitet von Bacher, je sechs eidgenössischen Dragonern und österreichischen Offizieren sowie einigen weiteren Personen. Um zehn Uhr fuhren sie ins nächtliche Basel ein, und zwar durch das Riehentor, durch das die Prinzessin die Stadt wohl kaum viel mehr als eine Stunde vorher verlassen hatte. Dies ist insofern bemerkenswert, als die Österreicher im Vorfeld grossen Wert darauf gelegt hatten, dass die einzige Überlebende der französischen Königsfamilie den freigelassenen Franzosen auf keinen Fall begegnete. Hintergrund für diese Bedingung war der Umstand, dass mehrere der gefangenen Franzosen im Nationalkonvent für die Hinrichtung des Königs Ludwig XVI. gestimmt hatten. Zudem war es Jean-Baptiste Drouet gewesen, der im Juni 1791 als Postmeister von Sainte-Menehould den König auf der Flucht erkannt und seine Verhaftung veranlasst hatte. Dies wurde von den Zeitgenossen als pikant angesehen und liess die Franzosen offenbar sogar befürchten, die Österreicher würden Drouet die Rückreise verweigern.[19]

Die Ankunft der freigelassenen Staatsgefangenen stiess in der Stadt ebenfalls auf grosses Interesse, wenn auch nicht im gleichen Ausmass wie der Durchzug der Prinzessin. Vor dem Hotel ‹Les Trois Rois›, wo die Franzosen abstiegen, hatten sich Anhänger der Französischen Revolution, sogenannte ‹Patrioten› versammelt und riefen den Ankommenden «Vive la République» und «Vivat!» entgegen.[20]

Am folgenden Tag waren die vormaligen Staatsgefangenen und einige Franzosenfreunde aus Basel, darunter auch der Riehener Landvogt Legrand, beim französischen Gesandten in der Schweiz, François Barthélemy (1747–1830), zu einem Bankett eingeladen.[21] Am 28. Dezember 1795 verliessen sie Basel, um nach Frankreich zurückzukehren. Anders als sie später in ihrem Bericht vor dem Nationalkonvent kundtaten, wurde ihnen auf ihrer Reise nach Paris offenbar nicht überall uneingeschränkte Anteilnahme und Sympathie entgegengebracht. Jedenfalls berichtet ein Informant des britischen Gesandten Wickham, bei ihrer Ankunft in Hüningen habe das Volk mit Bezug auf die französische Prinzessin und die fünf Konventsabgeordneten unter den Freigelassenen geschrien: «Nous perdons un ange et on nous donne à sa place cinq monstres!»[22]

DER GEFANGENENAUSTAUSCH ALS MEDIENEREIGNIS

Der Tausch der französischen Königstochter gegen 20 Staatsgefangene Österreichs erregte in West- und Mitteleuropa einiges Aufsehen. Die Nachricht verbreitete sich allerdings wesentlich langsamer als im heutigen Zeitalter der digitalen Medien. Ein aus Böhmen stammender Berufssoldat berichtet etwa in seinen Memoiren, dass die in Mannheim stationierten österreichischen Truppen erst am 14. Januar 1796 von der Befreiung der Prinzessin erfahren hätten.[23] Am selben Tag informierte die in Gotha erscheinende ‹National-Zeitung der Deutschen› knapp über den vollzogenen Austausch und deutete diese als Zeichen für ein baldiges Kriegsende.

Schon damals wurden mit der allgemeinen Sensationslust Geschäfte gemacht. Die Aufmerksamkeit richtete sich dabei vor allem auf die Prinzessin Marie-Thérèse Charlotte, die aufgrund ihrer Herkunft und ihres Schicksals eine Person von hohem öffentlichem Interesse war. Seit ihrer Abfahrt aus Paris lauerten ihr überall Miniaturmaler und Zeichner auf, in der Hoffnung, ihr Porträt zumindest skizzenhaft festhalten zu können. Bereits am 27. Dezember 1795 tauchte in Basel ein kleines Porträtmedaillon von der Prinzessin auf und am 13. Januar 1796, vier Tage nach

Porträt der französischen Prinzessin Marie-Thérèse Charlotte nach einer Miniatur der französischen Malerin Jeanne Bernard-Dabos (1765–1842). Nachgezeichnet und gestochen von Antoine Sergent, verlegt 1796 von Christian von Mechel in Basel.

ihrer Ankunft in Wien, wurden dort gleich vier Kupferstiche und Miniaturporträts zum Verkauf angeboten.[24]
Am 28. Januar kündigte der Basler Kupferstecher und Verleger Christian von Mechel in einem Anzeigeblatt der Stadt an, dass in seinem Verlag «ein interessantes Kupferstück, vorstellend: Die Ankunft der Königl. Prinzessin Maria Theresia Charlotte, Tochter Ludwig des XVIten, auf hiesigem Boden des Abends vom 26ten Christmonat 1795» erscheine.[25] Die Vorzeichnung dazu wie auch die Aquatinta-Radierung selbst stammten von Antoine Sergent, einem aus Paris geflohenen Jakobiner.[26] Die Nachfrage nach dieser Darstellung muss gross gewesen sein, denn sie wurde in Holland und England nachgestochen.[27]
Ab dem Februar wurde in den Basler Buchhandlungen überdies ein Almanach mit dem Titel ‹Les Adieux de Marie-Thérèse-Charlotte de Bourbon› angeboten, dem auch ein Porträtmedaillon beigegeben war. Die Schrift wurde ebenfalls in Basel gedruckt, scheint aber ebenso in Paris – obgleich nur «sous le manteau», also insgeheim – vertrieben worden zu sein, wie ein Zeitzeuge in seinen Memoiren berichtet.[28]
Auch dem Schicksal der 20 Franzosen, die mehr als zwei Jahre in österreichischen Festungen gefangen gehalten worden waren, wurde in der Öffentlichkeit Aufmerksamkeit entgegengebracht. So bot der Basler Buchhändler Johann Jakob Flick (1745–1818) am 17. März 1796 eine gedruckte Ausgabe des Berichts, den die freigelassenen Volksvertreter nach ihrer Ankunft in Paris im Nationalkonvent erstattet hatten, zum Kauf an, während die Decker'sche Buchhandlung davon gleichentags bereits eine deutsche Übersetzung anpries.[29]
Um die gleiche Zeit brachte Christian von Mechel überdies eine ebenfalls von Antoine Sergent entworfene Aquatinta-Radierung mit der Ankunft der Gefangenen in Riehen auf den Markt.[30] Das Blatt ist heute in einigen öffentlichen Sammlungen des In- und Auslands vertreten, dürfte aber, da keine Nachdrucke davon bekannt sind, weniger begehrt gewesen sein als das Gegenstück mit der ‹Madame Royale›. Die Einzelheiten der detaillierten, personenreichen Darstellung darf man keineswegs als authentisch ansehen. Denn selbst ein routinierter Künstler wie Sergent wäre nicht in der Lage gewesen, einen flüchtigen Ausschnitt einer Begebenheit bis ins Detail mit dem Zeichenstift festzuhalten – sofern er die Darstellung nicht gar allein anhand von Augenzeugenberichten anfertigte. Der Erfolg solcher Blätter beruhte aber gleichwohl auf einer ‹behaupteten Authentizität›, die durch «eine wenigstens annähernd glaubwürdige Darstellung der Ereignisse» erreicht wird.[31] So legte Sergent offensichtlich Wert darauf, die gleichsam als Hintergrundkulisse dienende Landvogtei als überprüfbaren Bildgegenstand möglichst detailgetreu wiederzugeben, wofür er möglicherweise zu einem späteren Zeitpunkt noch einmal nach Riehen hinausfuhr, falls ihm keine passende Vorlage zur Verfügung stand. Diesem Umstand verdanken wir die älteste detaillierte Darstellung eines der wichtigsten historischen Gebäude in Riehen.

Darüber hinaus versuchte der Künstler den Eindruck anekdotischer Evidenz zu erzeugen, indem er das Ereignis in parallel stattfindende Einzelepisoden zerlegte. So ist im Vordergrund, links von der Mitte, eine vornehm gekleidete Frau dargestellt, die offenbar in Ohnmacht zu fallen scheint und dabei von einem Mann aufgefangen wird. Links daneben hebt ein weiterer Mann ein Kind empor. Gemäss einem mit ‹Notice historique› überschriebenen Textblatt, das gemeinsam mit der Aquatinta-Radierung vertrieben wurde, handelt es sich bei den Personen dieser Willkommensszene um den Diplomaten Charles-Louis Huguet de Sémonville mit Gattin und Sohn sowie seinen ebenfalls in Gefangenschaft geratenen Diener.[32] Angélique

Aimée de Sémonville, geborene de Rostaing, hatte zuvor mit ihrem jüngsten Sohn mehrere Wochen in Basel auf die Ankunft ihres Gatten gewartet. Den Franzosen war nämlich bereits nach der Abfahrt aus ihren Gefängnissen erlaubt worden, mit ihren Angehörigen und Freunden brieflich Kontakt aufzunehmen.[33] Darüber hinaus benennt das Erklärungsblatt eine Reihe weiterer Personen und unterstreicht damit den Anspruch auf Authentizität, wiewohl das Arrangement stark an ein Historiengemälde erinnert. Jedenfalls bildet das druckgrafische Blatt, das noch in einigen Basler und Riehener Haushalten anzutreffen ist, bis heute das einzige sichtbare Zeugnis einer Episode, die Riehen zumindest in Berührung mit der Weltgeschichte brachte.[34]

1 Zit. nach Michael Raith: Weibel Hans Jakob Schultheiss erinnert sich, in: z'Rieche 1990, S. 44–49, hier S. 46.
2 In: L[udwig] Emil Iselin: Geschichte des Dorfes Riehen, Basel 1923, S. 194.
3 Michael Raith: Johannes Stump und Samuel Wenk – zwei Riehener Politiker des beginnenden 19. Jahrhunderts, in: z'Rieche 1971, S. 44–59, hier S. 50.
4 Iselin, Geschichte, S. 192–194.
5 Zum Frieden von Basel vgl. Christian Simon (Hg.): Basler Frieden 1795. Revolution und Krieg in Europa, Basel 1995.
6 Nach anderen Quellen waren es 21 Franzosen.
7 Maria Breunlich-Pawlik: Kriegsminister Beurnonville und vier Mitglieder des Nationalkonvents als Staatsgefangene in Österreich 1793–1795, in: Mitteilungen des Österreichischen Staatsarchivs 24, 1971, S. 371–399.
8 Rapports des représentants du peuple Camus, Bancal, Quinette, Lamarque, envoyés par la Convention, conjointement avec le général et ministre de Beurnonville ... et du représentant du peuple Drouet, Paris 1796. Im Folgenden wird aus einer zeitgenössischen deutschen Übersetzung zitiert: Bericht der Volksrepräsentanten Camus, Bancal, Quinette, Lamarque und Drouet über ihre, des Kriegsministers Beurnonville, und der Gesandten Semonville und Maret Gefangenschaft im Oestreichischen. Aus dem Französischen übersetzt nach der Ausgabe mit Anmerkungen, Frankfurt / Leipzig 1797.
9 Zit. nach Raith, Weibel, S. 46f.
10 Bericht der Volksrepräsentanten, S. 163.
11 Hans Buser: Johann Lukas Legrand, Direktor der helvetischen Republik, in: Basler Biographien, Basel 1900, S. 233–288, hier S. 242.
12 Zit. nach Raith, Weibel, S. 47.
13 Raith, Johannes Stump und Samuel Wenk, S. 50.
14 Peter Ochs: Geschichte der Stadt und Landschaft Basel, Bd. 8, Basel 1822, S. 108–112; Christian Simon: Untertanenverhalten und obrigkeitliche Moralpolitik: Studien zum Verhältnis zwischen Stadt und Land im ausgehenden 18. Jahrhundert am Beispiel Basels, Basel / Frankfurt a. M. 1981, S. 15f., S. 95.
15 Charles D. Bourcart: William Wickham, britischer Gesandter in der Schweiz (1794–1797 und 1799), in seinen Beziehungen zu Basel, in: Basler Zeitschrift für Geschichte und Altertumskunde 7, 1908, S. 1–78, hier S. 60; G[eorges] Lenôtre: La fille de Louis XVI. Marie-Thérèse-Charlotte de France, duchesse d'Angoulême. Le Temple – l'échange – l'exil, Paris 1907, S. 220.
16 In: Iselin, Geschichte, S. 198f.
17 So in einer kurzen Beschreibung des Ereignisses durch Bürgermeister Peter Burckhardt (Staatsarchiv Basel-Stadt, Fremde Staaten, Frankreich B 3a). Vgl. Raith, Weibel, S. 46f.; Daniel Burckhardt-Wildt: Tag=buch der Merckwürdigsten Vorfällen, welche sich seit dem Jahr 1789 in diesem für unsere Stadt BASEL unvergesslichen Zeiten zugetragen haben, hg. von André Salvisberg, Basel 1997, S. 77.
18 Bericht der Volksrepräsentanten, S. 163.
19 Breunlich-Pawlik, Staatsgefangene in Österreich, S. 393; Raith, Weibel, S. 46; Burckhardt-Wildt, Tag=buch, S. 78.
20 Lenôtre, La fille de Louis XVI., S. 212; Burckhardt-Wildt, Tag=buch, S. 78.
21 Vgl. Beat von Wartburg (Hg.): Auszüge aus dem Tagebuch von Peter Ochs, in: Simon, Basler Frieden 1795, S. 113–129, hier S. 129.
22 Lenôtre, La fille de Louis XVI., S. 221; ebenso in: Bourcart, William Wickham, S. 58. Deutsche Übersetzung: ‹Wir verlieren einen Engel und man gibt uns an dessen Stelle fünf Monster!›
23 Gustav Rieck: Der böhmische Veteran. Franz Bersling's Leben, Reisen und Kriegsfahrten in allen fünf Welttheilen. Nach mündlichen und schriftlichen Mittheilungen bearbeitet, Schweidnitz 1840, S. 52–56.
24 National-Zeitung der Deutschen, 28. Januar 1796, Sp. 93; Rudolf Riggenbach: Das Porträt der Madame Royale von Antoine Sergent, in: Festschrift des Staatsarchivs Basel-Stadt, Basel 1949, S. 95–110.
25 Wochentliche Nachrichten aus dem Bericht-Haus zu Basel, 28. Januar 1796, S. 34, Nr. 25.
26 Lukas Heinrich Wüthrich: Das Œuvre des Kupferstechers Christian von Mechel, Basel / Stuttgart 1959, S. 35, Nr. 87.
27 Ebd., S. 34f., Nr. 86; Riggenbach, Das Porträt der Madame Royale, S. 106f.
28 [Jean-Pierre-Jacques-Auguste] de Labouïsse-Rochefort: Trente ans de ma vie (de 1795 à 1826) ou Mémoires politiques et litteraires, Bd. 1, Toulouse 1844, S. 165.
29 Wochentliche Nachrichten aus dem Bericht-Haus zu Basel, 17. März 1796, S. 123, Nr. 11 (deutsche Übersetzung), S. 129, Nr. 85 (Originalausgabe).
30 Wüthrich, Christian von Mechel, S. 40, Nr. 97.
31 Riggenbach, Das Porträt der Madame Royale, S. 102.
32 ‹Notice historique›, in: Association Bibliorare, www.bibliorare.com/lot/88883/#&gid=1&pid=1, Zugriff: 28.05.2020.
33 Bericht der Volksrepräsentanten, S. 160.
34 2019 schenkte der aus Riehen stammende Christian Jaquet in Bern der Gemeinde Riehen alle drei Aquatinta-Radierungen, die Christian von Mechel anlässlich des Gefangenenaustauschs von 1795 herausgegeben hatte. Die gerahmten Blätter hingen früher im Klösterli, Kirchstrasse 8.

Das interessierte Arena-Publikum an der Lesung zum 40-Jahr-Jubiläum im Lüschersaal, 3. September 2019.

Im Dienst des Wortes

VALENTIN HERZOG

Seit gut vierzig Jahren lädt die Literaturinitiative ‹Arena› zehn- bis zwölfmal pro Saison Autorinnen und Autoren aus der Schweiz und dem Ausland zu Lesungen, Diskussionen und Wettbewerben nach Riehen ein und schafft so einen anregenden Ort der Begegnung – mit der Welt der Literatur sowie zwischen Lesenden und Schreibenden. Seit 2000 veranstaltet das 1990 gegründete ‹Kaleidoskop› seine beliebten Mundart-Lesungen unter dem Dach der Arena.

Der Mangel an einschlägiger Erfahrung war die grösste Gemeinsamkeit jener Leute, die sich im Sommer und Herbst 1978 zusammensetzten, um in Riehen ein Forum für literarische Veranstaltungen entstehen zu lassen. Die Idee kam vom Vorstand des Riehener Verkehrsvereins (Paul Müller), das Geld aus der Gemeindekasse, der Name ‹ARENA› in Grossbuchstaben aus den rauchenden Köpfen der mit mir zusammensitzenden Gründungsmitglieder Beatrice Coerper, Lukrezia Seiler, René André, Theo In der Smitten, Paul Meyer und Lukas Schmutz. Eine Grafikerin schuf das Signet – die stilisierte Schreibfeder mit dem Dorfwappen. Dass die Leitung des Projekts in meinen Händen lag, erklärt sich damit, dass ich seit Jahren über die Veranstaltungen des Literarischen Forums Basel in der ‹National-› beziehungsweise ‹Basler Zeitung› berichtet hatte und darum einige Autorinnen und Autoren persönlich kannte.

Ein tragfähiges Konzept für die Arbeit der Arena entwickelte sich erst nach und nach, aber zu Jahresbeginn 1979 waren die ersten Plakate gedruckt, Einladungen verschickt, Inserate aufgegeben, und am 23. Januar ging es im Kellersaal des Landgasthofs los: Alice Vollenweider (‹Neue Zürcher Zeitung›) und Aurel Schmidt (‹Basler Zeitung›) diskutierten mit rund fünfzig Interessierten Neuerscheinungen und Fragen der literarischen Kritik. Ein Februar-Wochenende mit Rolf Hochhuth und Hans Saner, mit Strassentheater, hitzigen Debatten und eindrucksvollen Textlesungen geriet dann äusserst vielversprechend, führte allerdings auch zu Streitigkeiten über die künftige Ausrichtung der Arena.

DIE INITIALPHASE DER VERSUCHE UND EXPERIMENTE

Die folgenden Jahre sahen viele Arena-Veranstaltungen mit Versuchscharakter: Das reichte von Märchen- und Abenteuerlesungen in verschiedenen Schulklassen über eine Micky-Maus-Debatte bis zu manchmal hochbrisanten Kritikergesprächen, Laientheater-Aufführungen und organisierten Probenbesuchen in Basel und Bern. 1980 bis 1985 gestaltete die Arena die Präsentation des ‹Jahrbuchs

Valentin Herzog präsentiert das Arena-Programm am 16. Januar 1979 vor der Presse im Foyer des Neuen Wettsteinhauses.

Am anschliessenden Apéro anwesend sind unter anderen (von links) die Gründungsmitglieder Rolf Kunz (Schauspieler, Leiter des Märlitheaters Zürich), Theo Josef In der Smitten (Strassentheater) und Paul Müller (Präsident Verkehrsverein Riehen).

Das Arena-Team im Jubiläumsjahr (von links): Wolfgang Bortlik, Edith Lohner, Valentin Herzog, Nicole Hausammann, Beat Baltensperger und Katja Fusek. Es fehlt Armin Zwerger.

z'Rieche› mit Lesungen und musikalischem Rahmen. In der Zeit von 1984 bis 1988 wurde jährlich ein thematischer Werkauftrag an fünf Schreibende vergeben: Guido Bachmann, Martin R. Dean, Christoph Geiser, Hanna Johansen, Ingeborg Kaiser, Alain Claude Sulzer, Urs Widmer und Heinrich Wiesner unter anderen schrieben Texte zu Themen wie «1984», «Liebe» oder «Maske». 1988 erschienen diese ‹Texte in der Arena› als Taschenbuch im Basler GS Verlag.

Auch eine hierzulande noch kaum entwickelte Spezialität kultivierte die Arena in den ersten Jahrzehnten ihres Bestehens: Musik und Lyrik. Berühmtester Gast in dieser Reihe war der Rezitator Gert Westphal (‹Jazz und Lyrik›), der im September 1981 mit dem Pianisten Warren Thew einen Balladenabend gestaltete, den wohl niemand im zahlreich erschienenen Publikum je vergessen wird. Daneben gab es fast jedes Jahr eine Eigenproduktion mit wechselnden Beteiligten: ‹Musik und Lyrik aus dem Barock› hiess die erste dieser meist im luxuriösen Salon des Wenkenhofs stattfindenden Veranstaltungen, in der Eva Hilbck zusammen mit dem Kammertrio Rubin und Dorn das «musikalisch-literarische Porträt einer Zeitepoche» (‹Basler Zeitung›) gestaltete. Von dieser fabelhaften Matinee zeugt eine Schallplatte mit dem Titel ‹Der Augenblick ist mein›. «Expressionismus», «Eichendorff», «Heine», «George Sand», «Fanny Mendelssohn», «Frank Wedekind», «Erich Kästner», «Wolfgang Borchert» standen neben anderen Themen im Zentrum dieser grossteils von Eva Hilbck und Matthias Schuppli rezitierten und von Maria Kullmann, Sylvia Herzog, Marianne Schroeder und anderen musikalisch gestalteten Programme.

DIE AUTORINNEN- UND AUTORENLESUNG ALS KONSTANTE

Den Kern der Arena-Arbeit aber bildete doch die klassische Lesung mit einem Autor, einer Autorin am Vortragspult samt obligatorischem Wasserglas. Zu dieser manchmal belächelten Form der Literaturvermittlung gibt es keine wirkliche Alternative. Einzig die traditionelle Einführung ersetzen wir heute meist durch eine Moderation, welche die Lesung mit gezielten Fragen auflockert.

Mehr als 300 Abendveranstaltungen, Matineen und Exkursionen hat die Arena bis heute angeboten – nach bescheideneren Anfängen jährlich zehn bis zwölf. Dabei waren immer zwei Ziele wichtig: Zum einen sollte unser Publikum bekannten Autorinnen und Autoren begegnen, zum anderen sollten Schreibende, die (noch) eher im Hintergrund standen, bei uns ein Forum bekommen.

So ergab sich eine Vielzahl von unvergesslichen Begegnungen, von denen hier wenigstens ein paar erwähnt seien: Da war etwa der Abend mit unserem ersten internationalen Stargast Eric Ambler 1980. Der damals bei Montreux lebende Brite hatte sich zwar ohne grosse Umstände bereit erklärt, in Riehen aus seinem Thriller ‹Send No More Roses› zu lesen, hatte es aber als einziger je von uns eingeladener Autor verschmäht, im gutbürgerlichen Landgasthof zu übernachten. Er hatte ein Zimmer im ‹Les Trois Rois› und ein ‹sophisticated dinner› dortselbst zur Bedingung gemacht.

Im Jahr 1982 hatten wir keinen Geringeren als Hermann Kant zu Gast, der einzig für eine Arena-Lesung den weiten und beschwerlichen Weg von Berlin (DDR) nach Riehen auf sich nahm, brillante Passagen aus seinem Erzählband ‹Der dritte Nagel› vortrug und nicht müde wurde, bis Mitternacht über Fragen des Sozialismus und der Friedenspolitik zu diskutieren. Den grössten Publikumsandrang aller Zeiten bescherte uns Luise Rinser, die aus ihrem berühren-

Lesungen und Gespräche über Literatur:
Lukas Hartmann, Arena 2014;
Charles Lewinsky, Arena 2019;
Sandra Hughes, Arena-Jubiläum 2019;
Alain Claude Sulzer, Arena-Jubiläum 2019;

Regula Wenger und Yves Rechsteiner, Arena 2017;
Verena Stössinger, Arena 2017;
Pierre Kretz, Kaleidoskop 2018;
Wolfgang Bortlik und Valentin Herzog, Arena-Jubiläum 2019;

Lukas Holliger, Arena 2017;
Valentin Herzog, Arena-Jubiläum 2019;
Katja Fusek, Arena-Jubiläum 2019;
Pedro Lenz und Gastgeber Wolfgang Bortlik, Kaleidoskop 2017.

den Jesus-Roman ‹Mirjam› las und etwa 900 Zuhörerinnen und Zuhörer anzog, sodass wir die Veranstaltung in die Dorfkirche verlegen mussten.

Denkwürdig waren aber nicht nur die Begegnungen mit den Grossen der Literatur wie Sigrid Damm, Navid Kermani, Pavel Kohout, Reiner Kunze, Franca Magnani, Paul Nizon, Ingrid Noll, Ces Nooteboom oder Bernhard Schlink, um nur ein paar der bekanntesten Namen zu nennen. Auch manches Zusammentreffen mit einem Autor, einer Autorin, von dem oder der man vielleicht nie wieder etwas hörte, konnte zur Sternstunde werden. Ich denke etwa an den Elsässer Jean-Marie Schelcher, der 1992 ein leider vergessenes Buch veröffentlichte: ‹… damit Du weisst, dass ich noch lebe›. Er erzählt darin auf Elsässerdeutsch die Geschichte seines 1914 in die deutsche Armee einberufenen, 1916 bei Verdun gefallenen Grossonkels Theodor. Gerade der Kontrast zwischen dem Dialekt der erzählenden Passagen und dem etwas steifen Schriftdeutsch der wörtlich zitierten Postkarten aus dem Schützengraben lassen den Irrsinn der damaligen Situation nachempfinden. Nicht weniger wichtig war die sich oft über viele Jahre erstreckende Zusammenarbeit mit Autorinnen und Autoren aus der Schweiz, besonders solchen aus der Region: René Regenass etwa las nicht nur seit 1981 immer wieder erzählende und lyrische Texte, er übernahm 2000 sogar für eine gewisse Zeit die Stellvertretung des Präsidenten. Der in Riehen aufgewachsene Urs Widmer gehörte lange zu den Hausautoren. Verena Stössinger brachte neben ihren eigenen Romanen auch die bedeutendste dänische Dichterin Inger Christensen an unser Lesepult. Zu Ingeborg Kaiser und Heinrich Wiesner bestanden freundschaftliche Bande, die weit übers Literarische hinausgingen. Das gilt auch für Lukas Hartmann, der von 1993 bis 2015 fast jedes neue Buch – und er schrieb bekanntlich ziemlich viele – in der Arena vorstellte.

VERÄNDERUNGEN UND WANDEL IM LAUF DER ZEIT

Die Jahrtausendwende brachte der Arena herausfordernde Veränderungen. Im Jahr 2000 vereinigte sich die Arena mit dem ‹Kaleidoskop›, das seit 1990 sehr beliebte Mundart-Lesungen mit schweizerischen, badischen und elsässischen Autorinnen und Autoren veranstaltet hatte und seither als ‹Kaleidoskop in der Arena› firmiert – immer noch von Edith Lohner geleitet (vgl. unten).

Ausserdem entstand der Arena 2000 eine gewaltige Konkurrenz in Gestalt des neu gegründeten Literaturhauses Basel. Zum Glück gelang es von Anfang an, kollegiale Beziehungen zu dieser Institution zu unterhalten, deren Budget etwa zwanzig Mal so gross ist wie unseres. Sie hat eine hauptberufliche Intendantin, fest angestellte Mitarbeitende und einen wunderbaren eigenen Saal im Zentrum von Basel. Damit kann die ganz auf ehrenamtliche Mitarbeit angewiesene und trotz bester Kooperation mit dem Haus der Vereine immer wieder mit Raumproblemen kämpfende Arena nicht wirklich konkurrieren. Aber wir haben gelernt, einander zu respektieren – wir haben verschiedene Gemeinschaftsprojekte durchgeführt, gewisse Werbemassnahmen koordiniert und sind uns vor allem darin einig, dass es heute mehr denn je gilt, dem literarischen Wort ein Forum zu schaffen.

In den ersten Jahrzehnten ihres Bestehens war die Arena eine Fachkommission des Verkehrsvereins Riehen gewesen und wurde aus dem Budget dieser auch sonst kulturell aktiven Organisation mit den nötigen Mitteln ausgestattet. Seit dem Jahr 2000 will die Gemeinde aber die direkte Kontrolle über die von ihr geförderten Kulturaktivitäten. Also musste der Trägerverein ‹Arena Literatur-Initiative› gegründet werden, der alle paar Jahre eine offizielle Leistungsvereinbarung mit der Gemeinde abzuschliessen und jährlich einen umfangreichen Jahresbericht samt revidierter Jahresrechnung und Budgetplanung abzuliefern hat. Das bedeutete einerseits allerhand Mehrarbeit, hat aber den unschätzbaren Vorteil, dass wir in den Vereinsmitgliedern auch ein wichtiges Stammpublikum für unsere Veranstaltungen fanden – die Mitgliedschaft beinhaltet den freien Zutritt zu allen Arena-Abenden.

Ausserdem entstand als Vereinsorgan die Reihe der literarisch anspruchsvollen, von Lea Meier künstlerisch gestalteten Jahreshefte, die entweder einem Autor, einer Autorin – wie etwa Wolfgang Bortlik, Katja Fusek, Valentin Herzog, Ingeborg Kaiser, Hans Platzgumer, Markus Ramseier – gewidmet sind oder einem übergreifenden Thema wie «Riehen», «Freistaat Basel», «Expressionismus», «Dada». Hier erscheinen auch die Texte der von der Arena ausgeschriebenen Wettbewerbe: 1998 acht aus 150 anonymen Einsendungen ausgewählte Kurzgeschichten (Sonderheft), 2004 elf ‹Monatsgeschichten›, 2008 die Gedichte des Arena-Lyrikpreises und 2016 neun Texte eingeladener Schreibender zum Thema «alt».

40 JAHRE UND KEIN BISSCHEN MÜDE: DIE ARBEIT DER ARENA

Die Vorbereitung, Organisation und Begleitung von jährlich (meist) elf anspruchsvollen Veranstaltungen bedeutet eine ständige Herausforderung für alle Mitglieder des Arena-Teams. Sie belohnt uns aber auch immer wieder mit wunderbaren Begegnungen, spannenden literarischen Erfahrungen und wichtigen Freundschaften. Hie und da gab es vor allem in der Frühgeschichte der Arena auch kritische Momente, etwa im Herbst 1990, als der damals für Kultur zuständige Gemeinderat versuchte, eine Lesung des ehemaligen RAF-Mitglieds Christoph Wackernagel zu verhindern, was zu einem geharnischten Protest der Gruppe Olten führte. Häufiger aber waren eher heitere Momente: Eines späten Abends klingelte mein Telefon. Am Apparat war Rolf Hochhuth, der bis zu seinem Wegzug nach Berlin 2006 einer unserer Hausautoren war: «Hör mal, ich bin gerade bei lieben Freunden auf der Insel Sylt, und da ist mir eben etwas eingefallen: Habe ich nicht irgendwann in nächster Zeit eine Lesung bei dir in der Arena?»

Mir wäre fast der Hörer aus der Hand gefallen: «Allerdings – morgen Abend!»

«Oh! Dann wird es ja Zeit!»

Städteverbindungen waren in den 1980er-Jahren bekanntlich noch weniger dicht und schnell als heute. Trotzdem stand Hochhuth pünktlich am Rednerpult. (Und gerade, als diese Zeilen geschrieben waren, vernahm ich im Radio die Nachricht von seinem Tod.)

Nicht so dramatisch, dafür etwas peinlich war, was nach der wunderbaren Lesung von Marion Gräfin Dönhoff aus ‹Kindheit in Ostpreussen› passierte. Ich erhielt einen geschäftsmässig knappen Brief: Wir hätten doch ein Honorar von 500 Franken ausgemacht. Im Honorar-Umschlag seien aber nur drei Scheine gewesen. Erst nach mehreren Rückfragen und längerem Grübeln kamen wir auf des Rätsels Lösung: Im Couvert waren tatsächlich nur drei Scheine gewesen – ein Hunderter und zwei (damals eben neu eingeführte) Zweihunderter. Die Gräfin nahm's zur Kenntnis.

Wir haben ein bewundernswertes Publikum, das uns auch dann nicht im Stich lässt, wenn Eisregen oder traumhaftes Frühlingswetter einem Besuch der Arena entgegenstehen. Mit 30 bis 40 Besucherinnen und Besuchern können wir immer rechnen; steht ein attraktiver Name auf dem Programm, sind es bald auch doppelt oder dreimal so viele. Ein einziges Mal in all den Jahren haben wir erlebt, was in anderen literarischen Veranstaltungsreihen hin und wieder passiert: Eine elsässische Autorin, deren Name hier offensichtlich niemandem etwas sagte, hatte gerade mal zwei Besucherinnen ins Kellertheater des Hauses der Vereine gelockt. Hinzu kamen Edith Lohner als Veranstalterin,

Die Arena führt seit Jahrzehnten Gästebücher. Abgebildet sind hier ein humorvoller Eintrag von Ingrid Noll vom 21. Oktober 1993 und ein Dank mit Bild von Rafik Schami vom 27. September 1994 (gemeinsam organisierter Erzählabend von Arena und Kaleidoskop).

ein Journalist und zwei Mitglieder des Arena-Vorstands. Eine Zeitlang standen wir etwas verloren zwischen Bühne und Büchertisch herum, dann versammelten wir uns um einen der Tische im Foyer, öffneten eine Flasche Riesling, hörten ein paar schöne Gedichte und unterhielten uns bis tief in die Nacht hinein intensiv über das Handwerk des Schreibens.

Ich möchte diesen Rückblick nicht schliessen, ohne von dem Team zu sprechen, das die Arena-Arbeit wesentlich trägt und gestaltet. In den ersten Jahren war es zeitweise so, dass ich, organisatorisch fabelhaft unterstützt von Beatrice Coerper, viele Lesungen, Vorträge und Matineen ganz allein auf die Beine stellte. Die meisten Kommissionsmitglieder neigten eher dazu, ihre eigenen Interessen an bestimmten Schreibenden oder speziellen literarischen Formen zu verfolgen. Erst in den 1990er-Jahren formte sich langsam so etwas wie ein wirkliches Team aus Personen, die bereit waren, Verantwortung zu übernehmen und die Arbeit mitzutragen, auch wenn sie sich nicht mit ihren Vorlieben deckte. Ich kann hier nicht alle aufführen, möchte aber unsere langjährige Aktuarin Rosmarie Schürch erwähnen, ferner die Germanistinnen Renate Löffler und Elke Müller sowie Iren Nussberger, Bücherfrau aus Leidenschaft, die so manche Veranstaltung betreuten. Vorübergehend waren auch der brillante Literaturkritiker Urs Allemann und der leider viel zu früh verstorbene Autor Markus Ramseier Mitglieder des Vorstands. Heute besteht das kollegial funktionierende Arena-Team aus sieben Personen: den zwei Buchhändlerinnen Edith Lohner und Nicole Hausammann, dem Fachmann für Drucktechnik Beat Baltensperger und den vier Schreibenden Wolfgang Bortlik, Katja Fusek, Valentin Herzog und Armin Zwerger. Wir sind zuversichtlich, dass wir trotz der gegenwärtigen Schwierigkeiten (Corona) im kommenden Herbst und in den folgenden Jahren vielen Autorinnen und Autoren eine ‹Arena› für ihre Texte und damit unserem Publikum manch anregenden Abend bieten können.

Das Kaleidoskop in der Arena
EDITH LOHNER

‹KALEIDOSKOP Geschichten in bunter Folge› wurde 1989 ins Leben gerufen. Die Kulturabteilung der Gemeinde erkor Liselotte Reber-Liebrich dazu, eine Kommission zu bilden mit dem Auftrag, die Autorenabende von Hans Krattiger in neuer Form auferstehen zu lassen. Dem Vorstand gehörten Liselotte Reber-Liebrich als Präsidentin an, Meta Fischer-Luchetta, die das heute noch verwendete Logo kreierte, und ich als Buchhändlerin. Autorinnen und Autoren mit vorwiegend regionaler Bedeutung, Journalistinnen, Liedermacher, Sprachwissenschaftlerinnen und andere sollten zu Wort kommen.

Auch Kinder waren eine Zielgruppe, um schon früh das Interesse an der Sprache und am Umgang mit der Welt der Literatur zu wecken. Gäste der Kindernachmittage waren unter anderen Lisbeth Kätterer, die bei uns durch ihre Geschichten von Blindenhunden bekannt war, die Puppenspielerin Margrit Gysin aus Liestal, Claire Ochsner und Peter Baumgartner. Leider war die Nachfrage nicht sehr gross und wir mussten die Kindernachmittage nach einigen Jahren einstellen.

Die erste Kaleidoskop-Lesung fand 1990 in der damaligen Schlipferhalle statt: Die in Weil am Rhein aufgewachsene Schauspielerin Hilde Ziegler las aus ihren Erinnerungen ‹Während der Verlobung warf einer einen Hering an die Decke›. Der Abend war ein voller Erfolg.

In den ersten Jahren bot das Kaleidoskop vor allem Mundartautorinnen und -autoren ein Podium. Hilda Jauslin (Baseldeutsch), Vreni Weber-Thommen (Baselbieterdeutsch), Gerhard und Klaere Jung (Alemannisch), der Liedermacher Fritz Widmer (Berndeutsch) seien hier als Beispiele genannt. Beat Trachsler und Rudolf Suter stellten im Zwiegespräch die Neuausgabe des ‹Baseldeutschen Wörterbuchs› vor. Als Hochdeutsch Schreibende lasen im Kaleidoskop Hansjörg Schneider, Jürg Schubiger, Ulrich Knellwolf (mit Texten von Johann Peter Hebel). Rudolf Stalder gestaltete einen wunderbaren Abend mit Texten von Jeremias Gotthelf.

Gute regionale Mundartliteratur war und ist nicht eben dicht gesät. So mussten wir bereits in den Anfangsjahren unser Wirkungsfeld auf die ganze Schweiz, das Badische und das Elsass ausdehnen. Schon 1994 fand eine erste Zusammenarbeit mit der Arena statt. Die in Inzlingen lebende Schauspielerin Hanna Burgwitz gestaltete mit Gerhard Mohr (Rezitation), Claudia Adrario (Gesang) und Uli Pfleiderer (Laute und Gitarre) einen literarisch-musikalischen Abend zum Erntedank.

Schon ein Jahr später folgte die zweite Zusammenarbeit. So konnte der aus Damaskus stammende, in Deutschland lebende Autor Rafik Schami für eine Lesung gewonnen werden. Es wurde ein höchst genussvoller Abend, denn Rafik Schami las nicht, er erzählte sein Werk in der Art der orientalischen Geschichtenerzähler – Erzählen ist für ihn eine Lebensform.

Im Kaleidoskop-Vorstand gab es auch hin und wieder Veränderungen. Nach dem Austritt von Meta Fischer-Luchetta trat anfangs der 1990er-Jahre die Buchhändlerin Jeannette Gallus in die Kommission ein und bald erhielten wir weitere Verstärkung durch Christian Schmid, Redaktor der DRS-Radiosendung ‹Schnabelweid› und Autor, der damals in Riehen wohnte und einige Jahre seine Kenntnisse über Dialekt-und Regionalliteratur einbrachte.

Im Jahr 2000 schloss sich das Kaleidoskop, dessen Vorstand auf eine Person zusammengeschrumpft war, organisatorisch mit der Arena zusammen. Unter dem Namen ‹Kaleidoskop in der Arena› werden seither pro Saison zwei bis drei Lesungen organisiert, die sich der Mundart in all ihren Facetten widmen.

In 30 Jahren Kaleidoskop waren viele Autorinnen und Autoren in Riehen zu Gast, einige von ihnen möchte ich stellvertretend erwähnen: Ernst Burren, Pedro Lenz, Guy Krneta mit Michael Pfeuti (Bass), Markus Manfred Jung aus dem Wiesental mit seiner Schwester Sabine Ging (Gitarre), Oscar Peer, Leo Tuor, Bruno Epple, die beiden Elsässer Pierre Kretz und Jean-Christophe Meyer, Anna-Maria Bacher aus dem Val Formazza, Rolf Hermann, Dominic Oppliger, Ursula Rychen und natürlich Christian Schmid.

30 Jahre Kaleidoskop: Jubiläumsabend mit Edith Lohner als Gastgeberin (oben) und den beiden Mundart-Experten Markus Gasser (unten links) und Christian Schmid im Kellertheater des Hauses der Vereine, 21. Januar 2020.

Seit dem ersten Jahr ihres Bestehens gehört ein Kinderchor zum festen Bestandteil der Musikschule Riehen. Auftritt am ‹Jour de Fête› zum 150-jährigen Jubiläum der Musik-Akademie Basel in der Martinskirche am 23. September 2017.

Musik mitten im Dorf

DOMINIK HEITZ

40 Jahre ist es her, dass die Musikschule Riehen ins Leben gerufen wurde. Seither hat sich das Modell der Partnerschaft mit der Basler Musik-Akademie bestens bewährt und wird deshalb von keiner Seite in Frage gestellt.

Alles war sorgfältig geplant: offizieller Auftakt im April, Liederfest mit Familienfest im Juni und ‹Son & Lumière› im September. Doch die Corona-Pandemie machte der 40 Jahre alten Musikschule Riehen und ihrem Jubiläumsprogramm einen Strich durch die Rechnung. So musste denn die von der Gemeinde finanziell getragene Institution ihren Geburtstag in aller Stille feiern. Doch das Fest soll nachgeholt werden: im kommenden Jahr.

Über 50 Jahre ist es her, dass in Riehen die Idee einer gemeindeeigenen Musikschule zur Sprache kam. Im Zuge einer allgemeinen Musikschulbewegung in der deutschen Schweiz, die zur Gründung von Musikschulen in nahezu jeder grösseren Gemeinde geführt hatte, gelangte 1969 ein Vorstoss an den weiteren Riehener Gemeinderat, der eine Musikschule als Filiale der Musik-Akademie Basel vorschlug.

SKEPSIS WEICHT ÜBERZEUGUNG

Nicht alle waren mit dieser Idee einverstanden. Vorwiegend bürgerliche Kreise standen dem Modell skeptisch gegenüber; sie wünschten sich eine autonome Musikschule. Doch das Konzept einer an die Musik-Akademie Basel angeschlossenen Filiale fand schliesslich im Gemeindeparlament eine Mehrheit. Als idealen Standort für die künftige Musikschule erkor der Gemeinderat 1976 das Elbs-Birr'sche Landhaus am Rand des Sarasinparks, das damals erst seit Kurzem im Besitz der Gemeinde war. 1979 liess man das Haus renovieren, von störenden Anbauten befreien und im Innern aufs Schönste restaurieren.

Am 21. April 1980 war es dann soweit: Die Musikschule Riehen mit ihrem barocken Hauptgebäude, das zahlreiche Übungszimmer und einen Vortragssaal aufweist, sowie dem Gartenpavillon konnte eröffnet werden. Unter der

Das barocke, aufwendig restaurierte Elbs-Birr'sche Landhaus am Rand des Sarasinparks beherbergt die Musikschule Riehen seit 1980. Hier die Gartenansicht mit dem Hauptbau links und dem Pavillon rechts.

Blick in den grossen Übungs- und Vortragssaal der Musikschule, der sich im Dachgeschoss der ehemaligen Remise des Elbs-Birr'schen-Landhauses befindet.

Leitung von Frank Nagel nahm die Schule mit 17 Lehrerinnen und Lehrern sowie 326 Schülerinnen und Schülern ihren Betrieb auf. Schon wenige Monate später ging ein Musikschulfest über die Bühne, ein Kinderchor wurde gegründet und erste Aufführungen in den Riehener Altersheimen und im Gemeindespital fanden statt.

IM DORF PRÄSENT

Die Musikschule Riehen – mit zehn Fächern gestartet – entwickelte sich stetig: Im zweiten Jahr wurden bereits in sämtlichen Fächern Ensemble-Angebote für Kinder und Erwachsene sowie ein Blasorchester aufgebaut. Zusätzlich zum Kinderchor entstand ein Jugendchor. In den darauf folgenden Jahren entstanden im Bereich der Erwachsenenbildung selbsttragende Angebote in den Fächern Blockflöte, Streicherschulung und Gitarre. Und innerhalb von zehn Jahren stieg die Schülerinnen- und Schülerzahl auf knapp 600, während die Zahl der Lehrpersonen um 10 auf 27 zunahm.

Seit ihrem Bestehen ist die Musikschule vielfältig im Dorf präsent: bei Dorffesten und Ausstellungseröffnungen, bei Preisverleihungen und Jahrbuch-Präsentationen, aber auch mit Konzerten. Zu den besonderen Projekten zählt unter anderem die Aufführung von Paul Hindemiths Spiel ‹Wir bauen eine Stadt› oder zwei uraufgeführte Werke, die im Auftrag der Gemeinde Riehen für die Musikschule geschrieben wurden: ‹Drei kleine Stücke für Streicher› von Peter-Michael Riehm und die sieben Klavierstücke ‹Der Zaubergarten› von Rudolf Kelterborn – «der Musikschule Riehen und ihren Klavierlehrerinnen und -lehrern gewidmet» – und die beinahe schon zur Tradition gewordenen ‹Son & Lumière›-Projekte.

«MEINE VISION: EINE MUSISCHE TAGESSTRUKTUR»
INTERVIEW MIT CLAUDIA DE VRIES, LEITERIN DER MUSIKSCHULE RIEHEN

DOMINIK HEITZ: **Im Jahr 2004 haben Sie von Frank Nagel die Leitung der Musikschule Riehen übernommen und ein Jahr später das 25-Jahr-Jubiläum der Schule feiern dürfen. Jetzt ist die Institution 40 Jahre alt. Wie hat sich die Schule in den letzten 15 Jahren entwickelt?**

CLAUDIA DE VRIES: Sie hat sich leicht vergrössert; bei fast gleichbleibender Schülerzahl, die um 600 liegt, haben wir heute 31 statt 29 Lehrpersonen und die Lektionen sind in mehreren Schritten von 310 auf 346 pro Woche gestiegen. Die Nachfrage hat sich von den vorbereitenden musikalischen Gruppenangeboten deutlich zu den Instrumentalfächern verlagert. Im Zuge dieser gesellschaftlich bedingten Entwicklung wurden Kurzlektionen und instrumentale Vorkurse eingeführt, um der Nachfrage zu begegnen. Personell hat sich das Kollegium verjüngt.

Inhaltlich hat sich ebenfalls einiges getan: Wir haben begonnen, intensiver mit dem Kulturbüro Riehen zusammenzuarbeiten. Dadurch sind wir vermehrt mit Grossprojekten wie ‹Son & Lumière› in der Öffentlichkeit präsent, was uns grössere Aufmerksamkeit schenkt und uns auch erlaubt zu zeigen, was für eine Institution die Gemeinde Riehen finanziell unterstützt. Was natürlich auch dazu führt, dass Leute weiterhin mit Begeisterung zu uns kommen und dann bisweilen enttäuscht sind, wenn wir ihre Kinder bei bestimmten Instrumenten auf eine Warteliste setzen müssen.

Claudia de Vries (* 1959) wurde im niederländischen Zeist geboren und wuchs in der Nähe von Utrecht auf. In Utrecht studierte sie die Hauptfächer Klavier mit Spezialisierung in Pädagogik sowie Musikwissenschaft. An der Universität Zürich promovierte sie mit einer Dissertation über die Pianistin Clara Schumann. Ab 1988 unterrichtete sie an der Musik-Akademie Basel Klavier, Pflichtfach Klavier und Klaviermethodik. Seit 2004 ist sie Leiterin der Musikschule Riehen.

Hat auch die Instrumenten-Vielfalt zugenommen?
Ja, heute sind es 14 statt 10 Instrumentalangebote. Das Fagott ist dazugekommen, die Viola, die E-Gitarre und das Jazzklavier. Im Ensemble-Angebot führen wir heute auch Band-Workshops: die Band ‹Rock & Co.› und die ‹Junior Band›; das läuft sehr gut. Bei der Eröffnung der Musikschule hatte man das Instrumenten-Angebot aufgrund einer Umfrage bestimmt. Damals gab es eine starke Vereinskultur in Riehen; aus diesem Grund beschloss man, gewisse Instrumente an der Musikschule auszuklammern wie zum Beispiel Posaune, Saxofon und Waldhorn. Diese Instrumente unterrichten wir bis heute nicht; das überlassen wir den Musikvereinen.

Für andere Instrumente, die wir nicht im Angebot haben, wie Harfe, Orgel oder Kontrabass, können Kinder und Jugendliche aus Riehen an die Musik-Akademie in Basel gehen. Das Haus Kleinbasel liegt am Wettsteinplatz mit Busverbindung nach Riehen. Das beliebteste Instrument ist immer noch das Klavier; es macht knapp ein Drittel des gesamten Lektionen-Volumens aus.

Haben Sie in Ihrer Zeit Veränderungen in der Beliebtheit gewisser Instrumente festgestellt?
Ja, aber das verläuft immer wellenartig. Einmal ist es die Querflöte, dann die Geige oder die Blockflöte.

Womit hat das zu tun?
Mit den gesellschaftlich bedingten Wahrnehmungen und Wertungen der Instrumente und mit dem natürlichen Wandel der Generationen. Als die Musikschule Riehen gegründet wurde, stand die Blockflöte hoch im Kurs – nicht nur, weil die Schola Cantorum Basiliensis für die Blockflöte, deren Praxis sowohl die Musik des Spätmittelalters bis zum Hochbarock als auch die Musik des 20. und 21. Jahrhunderts erschliesst, einen internationalen Ruf geniesst. Damals hiess es bei der älteren Generation noch: Zuerst musst du zwei Jahre Blockflöte spielen, dann darfst du ein anderes Instrument lernen.

Das hat sich geändert: Jetzt haben wir Eltern, die zwar einst bei uns unter eben jenen Bedingungen in den Musikunterricht gegangen sind, heute aber ganz anders denken. Sie finden zum Beispiel: Unser Kind fängt gleich mit Fagott an.

In den 1980er-Jahren gab es einen länger anhaltenden Querflöten-Boom, was vielleicht mit der Beliebtheit des Instruments dank des bekannten Flötisten James Galway zu tun gehabt haben mag. Dann ist es wieder die Geige, mit der zum Beispiel der Violinist David Garrett durch seine Interpretation von Popmusik ein breiteres Publikum erreichte. So kommt es immer wieder wellenartig zu einer Beliebtheit von gewissen Instrumenten. In der Nachfrage konstant geblieben sind eigentlich nur das Klavier, die Gitarre und das Schlagzeug.

Das Schlagzeug ist offensichtlich sehr beliebt, sonst hätte Edith Habraken in Riehen nicht ihre eigene Schule eröffnen können.
Absolut. Als die Musikschule Riehen seit den 1990er-Jahren nicht mehr namhaft wachsen konnte, kam es zur Gründung zweier weiterer Schulen: der Schlagzeug- und Marimbaschule Edith Habraken (SMEH) und der Musikschule ‹ton in ton›. Beide werden inzwischen ebenfalls von der Gemeinde unterstützt.

Wie eng ist der Kontakt zwischen diesen drei Schulen?
Wir haben schon gemeinsame Projekte durchgeführt – gerade über das Kulturbüro Riehen, das unter der Leitung von Wolfgang Graf seinen Fokus damals auf die Vernetzung der Musikschulen in der Gemeinde legte. Die Gemeinde ist jetzt daran – abgestützt auf Artikel 67a der Bundesverfassung –, ein Konzept zur Förderung des

ausserschulischen Musikunterrichts zu entwickeln; darin geht es um die Qualitätssicherung und die Vernetzung der verschiedenen Anbieter musikalischer Bildung in der Gemeinde. Ziel ist es, dass jedes Kind in der Gemeinde niederschwelligen Zugang zum Musikunterricht haben kann. Auch sollen für die Begabtenförderung zusätzliche Möglichkeiten geschaffen werden. Die Begabtenförderung wird in Riehen bisher nur von der Musikschule Riehen im Rahmen des Talentförderprogramms der Musik-Akademie abgedeckt.

Wie funktioniert das Zusammenspiel zwischen der Musikschule Basel und der Musikschule Riehen?
Wir sind faktisch eine einzige grosse Musikschule und stehen dadurch sehr im Austausch miteinander. Einige unserer fortgeschrittenen Schülerinnen und Schüler spielen mit in den Blasorchestern wie zum Beispiel ‹Windspiel›, in ‹First Symphony› oder vereinzelt auch bei den ‹Jungen Sinfonikern› der Musikschule Basel, sie singen in den weiterführenden Jugendchören und besuchen Blockflöten-Ensembles an der Schola Cantorum Basiliensis wie auch Band-Workshops am Jazzcampus.

Das aktuelle ‹Son & Lumière›-Projekt zum 40-Jahr-Jubiläum der Musikschule Riehen ist ein übergreifendes Projekt: In der für diesen besonderen Anlass an den Komponisten Hansjürgen Wäldele in Auftrag gegebenen Komposition wirken Schülerinnen und Schüler der Musikschule Riehen und Basel ebenso mit wie Schülerinnen und Schüler der Musikschule Jazz am Jazzcampus, des ‹Studio für Musik der Kulturen› der Musikschule Basel und der Musikschule der Schola Cantorum Basiliensis. Abgesehen davon bin ich Mitglied des Leitungsteams der Musik-Akademie Basel und alle Lehrpersonen der Musikschule Riehen sind in die Fachgruppen der Musik-Akademie eingebunden.

Heisst das, dass Lehrpersonen, die in Riehen arbeiten, auch in Basel unterrichten?
Einige Lehrpersonen unterrichten an beiden Schulen und haben damit auch zwei Arbeitsverträge der Musik-Akademie: einen mit der Musikschule Riehen und einen mit der Musikschule Basel. Denn es sind zwei verschiedene Trägerschaften. In Basel ist die Musik-Akademie vom Kanton subventioniert und in Riehen subventioniert die Gemeinde die Musikschule Riehen. Heute unterrichtet etwas mehr als die Hälfte der Lehrpersonen ausschliesslich an der Musikschule Riehen. Die andere Hälfte unterrichtet gleichzeitig auch an der Musikschule Basel.

Haben Sie Ideen für die Zukunft?
Es hat sich in den letzten zehn Jahren gezeigt, dass aufgrund der Tatsache, dass heute mehr Kinder die Tagesstrukturen an den Schulen besuchen, die Organisation des Musikunterrichts und des täglichen Übens für die Familien schwieriger geworden ist. Meine Vision ist daher eine der Musikschule angegliederte, musische Tagesstruktur. Musikalisch interessierte Kinder könnten in einem unmittelbar bei der Musikschule stehenden Gebäude ihre Hausaufgaben machen, üben, basteln, im Park spielen und mehrere musikalische Angebote besuchen – zum Beispiel ein Instrumentalfach, Ensemble-Unterricht, Chorsingen, Kindertanz oder Ohrenfitness. Und das an zwei oder drei Tagen pro Woche.

Und was ich auch ganz toll fände, wäre, in Riehen ein Familienorchester aufzubauen: Eltern, Kinder und Jugendliche, die in einem grossen Orchester zusammenspielen. Ein solches Projekt gibt es bereits in Hamburg. Ich könnte mir vorstellen, dass Riehen für ein ähnliches, etwas kleiner dimensioniertes Projekt ein ideales Pflaster wäre.

Auszubildende in der Schule für Praktische Krankenpflege, 1965.

Moosrain – wo die Diakonie zu Hause ist

THOMAS WIDMER-HUBER

Im Jahr 1919 eröffnete die Diakonissenanstalt Riehen das kurz nach dem Ersten Weltkrieg erbaute Haus Moosrain als «Pflegeanstalt für Alte und Gebrechliche». Das grosse Gebäude im Heimatstil hat eine eindrückliche, ungebrochene diakonische Geschichte. Seit 2010 beherbergt es ein Generationen verbindendes Gemeinschaftshaus mit diakonischem Auftrag.

Im Jahr 1852 gründete Christian Friedrich Spittler die Diakonissenanstalt Riehen. In den Statuten ist die Bestimmung formuliert: «Die Diakonissen-Anstalt zu Riehen bei Basel hat den Zweck, Diakonissen, d. h. Dienerinnen Jesu Christi, in Werken der barmherzigen Liebe zu bilden.»[1] Im Lauf der Jahrzehnte nahm die Zahl der Schwestern stetig zu. So konnten neben der Übernahme von auswärtigen Stationen verschiedene Institutionen in Riehen gegründet werden: im Jahr 1870 das Diakonissenspital (heutiges Mutterhaus), 1890 das sogenannte ‹Feierabendhaus› für betagte Schwestern, 1900 die Psychiatrische Klinik Sonnenhalde, 1907 das Diakonissenspital (heute Geistlich-diakonisches Zentrum).

«HAUS DER BARMHERZIGKEIT»: EINE GELDSPENDE DER SCHWESTERN GAB DEN ANSTOSS

Während die Industrialisierung in Basel den einen Wohlstand brachte in den Jahren vor dem Ausbruch des Ersten Weltkriegs, erhielt die Mehrzahl der Arbeitenden wenig Lohn und hatte vielfach mit gesundheitlichen Problemen zu kämpfen. Für sie war eine umfassende medizinische Versorgung nicht gewährleistet. Insbesondere für alte, gebrechliche Menschen gab es zu wenig Angebote. Im Basler Bürgerspital belegten chronisch Kranke oftmals während Wochen und Monaten Betten, die eigentlich für akut Kranke vorgesehen waren. Den Diakonissen war diese Situation bekannt. Sie betrieben in Riehen das kleine Alters- und Pflegeheim ‹Klösterli› und mussten Anmeldungen zur Dauerpflege wiederholt wegen Platzmangel abweisen.

Diese Notlage bewegte die Schwestern zum Handeln. Im Stillen sammelten 400 Diakonissen in ihren eigenen Reihen Mittel für ein Haus für chronisch Kranke. Am 11. November 1912, dem 60. Jahrestag der Gründung des Diakonissenhauses, überreichte die Schwesternschaft dem Komitee des Mutterhauses eine Gabe von 3000 Franken (das entspricht heute rund 31 000 Franken) als Grundstock zu «einem neuen Hause der Barmherzigkeit».[2]

Ein Jahr später beschloss das Mutterhaus-Komitee den Bau nach Plänen des Basler Architekten Karl Burckhardt (Firma Burckhardt Wenk & Cie.) mit veranschlagten Gesamtkosten von 300 000 Franken und startete im März 1914 einen Spendenaufruf an die Basler Bevölkerung: «Wir wollen ein Haus bauen für solche schwer Leidende oder Bejahrte, die weder in ihren Privatwohnungen bleiben, noch in den öffentlichen Spitälern dauernd verpflegt werden können. Wir wollen Männer und Frauen aufnehmen, Unterbemittelte und solche aus dem Mittelstand.»[3] Innert 36 Tagen

Pflegeanstalt Moosrain, Ansichtskarte 1936.

Essraum im 2. Obergeschoss, 1919.

kamen bereits 105 000 Franken an Spenden zusammen. Der Baubeginn war im Herbst 1914 geplant. Neben dem Kriegsausbruch führte aber vor allem die Einsprache eines Nachbarn gegen das provisorische Baubegehren zu grossen Verzögerungen. Aufgrund seiner Klage vor dem Basler Gericht wurden die Pläne überarbeitet: keine Patientenzimmer mehr auf der Seite seines angrenzenden Grundstücks, eine Mauer um die ganze Parzelle. Eine weitere Klage mit dem Ziel, den Bau ganz zu verhindern, wies das Bundesgericht im Oktober 1916 ab[4] und ermöglichte damit am 15. Januar 1917 den Spatenstich. Kriegsbedingte Probleme bei der Materialbeschaffung, Arbeitermangel und Inflation erschwerten und verteuerten den Bau. Umso mehr freuten sich die für dieses «Kriegs- und Sorgenkind» Verantwortlichen, dass sie mit der Pflegeanstalt Moosrain «imstande sind, etwa 50 betagten und leidenden Menschen Hilfe zu bringen».[5]

Beim Weihefest am 16. Februar 1919 sagte Gustav Gengenbach-Gysin, Kassier der Diakonissenanstalt und Präsident des Moosrain-Komitees, das Diakonissen-Komitee sei den Wünschen und Bitten der Schwestern nachgekommen und habe beschlossen, ein «Haus der Barmherzigkeit» zu bauen. Und Pfarrer August Schultze schloss seine Festpredigt mit der Aufforderung von Jesus (Lukas 6,36): «Seid barmherzig, wie auch euer Vater im Himmel barmherzig ist», und der Zweckbestimmung: «Dieses Haus soll eine Stätte der Barmherzigkeit werden um der Barmherzigkeit Gottes Willen. Amen.»[6] Über die anschliessende Besichtigung weiss der Chronist zu berichten: «Am Dienstag Mittag war hierauf die Besichtigung durch das Publikum, das in hellen Scharen kam, so dass zeitweise die Leute sich in den Gängen stauten und es fast nicht mehr möglich war, durchzukommen.»[7]

Eine knappe Woche nach der Eröffnung wurde die erste Person aufgenommen. Die abgekürzt ‹der Moosrain› genannte Pflegeanstalt war «schon nach wenigen Wochen bis auf den letzten Platz gefüllt».[8] Bis 1944 lebten hier 866 Männer und Frauen. 463 davon konnten nach einem kürzeren oder längeren Aufenthalt wieder heimkehren, andere starben.[9]

Liebevolle Zuwendung in der Alterspflege, 1963.

«GANZHEITLICHE PFLEGE»: PRAKTISCHE AUSBILDUNG IN DER PFLEGEANSTALT

Vierzig Jahre nach der Eröffnung bewiesen die Schwestern mit der Gründung einer Krankenpflege-Ausbildung im Moosrain 1958 erneut Pioniergeist. In den 1950er-Jahren gab es zwar Krankenschwestern, es mangelte jedoch an Pflegepersonal. Die Diakonissen konnten mit der Schule für Praktische Krankenpflege viele eher praktisch begabte junge Frauen für die Pflege gewinnen. Schwester Frieda Uhlmann trug die Hauptverantwortung für den Aufbau der Schule. Das Modell wurde später vielerorts übernommen. Die Ausbildung wurde vom Schweizerischen Roten Kreuz anerkannt und 1972 in das Thurgauer Kantonsspital Münsterlingen verlegt.

Nach über 50 Jahren als Pflegeheim führte die Schwesternschaft das Haus im Jahr 1972 einem neuen Verwendungszweck zu. Der Moosrain wurde zum Altersheim umgestaltet und diente bis 1990 als ‹Feierabendhaus› für Diakonissen und langjährige Mitarbeiterinnen.

Nach einer Zwischennutzung durch das Basler Alters- und Pflegeheim Marthastift brauchte das Diakonissenhaus

Schwester Anni Würzer erinnert sich an die Krankenpflege-Ausbildung

«Voll Spannung auf das Neue, das mich erwartete, begann ich 1967 die Ausbildung, die damals eineinhalb Jahre dauerte. Unser Kurs begann mit 10 Schülerinnen; wir wohnten intern. Schwester Marie Mangold kochte in der hauseigenen Küche für alle: Patienten, Mitarbeiterinnen, Schülerinnen, Schulschwestern und die im Westflügel wohnenden Feierabendschwestern. Unsere Einführungs-Schulwochen begannen wir am 25. April – zum ersten Mal bekleidet mit der blauen Arbeitstracht, weisser Schürze und Haube. Wir alle präsentierten uns recht hübsch! Für den ersten Einsatz bei den Patienten hiess es zunächst einmal, ein Krankenbett richtig einzubetten. Wir staunten, was es da alles brauchte! Die Zimmer hatten zum Teil kein fliessendes Wasser; es musste im Korridor oder Ausguss geholt werden. Die Reinigung der Patientenzimmer gehörte damals zur Aufgabe der Pflegerin. Der wunderschöne Garten wurde rege benutzt für unsere Patienten. In Rollstühlen und alten Liegebetten schoben wir sie hinaus. Manch schönes Fest haben wir dort draussen gefeiert! Mit grossem Engagement führten uns die drei Schulschwestern hin zur ganzheitlichen Pflege der Patienten, was unser ganzes weiteres Berufsleben prägte. Eine besondere Atmosphäre herrschte am Tag der Abschlussprüfung, mit dem Höhepunkt der Überreichung der schönen Brosche nach bestandenem Examen! Meine Hotellaufbahn vertauschte ich so mit dem Dienst am kranken Menschen anstelle vom Gesunden und bekam diesen Beruf sehr lieb.»[10]

Kinder-Weihnachtsmusical im Übergangszentrum für Asylsuchende, 1995.

Moosrain-Garten am Eröffnungsfest des Gemeinschaftshauses, 20. Oktober 2012.

den Moosrain nicht mehr für den Eigenbedarf. Dieser Umstand schuf Raum für neue Perspektiven.

«ERHOFFTE HEIMAT»: TEMPORÄRES HEIM FÜR ASYLSUCHENDE

Ab Oktober 1991 führte die Gemeinde Riehen den Moosrain im Auftrag des Kantons als Übergangszentrum für bis zu 50 Asylsuchende. Das Diakonissenhaus betrieb das Heim mit einem Tagesteam und sieben Theologiestudenten, die den Nachtwachedienst übernahmen. Im zweiten Obergeschoss wohnten mehrere Diakonissen. Sie hatten keinen Betreuungsauftrag, waren aber dennoch präsent, spielten mit den Kindern und waren für die Frauen da.[11] «Viele hundert Menschen aus über 40 Nationen, unterschiedlichen Kulturen, mit fremden Sprachen und Religionen durchliefen ihre erste Phase in der für viele erhofften Heimat», schrieb der langjährige Leiter Beat Nydegger im Rückblick. Das Zentrum habe Deutschkurse, ein Beschäftigungsprogramm und weitere Integrationsangebote geschaffen: «Gemeinsam mit der politischen Gemeinde und dem Kindergarten- und Schulwesen von Riehen konnten wir eine gute Förderungs-Struktur für Kinder und Jugendliche schaffen.» Die 24-Stunden-Präsenz des Betreuungspersonals habe dazu beigetragen, dass auch bei vollem Haus «Spannungen, Missverständnisse, Sorgen und Probleme aufgefangen werden konnten».[12] Weil der Kanton Basel-Stadt das Asylwesen in der Stadt zusammenführen wollte, beendete er nach 14 Jahren die Zusammenarbeit mit Riehen und dem Diakonissenhaus. Beat Nydegger formulierte 2005 folgendes Schlusswort: «Das Diakonissenhaus hat im Asylwesen zusammen mit der Gemeinde Riehen Geschichte geschrieben, auf die man stolz sein kann. Es bleiben gute Erinnerungen, die man offen und transparent darlegen darf. Gott sei Dank!»[13]

«VOM HEIM ZUM DAHEIM»: GEMEINSCHAFTLICHER LEBENSRAUM

Wie soll es mit dem Haus weitergehen? Diese Frage beschäftigte die Schwesternschaft über Jahre. Ein Protokoll des Schwesternrats hält die neue Ausrichtung aber bereits 2005 fest: «Im Moosrain soll eine kommunitäre Zelle mit Familien (Ehepaaren), Einzelpersonen und

Moosrain von Süden, 2019.

Schwestern das Haus prägen. Dieser von christlichen Werten geprägte Lebensraum ist als Haus der Hoffnung ein Angebot für Menschen unserer Zeit: alleinerziehende Elternteile mit Kindern, Einübung von Familie, Ort der Reflexion, Familien- und Ehearbeit.»[14]
Nach Zwischennutzungen durch ‹Feierabendschwestern› und die Psychiatrische Klinik Sonnenhalde (2006–2009) fanden Thomas und Irene Widmer-Huber als Mitarbeitende des Vereins Offene Tür – der Namenszusatz lautet: christlicher Verein für Lebenshilfe – hier eine besser geeignete Liegenschaft für die Entwicklung ihrer Arbeit. Sie leiten seit 2000 die ‹Diakonische Gemeinschaft Ensemble› im ‹Fischerhus› und seit 2007 zudem die Fachstelle Gemeinschaftliches Leben. Mit dem für diesen Zweck neu gegründeten Verein mit dem offiziellen Namen ‹Glaubens-, Lebens- und Dienstgemeinschaft Moosrain› konnten sie die Liegenschaft 2010 im Baurecht übernehmen und in ein Mehrfamilienhaus mit 13 unterschiedlich grossen Wohnungen, zwei Gästezimmern, einer Hauskapelle und diversen Gemeinschaftsräumen umbauen.[15] In der Vereinsbroschüre der ‹Lebensgemeinschaft Moosrain› werden

Moosrain im Lauf der Zeit

1919–1972	Pflegeheim
1958–1972	Schule für Praktische Krankenpflege
1972–1990	Altersheim für Diakonissen und langjährige Mitarbeiterinnen (‹Feierabendhaus›)
1990/91	Zwischennutzung durch das Alters-und Pflegeheim Marthastift Basel
1991–2005	kantonales Übergangszentrum für Asylsuchende
2005–2009	Zwischennutzung durch ‹Feierabendschwestern› und Psychiatrische Klinik Sonnenhalde Riehen
2010	Umbau zum Mehrfamilienhaus durch den Verein Lebensgemeinschaft Moosrain
SEIT 2010	Generationen verbindendes Gemeinschaftshaus mit diakonischem Auftrag

100-Jahr-Feier am 23. August 2019 in der Hauskapelle: Der Vorstand des Trägervereins Lebensgemeinschaft Moosrain – (von links) Irene und Thomas Widmer-Huber, Andreas und Renate Morgenthaler, Schwester Doris Kellerhals und Corinne Hürzeler – freuen sich über die Jubiläumstorte.

Absicht und Vision erläutert: Die Geschichte des Hauses «soll im Geiste der Diakonie und der Kommunität Diakonissenhaus Riehen eine würdige Fortsetzung finden». Der Moosrain solle «ein Beispiel sein für integratives Wohnen: Familien und Singles machen sich gemeinsam auf den Weg. ‹Gesunde› leben unter einem Dach mit Menschen, die auf Hilfe angewiesen sind.» Dabei würden die ‹Stärkeren› Diakonie[16] an sich durch ‹Schwächere› erfahren, die ihren Beitrag nach Kräften leisteten. So entstehe «ein neuer Lebensraum mit Möglichkeiten zum gemeinsamen Engagement».[17]

Mit dem Umzug vom ‹Fischerhus› in den Moosrain transferierte der Verein Offene Tür die ‹Diakonische Gemeinschaft Ensemble› und damit vier Wohnplätze für Personen mit psychischen Leiden, die Fachstelle Gemeinschaftliches Leben und das Sekretariat in das umgebaute Haus. Die beiden Feiertage zur Eröffnung des Gemeinschaftshauses stiessen mit rund 600 Besuchenden auf reges Interesse.[18] Im Jahr 2014 entstand unter der Leitung von David und Delin Brander das Anbetungs- und Gebetsprojekt ‹24 Karat›. Zwei Jahre später startete der Verein Lebensgemeinschaft Moosrain mit einer Zweizimmer-Notwohnung das ‹Schwalbenäscht› für Menschen in anspruchsvollen Lebenssituationen, die vorübergehend ein Zuhause und nach Bedarf Begleitung suchen. Durch Buchpublikationen, Beiträge in Medien, diverse Beratungsangebote und Seminare der Fachstelle Gemeinschaftliches Leben (seit 2019 Fachstelle Gemeinschaft) baute das Haus seither seine Ausstrahlung in den deutschen Sprachraum auf.

«HAUS DER BARMHERZIGKEIT UND HOFFNUNG»: AUCH IN ZUKUNFT

An der Jubiläumsfeier «100 Jahre Moosrain» am 23. August 2019 führte Guido Vogel, Vizepräsident der Gemeinde, in seinem Grusswort aus, wie viel das Haus in seiner langen Geschichte zum Wohle Riehens beigetragen habe. Die aktuelle Hausgemeinschaft von Jung und Alt habe eine gute Ausstrahlung und sei ein Vorbild für andere.[19] Nach Liedern zum Dank an Gott führte Schwester Doris Kellerhals, Oberin der Kommunität Diakonissenhaus, in ihrer Predigt aus, dass Jesus Gottes Barmherzigkeit in Klarheit verkörpere und sein Herz für die Menschen

Generationen verbindendes Gemeinschaftshaus mit diakonischem Auftrag seit 2010

Im Juli 2020 leben rund 40 Personen im Alter zwischen 6 Monaten und 75 Jahren im Generationen verbindenden Gemeinschaftshaus (www.moosrain.net). In Kooperation mit dem Verein Offene Tür und der Behindertenhilfe Basel-Stadt werden einzelne Personen mit psychischen Leiden integriert und gefördert. Ausserdem steht für Menschen in anspruchsvollen Lebenssituationen eine Zweizimmer-Notwohnung für einen vorübergehenden Aufenthalt bereit. Die Gebets- und Anbetungsbewegung ‹24 Karat› bietet in der Hauskapelle öffentliche Gebetszeiten an und via Fachstelle Gemeinschaft fördern Thomas und Irene Widmer-Huber die Multiplikation von attraktiven Gemeinschaftsformen (www.offenetuer.ch).

geöffnet habe. Pfarrer Thomas Widmer-Huber, Präsident des Vereins Lebensgemeinschaft Moosrain, sprach den Wunsch aus, «dass der Moosrain ein Ort der Barmherzigkeit und Hoffnung bleibt – ein Haus, aus welchem Gottes Licht in unsere Gesellschaft strahlt.» Irene Widmer-Huber, Koordinatorin des Gemeinschaftshauses, stellte an einem Beispiel aus der Praxis dar, wie sich die Nöte in einer individualistisch geprägten und sich schnell wandelnden Gesellschaft ausdrücken, und wünschte sich, dass der Moosrain auch in Zukunft seinen Beitrag zum Wohl der Menschen leisten kann.[20]

---

1 Statuten Diakonissen-Anstalt Riehen, Art. 1. Archiv Diakonissenhaus Riehen.
2 Diakonissenbote aus Riehen 89, 1914, S. 2.
3 Aufruf zur Gründung einer Pflegeanstalt für chronisch Leidende und Unheilbare, Basel und Riehen 1914, S. 2. Archiv Diakonissenhaus Riehen.
4 Vgl. National-Zeitung, 21.10.1916, betreffend Urteil BGE 42 II 446.
5 Jahresbericht der Diakonissenanstalt zu Riehen 1919, S. 9f. Archiv Diakonissenhaus Riehen.
6 Diakonissenbote aus Riehen 119, 1919.
7 Ebd.
8 Jahresbericht Diakonissenanstalt 1919, S. 11. Archiv Diakonissenhaus Riehen.
9 Vgl. die anlässlich des 25-Jahr-Jubiläums erhobenen statistischen Angaben in Doris Kellerhals et al. (Hg.): Zeichen der Hoffnung: Schwesterngemeinschaft unterwegs, Basel 2002, S. 216.
10 Kommunität Diakonissenhaus aktuell, Juni 2010, S. 4f.
11 Arlette Schnyder: Kleine Geschichte des Riehener Asylwesens, in: z'Rieche 2013, S. 60.
12 Kommunität Diakonissenhaus aktuell, Juni 2010, S. 6.
13 Jahresbericht Kommunität Diakonissenhaus Riehen 2005, S. 61. Archiv Diakonissenhaus Riehen. Vgl. dazu auch Schnyder, Riehener Asylwesen, S. 55–61.
14 Protokoll des Schwesternrats vom 10. Januar 2005, zitiert von Oberin Doris Kellerhals in: Jahresbericht Kommunität Diakonissenhaus Riehen 2010, S. 23. Archiv Diakonissenhaus Riehen.
15 Vgl. Moosrain wird vom Heim zum Daheim, in: Riehener Zeitung, 15.10.2010, S. 10.
16 Diakonia (altgriechisch): Dienst. Alle Aspekte des Dienstes am Menschen im kirchlichen Rahmen, Übung von Nächstenliebe.
17 Lebensgemeinschaft Moosrain: Gemeinschaftshaus Moosrain. Unterwegs zu einem neuen diakonischen Wohnmodell in Riehen, Riehen 2010, S. 3.
18 Thomas Widmer-Huber: Neues soziales Wohnmodell gestartet, in: Riehener Zeitung, 26.10.2012, S. 2.
19 Thomas Widmer-Huber: Viel zum Wohl der Gemeinde Riehen beigetragen, in: Riehener Zeitung, 30.08.2019, S. 11.
20 Ebd.

Gabrielle Alioth lebt in Irland und der Schweiz. Hin und wieder kehrt sie an ihren Heimatort Riehen zurück.

Grenzgängerin zwischen Erinnerung und wahrer Fiktion
MICHÈLE FALLER

Gabrielle Alioth wurde mit dem Kulturpreis der Gemeinde Riehen 2019 geehrt. Die Autorin ist in Irland zu Hause, kehrt aber schreibend immer wieder in ihre Heimat Riehen zurück.

Sie kommt von Irland, ist unterwegs nach Salzburg und macht in Zürich halt. Sie hat bereits zehn Romane veröffentlicht, der elfte ist in Arbeit, aber auch Reiseführer, Kinderbücher, Theaterstücke und einen Lyrikband auf Englisch. Sie war auf Lesereise in Kanada oder im Iran und ‹Writer in Residence› an der University of Southern California in Los Angeles. Und nun strahlt sie mit der Sommersonne, die durchs Caféfenster scheint, um die Wette. Der Grund ist ein Preis, der aus Riehen kommt.

EIN PREIS, DER VOM HIMMEL FÄLLT
«Das ist ein sehr spezieller Preis für mich», sagt Gabrielle Alioth, Kulturpreisträgerin der Gemeinde Riehen für das Jahr 2019. Zum einen, da man sich nicht – wie sonst oft im literarischen Bereich – darum bewerbe. «Er fällt ein bisschen vom Himmel.» Verstärkt habe den totalen Überraschungseffekt die Corona-Situation. Seit drei Monaten sass sie quasi in ihrem Haus in Irland fest und als sie gerade am Unkrautjäten war, klingelte das Telefon. Sie nahm den Anruf an, das dreckige Schäufelchen noch in der Hand, und erhielt die gute Nachricht von Herbert Matthys, dem Präsidenten der Jury für den Kulturpreis. Doch besonders schätzt die Geehrte an der schönen Überraschung, dass die Auszeichnung aus Riehen kommt. «Dort anerkannt und wahrgenommen zu werden, wo man herkommt, ist etwas sehr Spezielles.»
Gabrielle Alioth wurde 1955 in Basel geboren, wuchs im Niederholzquartier in Riehen auf und wurde bereits 1991 für ihren ersten Roman ‹Der Narr› mit dem Mara-Cassens-Preis ausgezeichnet. Nach dem Studium der Wirtschaftswissenschaft, Kunstgeschichte und Philosophie in Basel und Salzburg zog sie 1984 nach Irland, wo sie als

Gabrielle Alioth liest in der Arena aus ihrem Buch ‹Die entwendete Handschrift›, 14. Februar 2017.

Journalistin und Übersetzerin tätig war und seit 1990 als freie Schriftstellerin arbeitet. Seit zehn Jahren lebt sie in Termonfeckin nördlich von Dublin, unterrichtet aber auch im Institut Design & Kunst der Hochschule Luzern und gibt Schreibkurse am Literaturhaus Basel und der Volkshochschule beider Basel. Ausserdem war sie von 2017 bis 2020 Mitglied der Programmkommission der Solothurner Literaturtage.

Ende Juni 2020 wurde sie mit dem mit 15 000 Franken dotierten Kulturpreis der Gemeinde Riehen ausgezeichnet. Die feierliche Preisverleihung ist pandemiebedingt auf den Herbst verschoben. «Gabrielle Alioth zeichnet sich durch ein reiches Schaffen in sehr unterschiedlichen Bereichen innerhalb der Literatur aus und hat auch über die Region hinaus Bedeutung erlangt», sagt Herbert Matthys, Präsident der Jury für den Kulturpreis Riehen.

Ausserdem habe sie einen ganz besonderen Schreibstil, der die reale und die persönlich wahrgenommene Welt miteinander verflechte. Alioth erhalte die Auszeichnung für ihre bemerkenswerten kulturellen Leistungen insgesamt, was angesichts des bisherigen Werkes der Autorin naheliegt.

Voller Freude berichtet die freundliche Frau mit dem aufmerksamen Blick von Lesereisen, Gastreferaten und Schreibaufenthalten an verschiedenen Orten in Europa und der ganzen Welt sowie ihrer Wahlheimat Irland – und von der Arena Literaturinitiative in Riehen, wo sie immer wieder lesen und mit dem Publikum diskutieren durfte. Sie betont die Wichtigkeit von Riehen als Heimat für sich als Person und als Schriftstellerin – was im Prinzip ein und dasselbe ist. In Riehen habe sie schliesslich die ersten 24 Jahre ihres Lebens verbracht, wenn auch als

«Randriehenerin». Als sie ihren späteren Mann kennenlernte, habe sie Einblick in den Basler ‹Daig› erhalten und sei immer mal wieder gefragt worden, woher sie komme. «Oh, aus Riehen!», war dann die entzückte Reaktion. «Sie dachten wohl eher an die Umgebung des Wenkenhofs als an den Bluttrainweg.» Alioth schmunzelt und lässt doch keinen Zweifel darüber aufkommen, wie wichtig das Zuhause in Riehen für die ganze Familie war. Das Einfamilienhäuschen konnte ihr Vater, Buchhalter bei der Firma Geigy, dank des Engagements des Unternehmens für seine Angestellten kaufen und es sei stets eine grosse Sache geblieben. Während die älteren Schwestern noch an der Vogesenstrasse in Basel aufwuchsen, hatte das Nesthäkchen den Luxus eines eigenen Gartens.

Ihre Kindheit am Bluttrainweg schilderte Gabrielle Alioth bereits im ‹Jahrbuch z'Rieche 2016›, wobei sie den Wohnort der Vergangenheit rundheraus als Paradies bezeichnete. Natürlich mit Vorbehalten, die jedem Paradies aus Kindertagen innewohnen und mit der gefährlichen Kiesgrube und unheilvollen Geburtstagsfesten zusammenhängen.

«Mit 20 wollte ich dann Riehenerin werden», berichtet die heute 65-Jährige, die von ihren Schaffhauser Eltern das Zürcher Bürgerrecht geerbt hatte. Sie war die einzige der Familie, die das wollte, und sie bekam es auch. «Ich dachte, Riehen hat auf mich gewartet», erinnert sich Alioth amüsiert. Mit jugendlichem Selbstbewusstsein sei sie gänzlich unvorbereitet beim Einbürgerungsgespräch erschienen. «Ich hatte politisch null Ahnung und auf keine der Fragen eine Antwort, doch der Bürgerrat drückte ein Auge zu. Ich wurde also Riehenerin und fand es sehr toll.» Wenigstens für ein paar Jahre, bis sie einen Basler heiratete und Baslerin wurde.

SUCHE NACH DEM FREMDEN

Nach Irland kam Gabrielle Alioth eher zufällig. «Es hat sich ergeben», erklärt sie. Geplant war damals ein zweijähriger Auslandaufenthalt. Sie und ihr Mann hatten sich für Irland entschieden, da es sich von allen europäischen Ländern am meisten von der Schweiz unterschied. «Die Erfahrung war zu 100 Prozent positiv», stellt sie aufgeräumt fest. «Es war leicht, schön und ich habe viel gelernt. Über das Land, aber noch mehr über mich selber.» Insbesondere darüber, was man als selbstverständlich betrachte – etwa ein Bus, der pünktlich fahre. Diese positive Konfrontation mit dem Fremden habe sie dazu ermuntert, weiterzugehen. Der nächste Sprung waren die drei Monate Los Angeles 1997, wo sie mit 42 Jahren zum ersten Mal allein lebte. Noch heute schüttelt sie darüber ungläubig den Kopf und fasst die guten Erfahrungen zusammen: «Woanders kann man sich neu definieren. Da weiss niemand, wo man herkommt, wo der Bluttrainweg ist, dass die Kiesgrube grad nebenan lag und dass man die Frau von Alioth ist.»

Als die Ehe auseinanderging, reiste sie noch mehr, wollte aber nicht für den Rest ihres Lebens in einer Wohnung in Zürich leben, die vor allem als Stützpunkt diente. Da tauchte Irland wieder auf und dank der Baukrise im Herbst 2010 konnte sie sich dort ein Haus kaufen. Ihr Partner und der Job sind aber in der Schweiz. Besonders geniesse sie ihre Arbeit an der Hochschule Luzern – Design & Kunst. Sie habe selber keine Kinder und empfinde es als riesige Bereicherung, sich mit jungen Leuten auseinanderzusetzen. Das journalistische Schreiben möge sie auch sehr, weil man da immer wieder Leute kennenlerne, die man sonst nicht kennenlernen würde. Gabrielle Alioth ist also weiterhin unterwegs, stellt aber klar: «Natürlich begreift man anderswo besser, wer man selber ist. Man ist aber immer noch das, was man meint, dass es andere in einem sehen.» Doch was, wenn man allein sei, wenn der Empfänger und damit der Spiegel wegfalle? Sie hält kurz inne und lächelt dann beinahe entschuldigend. «Ich habe keine Antwort darauf!» Ansonsten hält die Autorin massenhaft Antworten bereit, auch auf noch unausgesprochene Fragen. Auf der Website von Gabrielle Alioth blickt man als erstes auf eine Passage aus ‹Der Narr›, in der es darum geht, wie sich Geschichten beim Erzählen immer wieder verändern: «Nicht das, was wahr ist und richtig, überdauert die Zeit, sondern das, was sich in unserer Erinnerung eingeprägt hat von unseren Träumen und Wünschen und von dem, was geschah.» Erst eine ganze Weile nachdem die Autorin die Zeilen geschrieben hatte, sei ihr bewusst geworden, dass es ihr genau darum gehe: Man erklärt sich die Gegenwart, indem man die Vergangenheit neu interpretiert. Deshalb ihre Vorliebe für das, was unter dem Genre ‹historischer Roman› läuft. Es gehe nicht wirklich darum, die historische Zeit zu beschreiben, auch wenn die Kleider und die ganze Ästhetik des Mittelalters toll seien. «Es ist nicht so wichtig, ob die Geschichte wahr ist – die Erinnerung ist sowieso eine Täuschung –, sondern es geht um die Wahrnehmung: Man nimmt sich eine Wahrheit und weiss, dass es nicht nur eine gibt.»

ERINNERUNGEN WIE GEMALT

Geschichten nahmen im Leben von Gabrielle Alioth schon immer einen wichtigen Stellenwert ein. Von den unzähligen Büchern, die ihr die Mutter vorlas, bis zu den Aufsätzen, die sie dann am Gymnasium schrieb, wo sie das Glück hatte, von der Deutschlehrerin gefördert zu werden. «Wenn ich im Lotto gewinne, schreibe ich ein Buch», habe sie damals als Schülerin gesagt. Im Lotto hat sie zwar nicht gewonnen, doch irgendwann habe sie begriffen, dass Schreiben das sei, was sie am liebsten mache. Aber es sei auch eine Sucht. Sie lebe, um zu schreiben – und umgekehrt. «Es ist das, was ich bin. Und ich würde genauso verbissen schreiben, wenn meine Bücher nicht publiziert würden.» Da ist keinerlei Koketterie dabei und tatsächlich fügt die Schriftstellerin sogleich an, dass sie es toll finde, wenn es andere auch interessiere. Aber es sei nicht wesentlich. Was sie immer wieder an den Schreibtisch ziehe, sei die etwa fünf Prozent der ganzen Schreibarbeit ausmachende Gewissheit, eine Erinnerung so formuliert zu haben, dass sie im Herzen stimme, festgehalten wie ein Bild. «Das ist das beste Gefühl der Welt!» Um Erinnerungen geht es auch im Roman mit dem Arbeitstitel ‹Die Überlebenden›, der nächstes Jahr erscheint. In ‹Die entwendete Handschrift› habe sie ja ihre Erfahrungen mit dem Basler ‹Daig› und insofern die Familie ihres Ex-Mannes behandelt und nun sei – nach einem Abstecher ins 7. Jahrhundert zum Namensstifter St. Gallens mit ‹Gallus, der Fremde› – fairerweise ihre eigene Familie dran. Wo auch nicht alles immer in bester Ordnung gewesen sei, fügt Gabrielle Alioth an. Was trägt man weiter aus der eigenen Familie, abgesehen von den Genen? Welche Prägungen und Verhaltensweisen? Mit welchen Möglichkeiten und Perspektiven wächst man auf? Diese Fragen hätten sie bei der Arbeit am aktuellen Buch beschäftigt. Es geht um die Familie der Mutter: um eine ihrer Schwestern, die in Schaffhausen den Zweiten Weltkrieg erlebte, um einen Cousin, der – in die USA ausgewandert – am Vietnamkrieg teilnahm. Das Ende der Geschichte ist in Riehen angesiedelt und behandelt das Thema Kindsein, Aufwachsen im Häuschen bis zum Verkauf desselben, als die demente Mutter ins Heim umzieht. Also die eigene Geschichte der Autorin – auf die Riehen doch gewartet hat.

Gabrielle Alioth im Bahnhof Niederholz, 17. September 2020.
Die Autorin verbrachte ihre Kindheit und Jugend in diesem Quartier.

Kinder der TVR-Jugendriege an der Übergabefeier des Sportpreises des Gemeinde Riehen auf dem Sportplatz Grendelmatte mit Gemeinderätin Christine Kaufmann und TVR-Präsident Mario Arnold (3. Reihe rechts), 2. September 2020.

Bewegung als Grundlage fürs Leben
ROLF SPRIESSLER

Die Jugendriege des Turnvereins Riehen gewann an den Eidgenössischen Turnfesten 2013 in Biel / Magglingen und 2019 in Aarau jeweils den Dreiteiligen Vereinswettkampf – nicht der einzige Grund, weshalb sie mit dem Sportpreis der Gemeinde Riehen für das Jahr 2019 ausgezeichnet wurde.

Seit Jahrzehnten ist der Turnverein Riehen (TVR) für seine erfolgreiche Jugendarbeit bekannt. Die jungen Sportlerinnen und Sportler beteiligen sich jeweils in grosser Zahl an Schüler-Mehrkämpfen draussen und in der Halle, an kantonalen Leichtathletikmeisterschaften, Sport- und Spieltagen des Kantonalturnverbands, am Staffellauf ‹Quer durch Basel› und vielem mehr. Dabei steht jeweils nicht nur der sportliche Erfolg im Zentrum, sondern auch die Beteiligung – alle, die regelmässig am Trainingsbetrieb teilnehmen, sollen unabhängig von ihrem Leistungsvermögen die verschiedenen Startmöglichkeiten wahrnehmen dürfen. Der Teamgedanke wird hochgehalten, und das zeigt sich auch im Umgang der Kinder und Jugendlichen miteinander. Nicht umsonst betonten sowohl Alex Stricker als auch Samia Brodmann die gute Kameradschaft als Hauptgrund, weshalb sie gerade in der Jugendriege des Turnvereins Riehen ihrem Hobby nachgehen, als sie im Rahmen der Laudatio zur Verleihung des Riehener Sportpreises dem Laudator auf der Bühne ein kurzes Interview gaben.

Diese Bühne stand diesmal an einem ungewöhnlichen Ort. Aufgrund der Corona-Krise fand die Übergabefeier für den Sportpreis der Gemeinde Riehen erst am 2. September 2020 statt, und dies ausserdem erstmals unter freiem Himmel, nämlich auf dem Sportplatz Grendelmatte.

TURNFESTSIEGE IN BIEL / MAGGLINGEN UND AARAU

Der Hauptanlass, weshalb die siebenköpfige Jury die Jugendriege des TV Riehen (kurz ‹Jugi› genannt) als Sportpreisträgerin gerade zu diesem Zeitpunkt vorschlug, war deren Sieg am Eidgenössischen Turnfest 2019 in Aarau im Dreiteiligen Vereinswettkampf. Schon 2013 in Biel / Magglingen hatte die TVR-Jugendriege den Turnfestsieg in der höchsten Stärkeklasse geholt. ‹Höchste Stärkeklasse› bedeutet, dass in allen drei Wettkampfteilen zusammen 105 Starts erfolgen müssen, also im Durchschnitt 35 pro Wettkampfteil. Der TV Riehen setzte in zwei Teams insgesamt 90 Kinder und Jugendliche (bis U18) ein und erreichte mit dem ersten Team sagenhafte 29,97 von 30 möglichen Punkten, während das zweite Team unter 141 Riegen ausserdem den guten 41. Platz belegte.

Innerhalb der Delegation wurde aber nicht nach Teams unterschieden – als Turnfestsiegerinnen und -sieger durften sich also alle fühlen, die am Fest in Aarau teilgenommen hatten. «Unsere Erfolge an den Turnfesten sind auch deshalb so wertvoll, weil sie nur möglich waren dank einer grossen Breite», freute sich der aktuelle Jugendriege-Chefleiter Fabian Benkler, der in Aarau auf die grosse Unterstützung seines Vorgängers Matthias Müller hatte zählen

Porträt der Jugendriege im Jahr 1932 mit dem
1. Leiter Fritz Maier und dem 2. Leiter Ernst Häner
(vorne Mitte links und rechts).

dürfen, der die Jugi 2013 zum Erfolg geführt hatte. Solche Anlässe stärkten ausserdem den Zusammenhalt unter den Jugendlichen ungemein, stellte Benkler zudem fest.

Mit ihrem Entscheid für die TVR-Jugendriege wollte die Sportpreis-Jury nicht nur die siegreichen Jugendlichen auszeichnen: Der Preis sei auch als Anerkennung aller Helferinnen und Helfer, Leiterinnen und Leiter gedacht, die den Betrieb einer solch grossen Jugendabteilung überhaupt erst möglich machten, und würdige den Verein insgesamt für seine Jugendarbeit. Und mitgemeint seien explizit auch jene Jugendlichen der Altersklassen U16 und U18, die streng genommen nicht mehr zur Jugendriege gehörten. Diese umfasst eigentlich nur die klassischen Schülerinnen- und Schülerkategorien bis U14. Beim Jugendwettkampf an einem Turnfest sind aber die Altersklassen bis und mit U18 startberechtigt, und die waren beim TV Riehen in Aarau auch kräftig und prominent vertreten. Etliche Jugendwettkampfteilnehmende waren am zweiten Festwochenende auch mit der TVR-Delegation am Dreiteiligen Vereinswettkampf der Erwachsenen im Einsatz. Die Jugi-Turnfestsiegerinnen Alexia Groh, Annik Kähli und Norina Sankieme holten sich zusammen mit Céline Niederberger als Viererteam Bronze im Leichtathletik-Mannschaftsmehrkampf.

STEINIGER WEG BIS ZUM DAUERHAFTEN ERFOLG

In seinen Anfangsjahren hatte sich der TV Riehen etwas schwergetan mit der Jugendförderung im Sinne einer eigentlichen Jugendriege. Zwar setzte sich Hans Gasser, der kurz nach der Jahrhundertwende eine Zeitlang als Oberturner amtete, schon in den ersten Jahren des 20. Jahrhunderts an einer Vereinsversammlung für die Gründung einer Jugendriege ein – allerdings vergeblich, wie er als Autor der Festschrift zum 50-Jahr-Vereinsjubiläum 1932 schreibt. Am 5. Juli 1913 fand dann die «erste Turnstunde» einer Jugendriege statt, die von 17 Knaben besucht war, und diese Jugendriege trug in der Folge auch einige Darbietungen bei am «Konzert», wie der Familienabend damals genannt wurde. Doch bereits Mitte 1914 wurde dieser Jugendriege-Betrieb mangels Beteiligung wieder eingestellt. Auch eine versuchsweise Einführung eines Jugendriegen-Trainings 1920 dauerte nur ein paar Wochen.

Der Durchbruch gelang, nachdem an der Vereinsversammlung vom 20. Juli 1920 rege über eine Jugendriege-Gründung diskutiert worden war. Dies mündete am 20. August 1921 schliesslich in der definitiven Gründung einer Jugendriege, die bis heute Bestand hat. Das entsprechende Reglement wurde von den Vereinsmitgliedern am 22. September 1922 genehmigt – da war bereits ein zweiter Leiter

Siegerehrung des Dreiteiligen Vereinswettkampfs Jugend am Eidgenössischen Turnfest 2019 in Aarau mit der Siegerdelegation des TV Riehen in der Mitte.

zu wählen, da die Zahl der Knaben inzwischen auf rund 30 angestiegen war, wie die Festschrift zum 100-Jahr-Jubiläum 1982 von Peter Degen festhält.

Karl Prack und Fritz Maier sind aus Hans Gassers Sicht hauptverantwortlich für das Gedeihen der TVR-Jugendriege in den ersten Jahren. An einer Jahresfeier des TV Riehen trat die Jugendriege mit einem Stabwinden erstmals öffentlich auf, wie aus der Jubiläumsschrift aus dem Jahr 1932 hervorgeht. An der Jubiläumsfeier «400 Jahre Riehen bei Basel», die 1923 mit einjähriger Verspätung in Riehen stattfand, führte die TVR-Jugendriege mit 24 Jünglingen in historischen Kostümen einen Reigen mit Fahnenschwingen vor. Im Spätjahr 1931 erhielt die TVR-Jugendriege ihr erstes eigenes Banner und im Jahr 1932 zählte sie 32 Mitglieder – alles Knaben.

TURNEN ALS ALTERNATIVE ZUM LEISTUNGSSPORT

Als der Turnverein Riehen 1882 gegründet worden war, geschah dies als Gegenentwurf zum reinen Sportverein. In einer persönlichen Bemerkung zum Unterschied von Turnen und Sport schrieb Hans Gasser dazu 1932: «Dass der eigentliche Sport, obgleich ihm (weil's nun einmal Mode ist) ungleich mehr gehuldigt und geopfert wird als der turnerischen Ausbildung, niemals den Gesundheitswert für den Organismus haben kann wie planmässiges Turnen, ergibt sich ganz einfach aus seiner mehr oder weniger offenkundigen Einseitigkeit. Ja, diese letztere bringt es sogar mit sich, dass bei Übertreibungen (und sie sind nicht selten) schon im mittleren Alter schwere Störungen wichtiger Funktionen im Organismus auftreten, die oft ein sieches Alter bedingen. Dem gegenüber darf natürlich nicht vergessen werden, dass ein vernünftig betriebener Sport (man denke an Schwimmen, Ski- und Eislauf, Tennis usw.) unsrer Gesundheit sehr dienlich sein kann; ja, der heutige Turnbetrieb hat nicht unterlassen, alle wertvollen sportlichen Betätigungen (speziell leichtathletische Übungen) in den Kreis seiner Arbeit einzubeziehen und ist dadurch ein wesentlich Stück zweckdienlicher und auch volkstümlicher geworden.» Dieses Zitat macht deutlich, dass beim Turnverein – und damit auch bei der Jugendriege – grundsätzlich nicht spezialisierte Spitzenleistung, sondern Volksgesundheit, Vielseitigkeit und auch Kameradschaft im Zentrum stehen sollten.

SCHNELLER ERFOLG UND DYNAMISCHE ENTWICKLUNG

Nachdem die Jugendriege in ihren Anfangsjahren in erster Linie das Geräteturnen sowie Freiübungen gepflegt

Die TVR-Jugendriege beim Wettkampf auf einer provisorischen Weitsprunganlage am Eidgenössischen Turnfest in Aarau 2019.

TVR-Delegation beim Kugelstossen auf einer mobilen Anlage am Eidgenössischen Turnfest 2019 in Aarau.

hatte, integrierte Otto Steiger, der die Leitung der Jugendriege 1937 übernahm, Leichtathletik und Handball ins Programm. Unter der Leitung von Kurt Billing, der auch langjähriger Platzwart auf dem Sportplatz Grendelmatte war, zählte die Jugendriege erstmals mehr als 50 Knaben. Unter Heini Nebiker wurde mit Gruppenarbeit und Disziplin viel erreicht. Danach brachten Hansruedi Gross und Heinz Basler mehr Lockerheit in den Jugi-Betrieb und führten das Turnen mit Musik ein. Auch Handball und Orientierungslauf wurden gepflegt. Das Training wurde insgesamt freier und polysportiver. In den späten 1960er-Jahren begann Robi Gassmann, das Mädchenturnen zu fördern, was 1972 zur Gründung einer Mädchenjugendriege führte. Heute sind Mädchen und Knaben gleichberechtigt in einer gemischten Jugendriege.

Im Jubiläumsjahr 1982 – 100 Jahre TV Riehen – lag die Leitung der Jugendriege in den Händen von Karl Giger. Ihm folgten Christian Scherer, Andreas Hadorn (ad interim), Regula Schüle, Matthias Müller und schliesslich Fabian Benkler. Sie alle entwickelten die Jugendriege entsprechend den gesellschaftlichen Veränderungen sowie der Vorgaben und Möglichkeiten, die Sportverbände und Bund eröffneten. Ein grosser Schritt war es beispielsweise, als die TVR-Jugendriege ab 1972 ihre Trainings ins ‹Jugend + Sport›-Programm des Bundes integrieren konnte: Seither ist eine solide Leiterausbildung gewährleistet und der Verein erhält regelmässig Geld, das er in die Nachwuchstrainings investieren kann.

Heute ist der Turnverein Riehen vor allem als erfolgreicher Leichtathletikverein bekannt. Vergessen geht dabei oft, dass er in verschiedenen Abteilungen und Sektionen auch das Männerturnen, Faustball, Frauenvolleyball, Jogging, Fitness, Walking, Wandern und – in der inzwischen als eigener Verein organisierten Gesangssektion – auch das Männerchorsingen pflegt.

In der Jugendriege folgte der TV Riehen dem Trend, Kinder immer früher in ihrer Bewegung zu fördern. Vor allem Elsbeth Sokoll (heute Elsbeth Gehrig) war es, die das Mutter-und-Kind-Turnen (MuKi) einführte und entwickelte. Im MuKi (beziehungsweise heute ElKi für «Eltern-und-Kind-Turnen») lernen Kinder schon im Vorschulalter, sich zu bewegen, und zwar durch die spielerische Schulung von Gleichgewicht, Geschicklichkeit und Körpergefühl. Auch im daran anschliessenden Kinderturnen, das die Kinder selbstständig besuchen, steht keine bestimmte Sportart im Mittelpunkt. Hier geht es darum, die allgemeinen Grundlagen sportlicher Bewegung zu legen. Und so ist es vermutlich kein Zufall, dass etliche ehemalige Mitglieder

Das Publikum hält an der Sportpreis-Verleihung auf dem Sportplatz Grendelmatte gemäss den Corona-Schutzmassnahmen Abstand. In der ersten Reihe sitzen die Jury-Mitglieder Hedi Nyikos und Dominik Faber, 2. September 2020.

Jugendriege-Chefleiter Fabian Benkler präsentiert an der Übergabefeier des Sportpreises der Gemeinde Riehen auf der Grendelmatte die Urkunde, flankiert von seinem Vorgänger Matthias Müller und Gemeinderätin Christine Kaufmann, 2. September 2020.

der TVR-Jugendriege in verschiedenen Sportarten erfolgreich geworden sind, zum Beispiel Alex Ebi als Handballer, Katrin Leumann mit dem Mountainbike, Ines Brodmann als Orientierungsläuferin oder Mathias Lampart im Ruderboot. Sicher ganz im Sinne der Turnverein-Gründergeneration ist das heutige Vereinsleben der TVR-Jugendriege. Ihre Mitglieder trainieren nicht nur zusammen und besuchen externe Wettkämpfe, sie nehmen auch in grosser Zahl an den jährlich stattfindenden vereinsinternen Anlässen teil wie der Schwimmmeisterschaft mit anschliessendem ‹Niggi-Näggi›, dem Waldlauf mit gemeinsamem Bräteln am Feuer im Frühling, dem Geländelauf mit Ballzielwurf im Herbst oder dem Jugendriege-Trainingslager.

QUELLEN
Peter Degen: Geschichte des Turnvereins Riehen. Festschrift zum 100jährigen Jubiläum 1882–1982, Basel 1982
Paul Schäublin: 75 Jahre Turnverein Riehen. Festschrift über die Jahre 1932–1957, Riehen 1957
Hans Gasser: Festschrift Turnverein Riehen 1882–1932, Basel 1932

CHRONIK

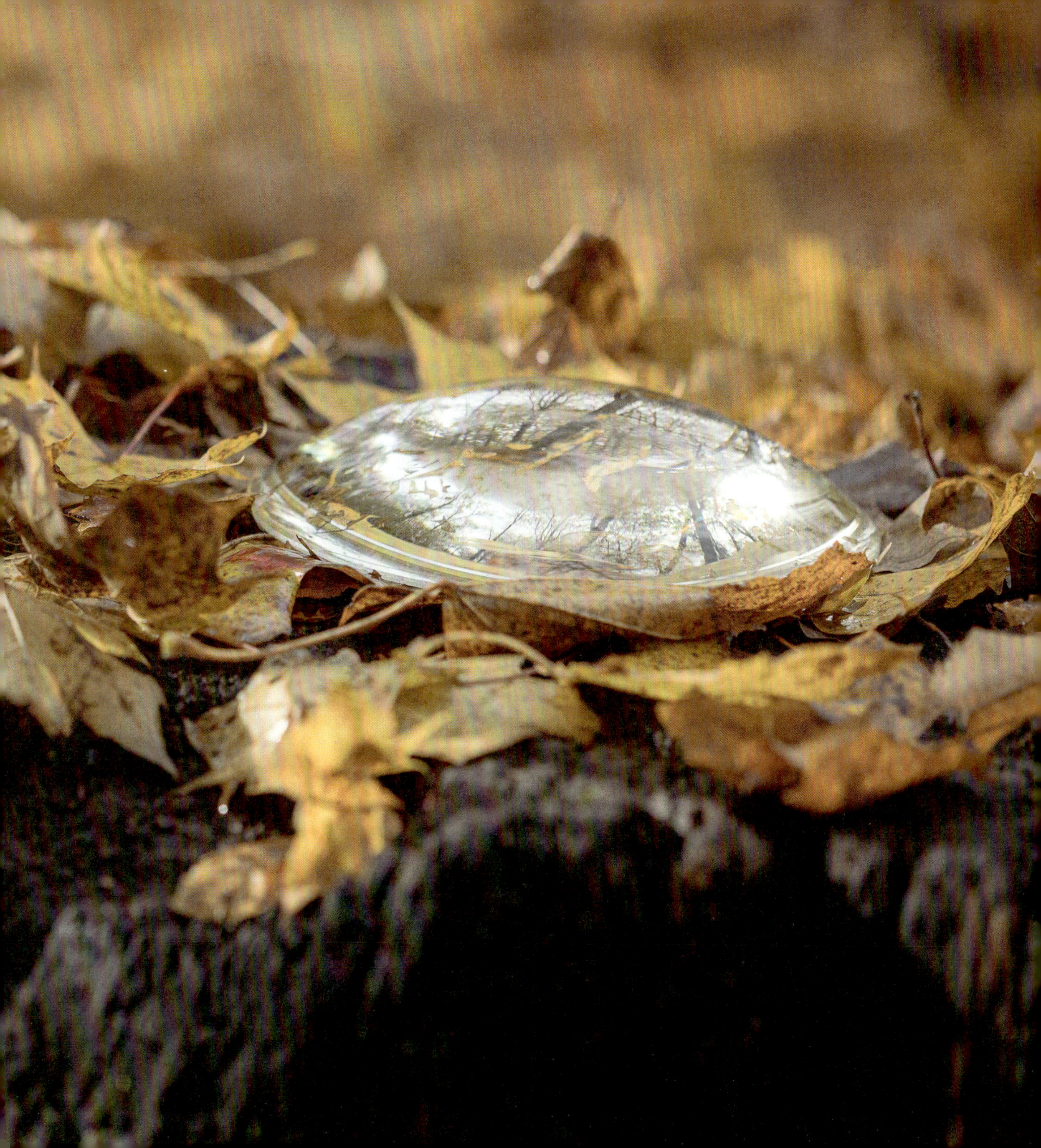

VEREINE / INSTITUTIONEN

Chronik Vereine und Institutionen

JULI 2019 BIS JUNI 2020

ROLF SPRIESSLER

In Riehen sind zahlreiche Vereine und Institutionen beheimatet. Die Chronik-Rubrik hält Jubiläen, spezielle Ereignisse und wichtige Änderungen in Führung und Organisation fest.

AHA-THEATER RIEHEN

Im Gegensatz zu vielen Kulturvereinen, die ihre geplanten Konzerte und Aufführungen wegen der Corona-Krise ersatzlos

Szene aus dem AHa-Theater-Stück ‹Boeing-Boeing› über einen Gigolo, der gleichzeitig mit drei Stewardessen zusammenlebt, 14. März 2020.

absagen oder aufs nächste Jahr verschieben mussten, konnte das AHa-Theater – der Verein, der jährlich eine Laientheaterproduktion auf die Bühne des Andreashauses bringt – wenigstens drei der geplanten acht Theaterabende durchführen. Gespielt wurde die Komödie ‹Boeing-Boeing›, im Saal waren nur 80 Stühle mit grossen Abständen platziert.

ARENA LITERATURINITIATIVE

Mit einem Jubiläumsabend am 29. August 2019 im Lüschersaal der Alten Kanzlei, an dem Geschichten von sieben Autorinnen und Autoren vorgelesen wurden, feierte die Arena Literaturinitiative unter der Leitung von Valentin Herzog ihr 40-jähriges Bestehen (siehe separaten Beitrag).

DIAKONISSENHAUS RIEHEN

Am 23. August 2019 wurde mit einem Fest im Diakonissenhaus Riehen das 100-jährige Bestehen des Hauses Moosrain gefeiert, das vom Diakonissenhaus ursprünglich als Pflegeanstalt für Alte und Gebrechliche errichtet wurde und heute als Generationenhaus dient (siehe separaten Beitrag).

DOMINIKUSHAUS RIEHEN

Mit geladenen Gästen und im Beisein von Regierungsrat Lukas Engelberger und Gemeindepräsident Hansjörg Wilde feierte das Alterspflegeheim Dominikushaus am

Gäste am Jubiläumsfest «50 Jahre Dominikushaus» im Esssaal des Alterspflegeheims, 27. September 2019.

Stiftungsratspräsidentin Regine Dubler spricht zu den Gästen am Jubiläumsfest «50 Jahre Dominikushaus», 27. September 2019.

26. September 2019 sein 50-jähriges Bestehen. Die Feier fand unter der Leitung von Geschäftsführer Richard Widmer statt, als Gastgeberin sprach Stiftungsrats-

präsidentin Regine Dubler. Das Dominikushaus gab eine Jubiläumsbroschüre heraus und plant gegenwärtig den Umzug in einen Neubau am Eisenbahnweg, der 2022 fertiggestellt sein soll.

Grossratspräsidentin Salome Hofer.

Nationalrätin Katja Christ.

FUSSBALL-CLUB AMICITIA RIEHEN

An der 89. ordentlichen Generalversammlung des FC Amicitia am 18. Februar 2020 wurde Rainer Zimmermann zum neuen Vereinspräsidenten gewählt. Das Amt war nach dem Rücktritt von Ottavio Gisler zwei Jahre vakant gewesen. Zum Vizepräsidenten wurde Fabio Attili gewählt. Der Vorstand setzt sich damit neu wie folgt zusammen: Rainer Zimmermann (Präsident), Fabio Attili (Vizepräsident), Claudia Gugler (Administration und Leiterin Geschäftsstelle), Wolf Müller (Finanzen), Beat Schoch (Turniere und Anlässe), Andreas Wunderlin (Junioren), Ottavio Gisler (Sponsoring und Marketing).

Das neue Duo an der Vereinsspitze des FC Amicitia: Präsident Rainer Zimmermann (links) und Vizepräsident Fabio Attili, Februar 2020.

GROSSER RAT BASEL-STADT

Mit Salome Hofer (SP) übernahm eine ehemalige Riehener Einwohnerratspräsidentin (2010–2012) per 1. Februar 2020 für ein Jahr das Amt der Präsidentin des Kantonsparlaments. Die in Riehen aufgewachsene Politikerin, die inzwischen in Basel wohnt, ist seit 2009 Grossrätin (bis 2017 im Wahlkreis Riehen, seither im Wahlkreis Kleinbasel). Sie löste im Grossratspräsidium den Riehener Heiner Vischer (LDP) ab, der dem Kantonsparlament seit Februar 2014 angehört und ausserdem als Riehener Einwohnerrat amtet.

Die GLP ersetzte ihre in den Nationalrat gewählte Riehener Vertreterin Katja Christ per Anfang Februar 2020 durch Sandra Bothe-Wenk. Katja Christ hatte mit ihrer Wahl den amtierenden Riehener SVP-Nationalrat Sebastian Frehner verdrängt.

KADETTEN-KORPS BASEL

Das zuvor in Basel stationierte Kadetten-Korps Basel verlegte seinen Standort im Frühjahr 2020 nach Riehen an den Rüchligweg. Das Kadetten-Korps Basel formierte sich 1981 als Abspaltung der 1972 gegründeten Verkehrskadetten-Abteilung Nordwestschweiz. Es ist als Verein organisiert, zählt rund 100 Mitglieder und funktio-

Noah Syed, Kommandant des Kadetten-Korps Basel, März 2020.

niert als Jugendorganisation für Mitglieder im Alter zwischen 12 und 30 Jahren. Die Mitglieder werden in der Verkehrsregelung sowie in sicherheitsrelevanten Fähigkeiten wie Erste Hilfe, Funken etcetera ausgebildet und in der Verkehrs- und Parkplatzregelung eingesetzt, oft im Zusammenhang mit Veranstaltungen. Der Verein organisiert für seine Mitglieder auch Freizeitveranstaltungen.

KALEIDOSKOP IN DER ARENA

Mit einem Gespräch der Mundart-Spezialisten Christian Schmid und Markus Gasser feierte die Mundart-Lesungsreihe Kaleidoskop unter der Leitung von Edith Lohner am 21. Januar 2020 im Kellertheater der Alten Kanzlei ihr 30-jähriges Bestehen (siehe separaten Beitrag).

KIWANIS CLUB RIEHEN

Im Rahmen einer öffentlichen Feier auf dem Dorfplatz übernahm Mario Biondi vom Kiwanis Club Riehen am 12. Oktober 2019 für ein Jahr das Amt als Lt. Governor, der die repräsentative Leitung der 15 Kiwanis Clubs der Region Basel innehat. Der Kiwanis Club Riehen engagiert sich seit Jahren für Kinder und Jugendliche aus Riehen und der Region im Rahmen verschiedener sozialer Projekte sowie mit einer jährlichen Schifffahrt für Familien mit Kindern mit Behinderung.

MUSIKSCHULE RIEHEN

Im Jahr 1980 wurde die Musikschule Riehen als Filialbetrieb der Musikakademie Basel gegründet und nahm ihren Betrieb im gemeindeeigenen Gebäude an der Rössligasse auf (siehe separaten Beitrag). Der für den 25. April 2020 geplante Jubiläumsauftakt musste wegen des Corona-Lockdowns abgesagt werden und verschiedene Jubiläumsanlässe wurden verschoben.

MUSIKVEREIN RIEHEN

Seit der Generalversammlung vom März 2020 ist die frühere Vereinspräsidentin Brigitta Koller eines von nur noch zwei Vorstandsmitgliedern beim 1861 gegründeten Musikverein Riehen. Einige Monate zuvor war Vorstandsmitglied Peter Wittwer im Amt verstorben, Remo Schweigler trat auf die GV hin zurück nach abgeschlossener Berufsbildung und angesichts anderer Engagements. Ausserdem beendete János Németi nach drei erfolgreichen Jahren seine Tätigkeit als Vereinsdirigent aus zeitlichen Gründen. Die Wiederbesetzung des wichtigen Postens gestaltete sich wegen verschobener Probedirigate während des Corona-Lockdowns schwierig. Angesichts der heiklen Situation steht ein Weiterbetrieb auf Sparflamme zur Diskussion, der den Verzicht auf die Jahreskonzerte und die Einstellung eines regelmässigen Probenbetriebs bedeuten würde.

POSAUNENCHOR DES CVJM RIEHEN

Aufgrund der Corona-Krise musste der Posaunenchor des CVJM Riehen seine für den 28./29. März 2020 vorgesehenen Jahreskonzerte in der Dorfkirche Riehen und der Basler Kirche St. Michael in die zweite Jahreshälfte verschieben. Auch die Mitgliederversammlung 2020 des von Willy Gentner präsidierten Vereins mit Dirigent Michael Büttler wurde in den Herbst verschoben.

Mario Biondi (rechts) vom Kiwanis Club Riehen übernimmt das Amt des Lt. Governors im Rahmen einer Feier auf dem Dorfplatz in Riehen, 12. Oktober 2019. Links stehen seine Vorgängerin Carola von Radowitz und der designierte Nachfolger Thomas Walter Lutz.

QUARTIERVEREIN NIEDERHOLZ

Der Quartierverein Niederholz musste die Planungen zur Erweiterung seines traditionellen Flohmarkts wegen der Corona-Pandemie um ein Jahr verschieben. Der Flohmarkt 2020 fiel ganz aus.

SAMARITERVEREIN RIEHEN

In seiner insgesamt 75. Blutspendeaktion in Riehen seit 1973 durfte der Samariterverein Riehen am 22. Oktober 2019 im Haus der Vereine die 9000. Spende entgegennehmen. Es war der 50. Anlass, der unter der Leitung von Heinz Steck stand, der zugleich die Leitung der Riehener Blutspendeaktionen vereinsintern an Nicole Tschopp weitergab.

Nicole Tschopp (links), Heinz Steck und Claude Brügger (ganz rechts) vom Samariterverein flankieren die Blutspender/innen Rolf von Aarburg (8999. Spende), Amanda Bumann (9000.) und Claudia Warth (9001.), 22. Oktober 2019.

Innenraum einer der zwei neuen Jurten auf dem Gelände des Schul- und Förderzentrums Wenkenstrasse am Tag der Einweihung, 19. November 2019.

SCHLAGZEUG- UND MARIMBASCHULE EDITH HABRAKEN

In der 1995 gegründeten Schlagzeug- und Marimbaschule Edith Habraken (SMEH) kam es im ersten Halbjahr 2020 zu einer Umbesetzung in der Leitung. Neben Schulleiterin Edith Habraken übernahm der frühere SMEH-Schüler Aaron Wälchli von Christine von Arx die Funktion der Stellvertretenden Leitung. Ausserdem bot die Schule, die bis dahin ausschliesslich Kinder und Jugendliche unterrichtet hatte, erstmals auch Erwachsenenkurse an.

Die zwei neuen Jurten auf dem Gelände des Schul- und Förderzentrums Wenkenstrasse am Tag der Einweihung, 19. November 2019.

SCHUL- UND FÖRDERZENTRUM WENKENSTRASSE

Das Schul- und Förderzentrum Wenkenstrasse (früher ‹Zur Hoffnung›) erweiterte seine Räumlichkeiten durch zwei Jurten auf seinem Gartenareal, die als Mehrzweckräume ganzjährig benutzt werden können und das grosse ‹Indianerzelt› ersetzen, das im Herbst 2018 einem Sturm zum Opfer gefallen war. Die Jurten wurden am 19. November 2019 mit einem kleinen Fest eingeweiht.

STADT-JODLER BASEL-RIEHEN

Im Oktober 2019 erklärte bei den Stadtjodlern Basel-Riehen Präsident Jakob Gerber nach zehn Jahren im Amt seinen sofortigen Rücktritt. Gerber war insgesamt 18 Jahre im Vorstand tätig gewesen. Seine Demission stand im Zusammenhang mit der Nichtqualifikation der Stadt-Jodler für das Eidgenössische Jodelfest 2020 in Basel (inzwischen auf 2021 verschoben) am Nordwestschweizerischen Jodelfest 2019 in Mümliswil. Im Rahmen einer ausserordentlichen Generalversammlung besprachen die Vereinsmitglieder am 23. Oktober 2019 die neue Situation und wählten den bisherigen Vizepräsidenten Christian Humm zum neuen Vereinspräsidenten.

Jubiläumsfest des 40-jährigen TC Stettenfeld, 24. August 2019.

Die Stadt-Jodler Basel-Riehen mit dem abgetretenen Präsidenten Jakob Gerber (zweite Reihe links) und dem neuen Präsidenten Christian Humm (dritte Reihe rechts), Januar 2019.

SWISS REGULATORS RIEHEN

Mit dem ‹1ˢᵗ National Muster› am 7. September 2019, an dem alle acht ‹Fife & Drum Corps› der Schweiz teilnahmen, feierten die Swiss Regulators Riehen im Riehener Dorfzentrum ihr 10-jähriges Bestehen. Nach einem Umzug durchs Dorf gaben die Corps auf dem Dorfplatz bis spät abends Konzerte. In den ‹Fife & Drum Corps›, die auch Partnerschaften mit historischen Formationen in den USA pflegen, wird Musk im Stil der amerikanischen Kolonialzeit gespielt, die mit dem Unabhängigkeitskrieg (1775–1783) endete.

TENNIS-CLUB STETTENFELD

Der am 6. Dezember 1979 gegründete Tennis-Club Stettenfeld feierte am 24. August 2019 mit einem Sommernachtsfest im Kreis seiner Mitglieder sein 40-jähriges Bestehen auf der Klubanlage. Der Klub hatte ursprünglich den Tennisplatz mit vier Sandplätzen und einem Klubhaus von der Tennissport Regio AG gemietet. Am 14. Februar 1992 übernahm der TC Stettenfeld die AG und wurde damit Besitzer seines Tennisplatzes. Im Frühjahr 2000 wurden die Anlage und das Klubhaus umfassend renoviert. Zum Jubiläumszeitpunkt gehörten dem Verein unter der Führung der drei Vorstandsmitglieder Dominik Kiener, Sylvette Peter und Dieter Metzger 126 spielberechtigte Mitglieder an.

TURNERINNEN RIEHEN

An der 90. Mitgliederversammlung im Januar 2020 im Bürgersaal des Gemeindehauses nahmen die Turnerinnen Riehen zwei Umbesetzungen im Vorstand vor. Die Technische Leiterin Ingrid Gabriel und die Protokollführerin Stephanie Holl traten nach elf beziehungsweise sechs Jahren zurück. Neu in den Vorstand gewählt wurden dafür Gertrud Seyfried und Claudia Hettich. Der übrige Vorstand mit Jacqueline Thiele (Präsidentin), Bea Studer (Vizepräsidentin), Fränzi Gebler (Kassierin), Bernadette Ries (Materialverwalterin) und Beatrice Huwyler (Beisitzerin) wurde bestätigt.

Mario Arnold, der neue Präsident des TV Riehen.

Die fünf Jubilarinnen, die 2019 einen runden Geburtstag feiern durften, posieren mit Präsidentin Jacqueline Thiele (dritte von rechts) an der Mitgliederversammlung am 24. Januar 2020 im Bürgersaal.

TURNVEREIN RIEHEN

Hansruedi Bärtschi trat per Ende März 2020 nach 14 Jahren erfolgreicher Tätigkeit als Präsident des Turnvereins Riehen zurück. Die am 21. März 2020 geplante Generalversammlung musste wegen der Corona-Krise abgesagt werden. Im Mai wurde die GV auf schriftlichem Weg abgehalten. Gleich mehrere Positionen in der Vereinsleitung wurden neu besetzt, da auch Beatrice Rufener (Finanzen), Hans Schüle (Archiv) und Willy Rinklin (Obmann Gesangssektion) ihren Rücktritt eingereicht hatten. Zum neuen Präsidenten gewählt wurde der bisherige Vizepräsident und Sportchef Mario Arnold, als neuer Vizepräsident wieder in die Vereinsleitung gewählt wurde der frühere Vizepräsident René Fischer. Die neu geschaffene Position des Geschäftsstellenleiters übernahm der bisherige Chef Leichtathletik Dominik Hadorn. Neu in die Vereinsleitung gewählt wurden John Warpelin (Finanzen) und Patrick Schaufelberger (Marketing / Medien). Fabian Benkler (Jugendsport / Co-Leitung Leistungssport), Christine Steffen (Breitensport & Spiele), Rebekka Schmid (Veranstaltungen) und Hans Bürki (Nicht-Sportliches) wurden als Vorstandsmitglieder bestätigt. Per Ende 2019 zählte der TV Riehen 564 Mitglieder sowie 130 Kinder und Jugendliche.

Thomas und Irene Widmer-Huber, Ulrike Odefey und Astrid Eichler (von links) bei der Unterzeichnung der Vereinbarung zwischen dem Riehener Verein Offene Tür und dem Berliner Verein Emwag.

Stiftungsratspräsident Marcel Schweizer spricht anlässlich der Jubiläumsveranstaltung der Wärmeverbund Riehen AG im Landgasthofsaal zu den Gästen.

VEREIN OFFENE TÜR

Der Verein Offene Tür dehnte im Spätherbst 2019 das Wirkungsfeld seiner 2007 gegründeten Fachstelle Gemeinschaftliches Leben auf Deutschland aus und arbeitet dabei mit dem Berliner Verein Emwag (Es muss was Anderes geben) zusammen. Die Fachstelle fördert gemeinschaftliche Wohnformen wie Hausgemeinschaften.

WÄRMEVERBUND RIEHEN AG

Die Wärmeverbund Riehen AG, die sich im Besitz der Gemeinde Riehen und der Industriellen Werke Basel (IWB) befindet und die Riehener Geothermieanlage betreibt, feierte am 24. Oktober 2019 mit einem Doppelevent im Bürgersaal des Gemeindehauses und im Landgasthof Riehen ein Mehrfachjubiläum: 30 Jahre Wärmeverbund Riehen Dorf, 25 Jahre Geothermienutzung, 20 Jahre Energiestadt-Label der Gemeinde Riehen, 15 Jahre ‹European Energy Award› in Gold und 10 Jahre Wärmeverbund Riehen AG. Im Rahmen der Feier im Landgasthof gab Pascal Previdol, stellvertretender Direktor des Bundesamts für Energie und Leiter Energiewirtschaft, die Zusage von Bundesgeldern für eine zweite Riehener Geothermiebohrung bekannt (siehe separaten Beitrag).

Auf die Verwaltungsratssitzung vom 23. April 2020 waren Verwaltungsratspräsident Marcel Schweizer und Verwaltungsrat Richard Grass nach langjähriger, erfolgreicher Tätigkeit zurückgetreten. Neu gewählt wurden als Verwaltungsratspräsident der Riehener Gemeinderat Daniel Hettich und als Verwaltungsrat Ivo Berweger, Abteilungsleiter Bau, Mobilität und Umwelt der Gemeinde Riehen.

KULTUR

JENSEITS

Kulturchronik

JULI 2019 BIS JUNI 2020

MICHÈLE FALLER

Nebst kulturellen Höhepunkten wie dem Steve-Hackett-Konzert und der Oper ‹I due Foscari› gehörten auch der neue Wintermarkt im Wenkenhof oder originelle Formate wie ‹Bey Day› zum Riehener Kulturjahr. Prägend war die Pandemie, die vieles zum Stillstand brachte – aber auch fantasievolle Blüten an anderen Schauplätzen trieb.

KONZERTE

Die sommerliche Konzertsaison in Riehen startete am 5. Juli am Fuss der im Vorjahr erfolgreich etablierten Kulturtreppe im Hof des Spielzeugmuseums. Abschluss und Höhepunkt der vier Konzerte war die ‹Soirée d'été› am 26. Juli mit Musikgrössen wie Nicole Bernegger und Pink Pedrazzi. Die Jazznacht wurde zwar verregnet, setzte sich aber in bester Stimmung im Gartensaal neben dem Museumshof fort. Ebenfalls kultverdächtig war das ‹sun.set›-Konzert am 13. Juli mit den DJs Acid Pauli

Die Sängerin Mariama gewann mit ihren Liedern zwischen Soul, Folk und Pop schnell die Herzen des ‹Stimmen›-Publikums im Wenkenhof.

Regionale DJs sorgten am Festival ‹No Biz Chille› auf einer eigenen Bühne für den passenden Sound.

Pink Pedrazzi und Annie Goodchild an der ‹Soirée d'été› der Kulturtreppe, als sie sich vom Regen noch nicht beeindrucken liessen.

aus Berlin und Olivan aus Basel, die im Berower Park für elektronische Sounds sorgten. Experimentell klang es bei der Musikerin Sudan Archives aus den USA, die am 18. Juli als Haupt-Act des ‹Stimmen›-Festivals in Riehen in der Reithalle des Wenkenhofs auftrat. Am selben Abend zu hören war Mariama aus Köln.

Am 3. August rockte das vierte ‹No Biz Chille›-Open-Air die Grendelmatte und am 17. August ‹Colibri› und der Sänger Ritschi den Garten des Freizeitzentrums Landauer. Am 22. September schenkte sich das Philharmonische Orchester Riehen im Landgasthofsaal ein Jubiläumskonzert mit Richard Wagners ‹Siegfried-Idyll›, Wolfgang Amadeus Mozarts Klarinettenkonzert und Joseph Haydns sogenannter ‹Londoner Sinfonie›, während im Haus der Vereine das Zitherorchester Riehen-Basel auftrat.

Ein Benefizkonzert zugunsten des Jan Milic Lochman-Stipendiums für das Evangelische Studienhaus Meierhof fand am 20. Oktober in der Dorfkirche statt. Ein weiteres gab der Oboist, Komponist und Dirigent Heinz Holliger am 26. Oktober im Landgasthofsaal zugunsten des Geburtshauses ‹Tag Mond› in Pratteln. ‹Himmelskörper› hiess das traditionelle Konzert zu

Wenzel Grund glänzte am Konzert des Philharmonischen Orchesters Riehen mit Mozarts Klarinettenkonzert.

Allerheiligen, das am 1. November auf dem Friedhof am Hörnli stattfand und unter anderem mit dem berühmten ‹Lied an den Mond› von Antonín Dvořák bezauberte. Tags darauf lud der Musikverein Riehen im Landgasthofsaal zum 158. Jahreskonzert mit dem Titel ‹Gourmet-Viergang-Menü› und servierte musikalische Leckerbissen wie ‹Despacito› und ‹La La Land›. Am 3. November begann in der Franziskuskirche das 27. Orgelfestival unter der Leitung von Tobias Lindner. Am abschliessenden Chorkonzert wurden das ‹Requiem› von Gabriel Fauré und eine Schweizer Erstaufführung der ‹Messe in B-Dur› von Luigi Cherubini gegeben, zugleich feierte der Kirchenchor St. Franziskus seinen 120. Geburtstag. Mit ebenfalls hochkarätigem Gesang beehrten die ‹Basel Chamber Voices› am 10. November mit Werken von Brahms bis Passereau die Dorfkirche. Gleichenorts ging am 24. des Monats das Jahreskonzert des Mandolinen- und Gitarrenorchesters Riehen über die Bühne und am nächsten Tag wurde das Festival ‹Vier

Edoardo Torbianelli und Tobias Lindner am dritten Konzert des Orgelfestivals.

Das Konzert mit dem Kirchenchor St. Franziskus bot einen würdigen Abschluss des Orgelfestivals.

Jahreszeiten› unter dem Titel ‹1819› mit ‹The Barvinsky Piano Trio› in der Villa Wenkenhof eröffnet. Die ‹Classiques!›-Saison begann am 29. November im Landgasthofsaal mit dem A-cappella-Ensemble ‹King's Singers› und erreichte einen ersten Höhepunkt am Silvesterabend mit dem Janoska Ensemble.

Am 30. November und 1. Dezember spielte der Handharmonikaverein Eintracht im Bürgersaal und ein besonderes Erlebnis war der Auftritt von Gitarrenvirtuose Steve Hackett am 12. Dezember in der Fondation Beyeler, der mit weit mehr als nur «Genesis stuff» beeindruckte. Mit dem Adventskonzert des Verkehrsvereins Riehen am 15. und dem Weihnachtskonzert der Musica Antiqua Basel am 22. Dezember ging in der Dorfkirche das Jahr zu Ende.

Am 18. Januar erfreute der ‹Jodler-Obe› das Publikum im Landgasthofsaal, was die Schlagzeug- und Marimbaschule Edith Habraken ihm am nächsten Tag gleichtat – mit einem Gastauftritt des Klangkünstlers Lukas Rohner. Am 26. Januar wurde die ‹Schubertiade Riehen› vom Basler Ensemble Fiacorda mit dem ‹Oktett in F-Dur› eröffnet – natürlich von Schubert. Unter dem Titel ‹Wach auf, Psalter und Harfe …› war am 4. Februar im Geistlich-diakonischen Zentrum meditative Harfenmusik zu hören und tags darauf folgte mit der fünften ‹Riechemer Fasnachtsmusig› auf dem Dorfplatz das Kontrastprogramm.

Der Musikvereins Riehen ‹servierte› ein musikalisches ‹Gourmet-Viergang-Menü›.

Das Baselbieter Röteli-Quartett verzückte am ‹Jodler-Obe› der Stadt-Jodler Basel-Riehen mit lüpfigen Klängen.

Die Guggenmusik ‹Ziggedreet› beehrte die ‹Riechemer Fasnachtsmusig› im Dorfzentrum.

Ob Klassik, Soul oder Hip-Hop: Nachdem der Bundesrat am 16. März wegen der Corona-Pandemie die ausserordentliche Lage erklärt hatte, wurden die zahlreichen geplanten Konzerte eins nach dem anderen abgesagt. Dass Not erfinderisch macht, zeigte sich etwa an den allabendlichen Drehorgelkonzerten, mit denen Christoph Bossart und Josef Suter ab Ende März von ihren Balkonen im Landpfrundhaus die Nachbarinnen und Passanten erfreuten, oder die privaten Gartenkonzerte für ein maximal fünfköpfiges Publikum, die Geigerin Malwina Sosnowski ab Mai anbot. Unter dem Titel ‹Vier Jahreszeiten Riehen@Home› wurden Konzerte per Livestream angeboten und am 23. Juni lud die Musikschule Riehen am Semesterende zum Onlinekonzert ‹Schlussfermate!›. Analog begeisterten am 21. Juni das Duo Kappeler / Zumthor und das Lisette Spinnler Trio, die im Rahmen des Jazzfestivals Basel in der Dorfkirche auftraten.

Christoph Bossart gab während des Lockdowns täglich kleine, aber feine Drehorgelkonzerte von seinem Balkon aus.

Vera Kappeler und Peter Conradin Zumthor spielten im Rahmen des Jazzfestivals Basel originelle und im Wortsinn unerhörte Musik.

LITERATUR

Die ‹Arena Literaturinitiative›-Saison mit sieben Anlässen begann am 29. August mit einem Festakt: Zum 40. Geburtstag der Arena hatten Valentin Herzog, Sandra Hughes, Alain Claude Sulzer, Katja Fusek, Wolfgang Bortlik, Verena Stössinger und Markus Ramseier kurze Texte verfasst, die im Lüschersaal im Haus der Vereine vorgetragen wurden. Valentin Herzog las Ramseiers ‹Fels-Arena› vor, da der Autor wenige Wochen zuvor verstorben war. Am 15. Oktober präsentierte die Baslerin Ursula Rychen im ‹Kaleidoskop in der Arena› Auszüge aus ihrer nostalgischen

Ursula Rychen liess im ‹Kaleidoskop in der Arena› Erinnerungen an das frühere Basel aufleben.

Textsammlung ‹Syynerzyt›, seinen Krimi ‹Der schlaflose Cheng› über einen einarmigen Wiener Ermittler stellte Heinrich Steinfest am 11. November vor und am 21. Januar stand bereits das nächste Jubiläum an: 30 Jahre Kaleidoskop. Nach der Begrüssung durch Gründungsmitglied

Krimiautor Heinrich Steinfest berichtete in der Arena, warum sein Ermittler Markus Cheng erst durch den Verlust eines Arms komplett wurde.

Edith Lohner unterhielten sich Autor Christian Schmid und Markus Gasser, Redaktor der Radiosendung ‹Schnabelweid›, über Schmids neues Buch ‹Häbet nech am Huet, e Chiflete›.

Die Buchvernissage von Stefan Suters ‹Auf der falschen Seite› fand am 13. November im Bürgersaal des Gemeindehauses statt und drei Tage darauf wurde der Roman ‹Pommes mit Tsatsiki› von Heidi Karypidis im Freizeitzentrum Landauer getauft. Zum Abschluss des Karl-Barth-Jahres trug Pfarrer Andreas Klaiber im Rahmen eines der Kulturabende des Quartiervereins Niederholz am 10. Dezember im Andreashaus ausgewählte Texte des mutigen und engagierten Basler Theologen vor. Auch die Literaturanlässe mussten Mitte März eine Zwangspause einlegen, stattdessen war lokale Literatur in der ‹Riehener Zeitung› zu lesen: In der Rubrik «Aus Riehener Federn» versüssten Autorinnen und Autoren der Leserschaft mit noch nicht veröffentlichten Texten das gewöhnungsbedürftige ‹Social Distancing›.

Wieder sind einige Bücher aus Riehen erschienen: der Ratgeber ‹Das Geheimnis erfüllter Zeit› von Dan Shambicco, die Sachbücher ‹Wie die Gleichstellung von Menschen mit Behinderungen die Schweiz verändert› von Eric Bertels und ‹Gemeinschaft leben› von Thomas Widmer-Huber sowie das Bilderbuch ‹Die Reise in den Himmel› von Dorette Gloor und Rose-Marie Joray-Muchenberger. Letzteres handelt von der Trauer von Geschwistern beim Tod eines Kindes und ist ein reizendes Zeugnis der Einfühlsamkeit der beiden Urheberinnen. Ausserdem erschienen das poetische Bilderbuch ‹Fasnachtsgeheimnis› von Annamarie und Peter Pauwels, ‹Die Liebe ist kein Rockkonzert› von Martin Fischer und ‹Allzumenschliches› von Wolfgang Bortlik sowie ‹Im letzten Moment› von Nadia Tamm, eine literarische Aufarbeitung von Familiengeschichte in Kombination mit historischen Sachtexten. Die junge Autorin heimste damit den von der Gemeinde Riehen verliehenen ‹GB-Preis› für die beste Maturarbeit des Gymnasiums Bäumlihof ein.

AUSSTELLUNGEN

Eine für den Ort eher untypische Ausstellung wurde am 8. Juli im Soussol der Fondation Beyeler eröffnet. Der Vernissage von ‹Football meets Art›, die das Jubiläumsjahr des FC Basel abrundete, wohnte auch Fussballlegende Karli Odermatt bei. Im Stockwerk darüber war vom 10. Juli bis 2. September die neue Sammlungsausstellung ‹Lost in Time Like Tears in Rain› zu sehen. Die von Museumsdirektor und Filmliebhaber Sam Keller kuratierte Schau, die nach einem Zitat aus dem Science-Fiction-Film ‹Blade Runner› benannt ist, ging der Frage nach, wo in der Sammlung Spuren von Zeitlichkeit und Erinnerung zu finden sind. Ab 31. August wurden in zwei Sälen 19 kunsthistorisch

Karli Odermatt vor einem seiner Lieblingswerke der Serie ‹Fight for Glory› von Klemens Werner an der Vernissage von ‹Football meets Art›.

bedeutende Gemälde der renommierten Sammlung Rudolf Staechelin gezeigt, die dann von Ende Oktober bis zum 5. Januar in grösserem Zusammenhang ausgestellt wurden. Unter dem Titel ‹Resonating Spaces› waren vom 6. Oktober bis zum 26. Januar Klang-, Seh- und Empfindungsräume zu erleben. Anschliessend startete die hochkarätige Ausstellung ‹Edward Hopper›, die ikonische Landschaftsgemälde, Aquarelle und Zeichnungen des amerikanischen Künstlers zeigte. Am 15. Februar folgte die neue Sammlungspräsentation ‹Stilles Sehen – Bilder der Ruhe›.

In der Galerie Monfregola war vom 17. bis 31. August die Ausstellung ‹Natur und Figur› mit Aquarellen der Bettinger Künstlerin Ruth Köppel und puppenartigen Figuren von Beatrice Nüesch zu sehen. Im französischen Garten der Villa Wenkenhof präsentierte der litauische Künstler Leo Ray am 14. September sein ‹Infinite Painting›, das zwar nicht ganz unendlich ist, aber doch immerhin 88 Meter misst. Auch das Spielzeugmuseum konnte am 22. September an der Vernissage der Ausstellung ‹Puppen. Eine Sammlung von Doris Im Obersteg-Lerch› mit Superlativen aufwarten: Rund 220 Puppen wurden dem Museum von der gleichnamigen Stiftung als Dauerleihgabe übergeben.

In den Herbstferien verwandelte das jugendliche Künstlerkollektiv ‹Übr› die Unterführung Haselrain mit dem knallbunten Wandgraffiti ‹Candy World / Schlaraf-

Ein Künstler des Kollektivs ‹Übr› lässt ‹Candy World / Schlaraffenland› entstehen.

fenland› in einen Ausstellungsraum. Am 18. Oktober startete im Künstlerhaus Claire Ochsner die Ausstellung ‹Rund und kugelrund› und in der Galerie Burgwerk war vom 25. Oktober bis 4. Dezember zum zweiten Mal die Andes-Gallery – bis Ende 2017 an der Baselstrasse beheimatet – zu Gast. Gezeigt wurden Bilder von Patricio de Santa Coloma und Skulpturen von Carlos Poete. Während der Regionale 20 war vom 23. November bis zum 17. Januar im Kunst Raum Riehen ‹Splendid Isolation – Not in our name› angesagt. Im neuen Jahr feierte die Riehener Galeristin Lilian Andrée, die vor knapp 19 Jahren mit ihrer Galerie von Basel nach Riehen gezogen war, 40 Jahre Tätigkeit im Kunsthandel und zeigte ab 23. Februar ‹Masterpieces› mit Werken von Constantin Jaxy.

Nachdem der Bundesrat am 16. März die ausserordentliche Lage gemäss Epidemiengesetz erklärt hatte, mussten alle Museen und Galerien bis zum 11. Mai schliessen. Die Fondation Beyeler schloss bereits zwei Tage früher, lancierte jedoch im April ein Online-Programm mit Angeboten von Führungen über Workshops bis zu Bildbetrachtungen. Als Highlight unter den digitalen Formaten muss ‹Hip Hopper› erwähnt werden, Laurin Busers grossartige

Laurin Buser machte sich rappend einen Reim auf fünf Bilder von Edward Hopper in der Fondation Beyeler.

Rap-Führung in der Edward-Hopper-Ausstellung. Kunstgenuss für zu Hause via Bildschirm bot auch die Galerie Henze & Ketterer & Triebold mit der Online-Ausstellung ‹Happy and positive art for difficult times› auf der Plattform Artsy und der Teilnahme an der Messe ‹Masterpiece London›, die 2020 online stattfand.

Wie geschaffen für den Moment war die einzige Ausstellung, die überhaupt stattfinden durfte: ‹Zeit Los Lassen› auf dem Friedhof am Hörnli. Der bildende Künstler und Schauspieler Matthias Zurbrügg lud dort ab dem 2. April mit seinen 26 Wortbildern aus Holzbuchstaben das Publikum zum Staunen und Philosophieren ein. Am

12. Juni konnte endlich die Premiere der literarischen Spaziergänge und eine Art nachgeholte Vernissage stattfinden. Ein poetisches Erlebnis ganz unter dem Motto: «Lassen Sie die Zeit los, denn sie läuft von alleine.»

«Eine Rose ist eine Rose ...»: Künstler Matthias Zurbrügg führte das Publikum in der Ausstellung ‹Zeit Los Lassen› an verwunschene Orte.

FESTE, FEIERN UND MÄRKTE

Nach der Bundesfeier im Sarasinpark am 1. August wurde am 10. des Monats zum zehnten Mal das Sommerfest der Fondation Beyeler gefeiert, während am Keltenweg der Flohmarkt des Quartiervereins Niederholz stattfand. Auf das alljährliche Countryfest im Rauracher-Zentrum am 31. August folgte am 7. September der Dorfmarkt der Vereinigung Riehener Dorfgeschäfte (VRD) und gleichentags stieg das Musikschulfest ‹Blütenlese› im Sarasinpark. Der erste ‹Herbstmärt› der Lokalen Agenda 21 wurde am 14. September rund um das Rauracher-Zentrum zum Thema Lebensmittel durchgeführt: Im Vordergrund standen lokale und regionale Produkte. Am 21. September stieg das Eröffnungsfest zum Abschluss der Bauarbeiten an der Lörracherstrasse, zu dem Kanton und Gemeinde luden, und am selben Wochenende feierte die Kommunität Diakonissenhaus Riehen ihr 167. Jahresfest. Darauf folgte am 19. Oktober das Herbstfest im Pflegeheim Wendelin.

Auf der am Boden ausgerollten Leinwand tobten sich am 10. Sommerfest der Fondation Beyeler Künstlerinnen und Künstler aller Altersgruppen aus.

Ein Gitarrenensemble der Musikschule Riehen erfreute an der ‹Blütenlese› das Publikum im Sarasinpark.

Das reichhaltige Kuchenbuffet am Herbstfest im Pflegeheim Wendelin fand grossen Anklang.

Die erste Ausgabe des Wintermarkts im Wenkenpark fand vom 22. bis 24. November statt. Nebst schmucken Verkaufsständen, die sich als Chalet-Dorf präsentierten, lockten auch ein ‹Fonduestübli›, Kutschenfahrten und Musik. Im Andreashaus konnte am 23. November am Koffermarkt des Quartiervereins Niederholz wieder gefeilscht werden und am Wochenende des ersten Advents kam mit dem Adventsbazar des Vereins Offene Tür im Meierhof, dem Wintermarkt der VRD und dem Adventsmarkt im Hof des Spielzeugmuseums viel Vorweihnachtsstimmung auf. Ergänzt wurde das Angebot durch die ‹Adventsstubete›, zu der das Wohnhaus für Menschen mit einer Körperbehinderung am 1. Dezember lud, und den ‹Weihnachtsflowmarkt› am 7./8. Dezember auf dem Goldbrunnenhof am Schlipf. Damit endete die Fest- und Marktsaison, da praktisch alle Frühlingsveranstaltungen abgesagt oder verschoben wurden.

Die Kutschenfahrten waren eine der Attraktionen des neuen Wintermarkts im Wenkenpark.

Venedig im Wenkenhof: Die Oper ‹I due Foscari› verzauberte das Publikum in der Reithalle.

Herzzerreissend und fantastisch schön sang Eva Fiechter als Lucrezia an der Opernaufführung ‹I due Foscari› in der Reithalle des Wenkenhofs.

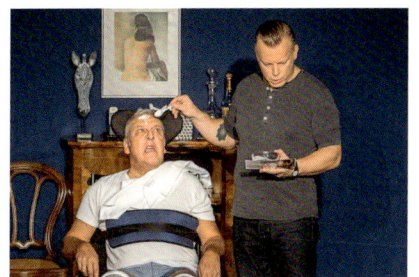

Philippe (Egon Klauser) und Driss (Nico Deleu) überzeugten in ‹Ziemlich beste Freunde› im Kammertheater Riehen.

THEATER, OPER UND FILM

Die Kulturtreppe im Hof des Spielzeugmuseums wurde am 2. August und den vier folgenden Freitagabenden wieder zum Open-Air-Kino. Mindestens so speziell wie die Hauptfilme mit Musikthemen – wie die Schweizer Produktion ‹Der Klang der Stimme› oder der US-amerikanische Streifen ‹Almost Famous› – war das Vorprogramm: Kurzfilme, die im Rahmen einer Ausgabe des Basler ‹Gässli Film Festivals› in der Kategorie ‹Best Music Video› ausgezeichnet worden waren. Konkurrenz erhielt das Kino im Hof am 15./16. August, als das Open-Air-Kino im Naturbad ‹Lion – der lange Weg nach Hause› und ‹Pitch Perfect 3› zeigte. Kurz, aber umso faszinierender ist Wim Wenders 3D-Kurzfilm ‹Two or Three Things I Know about Edward Hopper›, der ab dem 26. Januar in der Fondation Beyeler zu sehen war.

Der szenische Grenzrundgang ‹Fast täglich kamen Flüchtlinge› mit Sasha Mazzotti und Simon Grossenbacher wurde am 15. August bereits zum dritten Mal wiederaufgenommen. Zehn Monate später, am 12. Juni, dann zum vierten Mal, und zwar als Rahmenprogramm der Ausstellung ‹Grenzfälle Basel – 1933–1945› des Historischen Museums Basel. Eines der Highlights im Riehener Kulturkalender war die Rückkehr der ‹Opera Basel / Opera St. Moritz› in die Reithalle des Wenkenhofs. Am 21./22. September sowie an der öffentlichen Generalprobe am 19. September wurde ‹I due Foscari› von Giuseppe Verdi unter der musikalischen Leitung von Olga Machonova Pavlu aufgeführt. Hautnah konnte das Publikum die traurige Geschichte des Dogen Foscari und dessen Sohn miterleben und in die magische Stimmung Venedigs eintauchen.

Urkomisch und anrührend zugleich war die Premiere von ‹Ziemlich beste Freunde›, die am 25. Oktober über die Bühne des Kammertheaters Riehen ging. Nico Deleu als Driss und Egon Klauser als Philippe überzeugten das Publikum in der Bühnenversion des Kinowelterfolgs. In der Reithalle des Wenkenhofs wurden vom 22. bis 24. November das Theaterstück ‹Ver-Ding› der Theatercompany ‹Texte und Töne› aufgeführt und am 14./15. Dezember in der

Gerrit Neuhaus und Andreas Daniel Müller brachten in ‹Ver-Ding› Kinderschicksale auf die Bühne.

Marlys Winkler als Bedienstete Maggie im Gastspiel des Seniorentheaters Riehen-Basel in Bettingen.

Kornfeldkirche das Familienweihnachtsmusical ‹E wundervolli Nacht›. Wundervolles bei Tag gab es am 15. Dezember mitten in Riehen: Mit Maria und Joseph machte man sich auf den Weg nach Bethlehem und wurde so Zeugin und Zeuge der Weihnachtsgeschichte. Am 6. Februar präsentierte das Seniorentheater Riehen-Basel das Stück ‹Gaischterstund› in der Baslerhofscheune in Bettingen. Die für April geplanten Vorstellungen in Riehen wurden pandemiebedingt aufs kommende Jahr verschoben.

Jürg Zurmühle und Felix Bertschin gaben im Kammertheater am 7. und 9. Februar Stefan Zweigs ‹Schachnovelle› und das AHa-Theater feierte am 13. März die erfolgreiche Premiere des köstlichen Stücks ‹Boeing-Boeing› – coronabedingt mit sehr grosszügigen Abständen im Zuschauerraum. Nach drei statt acht Vorstellungen war dann aber Schluss.

PERFORMANCES UND ANDERE EVENTS

Fast fasnächtliche Klänge erfüllten Riehen bereits am 7. September: Anlässlich des Zehn-Jahr-Jubiläums der ‹Swiss Regulators Riehen› fand das ‹Swiss National Riehen Fife & Drum Muster› statt. Auf eine Parade durch den Dorfkern folgten auf dem Dorfplatz Konzerte von insgesamt acht sogenannten ‹Fife and Drum Corps›, die das US-amerikanische Trommeln und Pfeifen in der Schweiz pflegen. Ein Kunstprojekt der praktischen Art wurde am 18. September eingeweiht: Kinder der Primarschule Burgstrasse verwandelten in einer Projektwoche das ehemalige Tramhäuschen der Haltestelle Bettingerstrasse in einen mit Wandmalereien geschmückten Velounterstand. Nach dem nationalen Tag des Friedhofs am 21. September auf dem Hörnli gastierte am 28./29. September der Basler Kleinkunst-Zirkus ‹Fahraway› mit ‹Wo ist Tobi?› im Sarasinpark.

Unter dem Namen ‹Bey Day› starteten das Kulturbüro Riehen und die Fondation Beyeler mit der Performance von Legion Seven alias Sarah Reid am 23. Oktober eine Veranstaltungsreihe im Bistro Bey. Mit von der Partie waren am 4. November der

Legion Seven an ihrer elektronisch begleiteten Lesung im Rahmen des ‹Bey Day›-Auftakts.

junge Pianist Lou Hägi aus Riehen und am 4. Dezember der Riehener Kulturpreisträger 2018 Gregor Hilbe. Auf einer der ‹Riehen à point›-Führungen widmete sich Caroline Schachenmann am 16. November den drei historischen Spitalgebäuden und am 3. Dezember wurde in der Gedenkstätte für Flüchtlinge eine Gedenktafel für Albert Schudel-Feybli eingeweiht. Geehrt wurde der ab 1939 für die ‹Riehener Zeitung› tätige Schudel, der ab 1941 Chefredaktor des Blatts war, für seinen Gerechtigkeitssinn und den Mut, mit dem er trotz Pressezensur gegen den Nationalsozialismus angeschrieben hatte.

Selina Baumann nahm den mit 6000 Franken dotierten Kunstpreis Riehen von Kiki Seiler-Michalitsi entgegen.

Am Workshop ‹Tape Art› in der Fondation Beyeler zeigte sich wieder einmal, dass es für hochstehende Kunst weder Marmor noch Ölfarbe braucht.

Urs Bihler an der Auftaktveranstaltung der Reihe ‹Wintergäste›.

Vincent Glander präsentierte im Rahmen der Reihe ‹Wintergäste› die Geschichte von Thomas, dem Schwindler.

Am 12. Dezember durfte Keramikerin Selina Baumann im Kunst Raum Riehen den fünften Kunstpreis Riehen entgegennehmen und am 5. Januar wurde der Dreikönigssternmarsch in die Reithalle des Wenkenhofs unter die Füsse genommen. Gleichenorts ging am 12. Januar als Eröffnungsproduktion der Reihe ‹Wintergäste› die szenische Lesung ‹Glücklich die Glücklichen› von Yasmina Reza über die Bühne. Am 26. des Monats folgte Jean Cocteaus ‹Thomas der Schwindler› im Haus der Vereine. An der Museumsnacht am 17. Januar schien die Welt noch in Ordnung und am 26. Februar fand im Kunst Raum Riehen die erste Ausgabe des neuen Formats ‹Belle de Jour› mit dem Film ‹Nostalgia› von Hollis Frampton statt. Doch zwei Tage darauf wurde wegen der Corona-Krise die Basler Fasnacht abgesagt, was auch die ‹Chropf-Clique-Rieche› hart traf, die heuer ihren 90. Geburtstag feiern wollte. So endete das Riehener Kulturjahr mit abgesagten und verschobenen Veranstaltungen, aber auch mit ersten Plänen, wie Anlässe mit den nötigen Schutzmassnahmen in Zukunft doch durchgeführt werden könnten.

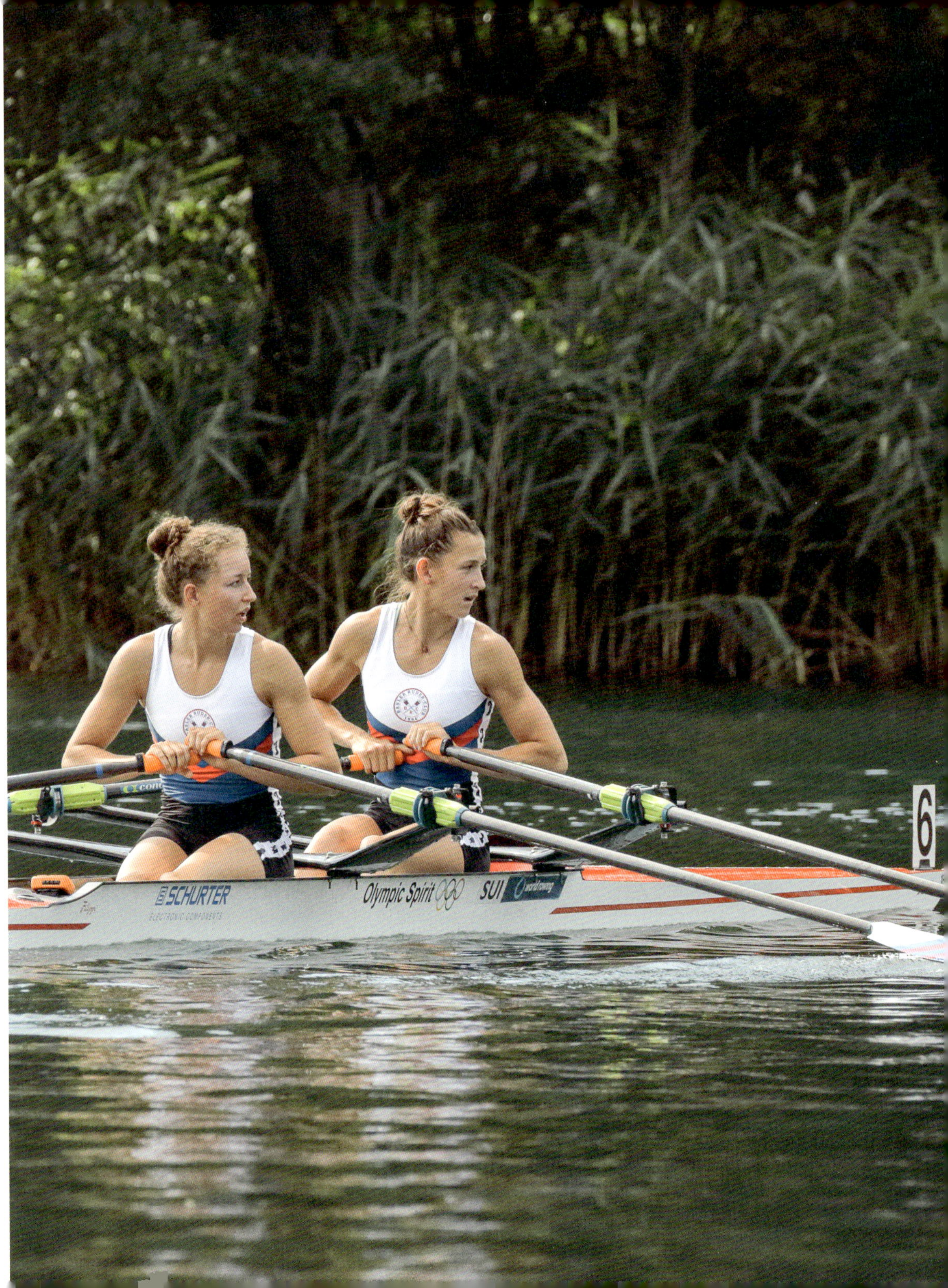
SCHURTER
ELECTRONIC COMPONENTS
Olympic Spirit
SUI
6

Sportchronik

JULI 2019 BIS JUNI 2020

ROLF SPRIESSLER

Das Sportjahr 2019/20 wurde überschattet von der Corona-Krise, die ab März 2020 den gesamten Sportbetrieb lahmlegte. Dem FC Amicitia wurde damit die Chance zum direkten Wiederaufstieg in die 2. Liga Regional genommen. Für die Volleyballerinnen des KTV Riehen war im Erstliga-Play-off-Final Schluss. Im Herbst 2019 hatte Silvan Wicki wegen einer Virusinfektion die Teilnahme an der Leichtathletik-WM in Doha absagen müssen, wurde aber im Frühjahr 2020 60-Meter-Hallenschweizermeister. Die Leichtathletin Aline Kämpf wurde Basler Nachwuchssportlerin des Jahres. Der Sportpreis der Gemeinde Riehen ging an die Jugendriege des TV Riehen. National und international stark präsentierten sich die Bogenschützen Juventas und der Basler Ruder-Club.

BASKETBALL

Die Basketballerinnen des CVJM Riehen waren in der Zweitligameisterschaft 2019/20 mit 11 Siegen aus 15 Spielen auf Platz 3 und somit auf gutem Kurs, als am 12. März 2020 – einen Tag nach einem überzeugenden Auswärtssieg in Pratteln – der Meisterschaftsbetrieb eingestellt wurde. Der Basketballverband Nordwestschweiz (BVN) entschloss sich sofort, den Meisterschaftsbetrieb nicht mehr zu beenden.

Die CVJM-Männer lagen in ihrer Zweitligameisterschaft zum Zeitpunkt des Abbruchs mit 8 Siegen aus 13 Spielen auf Platz 5 und waren im BVN-Regionalcup noch im Wettbewerb.

Erst im Mai wurden erste Trainings wieder möglich und mit dem Schutzkonzept des Schweizerischen Basketballverbands war ab dem 6. Juni 2020 wieder ein nahezu normaler Trainingsbetrieb erlaubt.

BOGENSCHIESSEN

An der 30. Sommer-Universiade vom 3. bis 14. Juli 2019 in Napoli (Italien) schafften es zwei Schweizer Teams mit Riehener Beteiligung bis in die Halbfinals. Im Recurve-Teamwettbewerb der Männer schlugen die Riehener Brüder Adrian und Florian Faber in den Achtelfinals sensationell den Top-Favoriten Korea, in den Viertelfinals folgte ein Sieg gegen Moldawien und der Halbfinal gegen Russland ging nur ganz knapp verloren. Im Bronze-Match gegen die USA gab es nochmals eine Niederlage und damit Platz 4. Im Teamwettbewerb der Frauen qualifizierte sich die Riehenerin Olga Fusek zusammen mit der Waadtländerin Iliana Deineko mit Siegen über China und Spanien für die Halbfinals. Das Duo verpasste nach Niederlagen gegen Russland und die Ukraine mit Platz 4 nur knapp eine Medaille. Im Mixed-Teamwett-

Die Schweizer Bogen-Delegation mit Florian Faber, Iliana Deineko, Coach Thomas Rufer, Olga Fusek und Adrian Faber an der ‹Swissnight› im Rahmen der Universiade.

Zwei Brüder kämpfen um Bronze an der Universiade: Adrian Faber (am Bogen) und Florian Faber im Match gegen die USA.

Siegerpodium der Recurve-Einzel-Schweizermeisterschaft outdoor Männer in Bern mit Sieger Thomas Rufer (Mitte), André Schori (links) und Florian Faber.

kampf erreichten Olga Fusek und Florian Faber Platz 9. Im Einzel-Wettbewerb der Frauen wurde Olga Fusek hervorragende Neunte, bei den Männern kam Florian Faber auf Platz 17 und Adrian Faber auf Platz 57.

An den Outdoor-Schweizermeisterschaften vom 24./25. August 2019 in Bern nahmen die Bogenschützen Juventas Basel-Riehen mit 14 Mitgliedern teil und errangen 7 Medaillen, davon 3 goldene. Titel gab es für Olga Fusek im Recurve-Einzel der Frauen Elite sowie für die Juventas-Teams im Recurve (Florian Faber, Adrian Faber, André Schori) und im Compound (Marness Swart, Marco Petraglio, Joao Cardoso). Im Recurve-Einzel der Männer belegten Juventas-Schützen geschlossen die Ränge 2 bis 9, wobei André Schori hinter dem Berner Thomas Rufer Vizemeister wurde und Florian Faber im Bronze-Match seinen Bruder Adrian zu schlagen vermochte. Ronja Divisek gewann Silber mit dem Recurve-Bogen bei der Jugend U15, Marness «Blackie» Swart Bronze mit dem Compound-Bogen bei den Masters Ü50.

Die Hallen-Schweizermeisterschaften 2020 in Magglingen, wo die Bogenschützen Juventas zwei Titel zu verteidigen gehabt hätten, wurden im März 2020 aufgrund der Corona-Krise abgesagt.

CROSSFIT

Die Riehenerin Alessia Wälchli hatte sich als erste Schweizer Elite-Frau für die Crossfit-Games qualifiziert, der Weltmeisterschaft in diesem Fitness-Extremwettbewerb, die vom 1. bis 4. August 2019 in Madison, Wisconsin (USA) ausgetragen wurde. Dort überstand sie unter ursprünglich 134 Konkurrentinnen drei Runden und belegte am Schluss den guten 36. Rang.

Alessia Wälchli beim Lauf mit Zusatzgewicht an der Crossfit-Weltmeisterschaft in Madison.

FUSSBALL

Der FC Amicitia schaffte im Herbst 2019 eine grandiose Hinrunde. Nach den Abstiegen der ersten und zweiten Mannschaft aus der 2. Liga Regional und der 3. Liga überwinterten die beiden Teams in der 3. Liga und der 4. Liga als Tabellenführer. Der FC Amicitia I spielte sich ausserdem in die Viertelfinals des Basler Cups – unter anderem mit zwei klaren Siegen über die Zweitligisten AS Timau (5:1) und FC Dardania (6:2). Kurz vor dem Rückrundenstart wurde die Meisterschaft dann aber wegen der Corona-Krise abgebrochen. Damit gab es

Der FC Amicitia I im Drittliga-Heimspiel auf der Grendelmatte gegen BCO Alemannia.

in der Meisterschaft 2019/20 keine Auf- und Absteiger und auch der Basler Cup wurde abgebrochen. Von den acht Viertelfinalisten wurde der FC Laufen (2. Liga) als Teilnehmer des Schweizer Cups 2020/21 ausgelost. Der FC Laufen wäre der Viertelfinalgegner des FC Amicitia gewesen. Der FC Amicitia sah sich der grossen Chance eines Doppelaufstiegs beraubt.

Die A-Junioren des FC Amicitia konnten sich in der Herbstrunde in der höchsten Spielklasse Junior League A halten, die Frühjahrsrunde fiel aus. Die C-Junioren des FC Amicitia gewannen im Januar 2020 das grosse Junioren-Hallenturnier des Fussballverbands Nordwestschweiz in der Kategorie C1 mit einem 2:0-Finalsieg gegen Muttenz.

Der FC Amicitia organisierte am 26. Januar und 2. Februar 2020 in der Sporthalle Niederholz vier Junioren-Hallenturniere. Die Turniersiege holten sich der FC Aesch (Junioren E3), BSC Old Boys (D3), FC Arlesheim (E2) und SC Steinen Basel (D2).

Der FC Riehen nahm nur mit einem Senioren-Kleinfeldteam am Meisterschaftsbetrieb teil. In der Herbstmeisterschaft wurde das Team der Senioren 50+ Gruppenletzter.

LEICHTATHLETIK

An der 30. Sommer-Universiade vom 3. bis 14. Juli 2019 in Napoli (Italien) qualifizierte sich der Riehener Silvan Wicki (Uni Basel) im 200-Meter-Lauf mit 21,35 Sekunden für die Halbfinals der besten 24. Dort wurde er in 21,13 Sekunden Serienfünfter und schied aus. Im Vorfeld zum geplanten Team-EM-Einsatz mit der Schweizer Nationalmannschaft in Polen musste Silvan Wicki, der auch für die WM in Doha qualifiziert war, seine Freiluftsaison wegen einer Viruserkrankung abbrechen.

An den Elite-Schweizermeisterschaften vom 23./24. August 2019 auf der Schützenmatte in Basel trat der TV Riehen (TVR) mit vier Athletinnen an. Die Mehrkämpferin Aline Kämpf verbesserte ihre Bestzeit über 100 Meter Hürden auf 14,91 Sekunden und belegte den 23. Platz unter 44 Athletinnen. Die in Riehen aufgewachsene, ehemalige TVR-Athletin Julia Schneider (Old Boys Basel) wurde in der persönlichen Bestzeit von 13,66 Sekunden Vierte. Céline Niederberger (TVR) belegte über 400 Meter in 58,05 Sekunden den 17. Platz unter 33 Athletinnen. Karin Olafsson (TVR) schaffte im Diskuswerfen mit 36,17 Metern den 12. Platz unter 16 Athletinnen mit Schweizer Pass. Nicole Thürkauf (TVR) belegte über 200 Meter in 25,93 Sekunden den 29. Platz. Im Dreisprung der Männer holte der in Riehen aufgewachsene, ehemalige TVR-Athlet Nils Wicki (Old Boys Basel) mit 15,21 Metern die Bronzemedaille.

Leichtathlet Silvan Wicki beim Training.

TVR-Leichtathletin Aline Kämpf (rechts) über 100 Meter Hürden an der Leichtathletik-Schweizermeisterschaft 2019 in Basel.

An den Staffel-Schweizermeisterschaften vom 1. September 2019 in Langenthal nahm der TV Riehen mit fünf Staffeln teil und holte einen Titel und eine Bronzemedaille. Schweizermeister wurden dabei die U18-Athleten Patrick Anklin, Ryan Schaufelberger, Fabian Zihlmann und Thimo Roth über 4 × 100 Meter in der Finalzeit von 43,25 Sekunden. Bronze gewann die Olympische Staffel (800/400/200/100 Meter) der MU18 in der Besetzung Joël Indlekofer, Thimo Roth, Fabian Zihlmann und Patrick Anklin in 3:28,21. Die 4 × 100-Meter-Frauenstaffel des TV Riehen erreichte in der Besetzung Jara Zwahlen, Aline Kämpf, Céline Niederberger und Nicole Thürkauf in 47,96 Sekunden den hervorragenden 5. Platz. Die 5 × 80-Meter-Staffeln der Männlichen und der Weiblichen U16 erreichten beide die Halbfinals.

An den Nachwuchs-Schweizermeisterschaften U20/U23 vom 7./8. September 2019 in Winterthur war der TV Riehen mit 8 Athletinnen und Athleten am Start. Aline Kämpf gewann bei den Juniorinnen WU20 Silber im Hochsprung, wurde Vierte im Weitsprung und Achte im 100-Meter-Hürdenlauf. Tedros Sium gewann Bronze im 5000-Meter-Lauf der Junioren MU20. Norina Sankieme wurde Vierte im Dreisprung der WU20. Birk Kähli wurde bei den MU23 Siebter im Stabhochsprung und Siebter im Diskuswerfen.

An den Nachwuchs-Schweizermeisterschaften U16/U18 vom 7./8. September 2019 in Düdingen war der TV Riehen mit 18 Athletinnen und Athleten am Start. Bei den MU18 gewann Thimo Roth die Bronzemedaille im 400-Meter-Lauf. Weitere Finalplätze erreichten Robert Hoti als Vierter im 80-Meter-Lauf der MU16, Célina Binkert als Vierte im Diskuswerfen der WU18, Joël Indlekofer als Fünfter im 800-Meter-Lauf der MU18, Gideon Pfleiderer als Sechster im 400-Meter-Hürdenlauf der MU18, Abel Isaak als Siebter im 3000-Meter-Lauf der MU18, Josief Michiel als Siebter im 2000-Meter-Lauf der MU16 und Lynn Hauswirth als Achte im Diskuswerfen der WU16.

Im Schweizer Final des Leichtathletik Mannschaftsmehrkampfs (LMM) vom 13./14. September 2019 in Adliswil feierte der TV Riehen drei Meistertitel, nämlich bei den Frauen, den Weiblichen U18 und den Männlichen U16. Bei den Männlichen U18 gab es Silber, das zweite TVR-Team belegte zudem Platz 5. Bei den Weiblichen U16 kam der TVR auf Platz 6.

An den Mehrkampf-Schweizermeisterschaften vom 21./22. September 2019 in Hochdorf wurde Aline Kämpf (TVR) Juniorinnen-Schweizermeisterin im Siebenkampf. Im Januar 2020 wurde sie daraufhin zur Basler Nachwuchssportlerin des Jahres 2019 gekürt.

Thimo Roth mit seiner 200-Meter-Silbermedaille an der Nachwuchs-Hallen-Schweizermeisterschaft in Magglingen.

An den Halbmarathon-Schweizermeisterschaften vom 21. September 2019 in Uster, die im Rahmen des Greifenseelaufs ausgetragen wurden, gewann Tedros Sium (TVR) bei den Junioren U20 die Silbermedaille. Der Riehener Peter Gassmann gewann Silber bei den Männern M70.

Daniele Licci mit seiner Hochsprung-Silbermedaille an der Nachwuchs-Hallen-Schweizermeisterschaft in Magglingen.

Am 3. November 2019 fand mit Start und Ziel auf der Grendelmatte der 2. Basel Running Day statt. Den 10-Kilometer-Lauf gewann Julian Zenke (Basel Running Club) vor Jean-Michel Gossauer (LC Uster) und Zersenay Michiel (TVR), bester Junior war als Gesamtfünfter Tedros Sium (TVR), Frauen-Siegerin wurde Susi Tschudi (LC Basel). Den Schüler-Lauf über 2,2 Kilometer gewannen Mael Medero und Rebecca Wüthrich (beide TVR).

An den Hallen-Mehrkampf-SM vom 1./2. Februar 2020 wurde Aline Kämpf Fünfte im Fünfkampf der Frauen Elite.

An den Hallen-Schweizermeisterschaften der Elite vom 15./16. Februar 2020 in St. Gallen verteidigte Silvan Wicki seinen 60-Meter-Titel aus dem Vorjahr in der persönlichen Bestzeit von 6,62 Sekunden souverän. Der TVR-Junior Patrick Anklin erreichte in 7,12 Sekunden die Halbfinals und belegte Platz 22 unter 42 Konkurrenten. Der TV Riehen war mit einem Quartett am Start. Aline Kämpf belegte Platz 15 im Weitsprung und Platz 17 im Hochsprung und bestritt die Vorläufe über 60 Meter Hürden, wo die Riehenerin Julia Schneider (OB Basel) Sechste wurde. Norina Sankieme belegte im Dreisprung Platz 12. Im Weitsprung der Männer wurde Marco Thürkauf (TVR) mit 6,72 Metern Achter. Im Dreisprung gewann der in Riehen aufgewachsene Nils Wicki (OB Basel) Bronze.

An den Nachwuchs-Hallen-Schweizermeisterschaften vom 22./23. Februar 2020 in Magglingen nahm der TV Riehen mit neun Mitgliedern teil. Patrick Anklin gewann im 60-Meter-Lauf der MU18 in 7,09 Sekunden ex-aequo mit Gaspar Martinez-Aldama (Stade Lausanne) den Titel. Die TVR-Vereinskollegen Ryan Schaufelberger und Daniel Konieczny bestritten die Vorläufe. Silber holten Thimo Roth im 200-Meter-Lauf der MU18 in 22,84 Sekunden und Daniele Licci im Hochsprung der MU16 mit 1,76 Metern. Im Dreisprung der WU20 wurde Norina Sankieme mit der Vereinsrekordweite von 11,21 Metern Vierte. Vierter wurde auch Joël Indlekofer im 1000-Meter-Lauf der MU20 in 2:33,54. Alexia Groh wurde bei den WU18 im Hochsprung und Dreisprung jeweils Neunte. Irina Antener bestritt die 60-Meter-Vorläufe der WU16.

Kurz nach Wiederaufnahme des Leichtathletik-Wettkampfbetriebs nach der Corona-Pause lief Silvan Wicki am 13. Juni 2020 in Langenthal über 150 Meter in 15,05 Sekunden eine neue Schweizer Allzeit-Bestleistung.

Podium 60-Meter-Lauf Männliche U18 an der Nachwuchs-Hallen-Schweizermeisterschaft in Magglingen mit Gaspar Martinez-Adama, Patrick Anklin, Steven Momo.

ORIENTIERUNGSLAUF

Nach zwanzig Austragungen fand im Januar 2020 kein Riehener Nacht-Dorf-OL statt. Dafür organisierte die OLG Basel in Riehen den Basler Winter-OL, der wegen instabiler Verhältnisse nicht im ursprünglich vorgesehenen Waldgebiet stattfand, sondern, wie früher der Nacht-OL, durchs Dorf führte, diesmal aber mit Start beim Glögglihof und Ziel im Wenkenpark. Die Kategoriensiege dieses Wettkampfs, der am 1. Februar 2020 stattfand und 136 Startende zählte, gingen an Sandro Anderes (Gretzenbach) auf der schwarzen Bahn, Urs Rubitschon (Risch) auf der roten Bahn, Noël Voeste (Basel) auf der blauen Bahn und Nicolas Dorn (Münchenstein) auf der grünen Bahn.

RUDERN

An den Schweizermeisterschaften vom 5. bis 7. Juli 2019 auf dem Rotsee gewann der in Riehen beheimatete Basler Ruder-Club (BRC) zehn Medaillen, nämlich dreimal Gold, viermal Silber und dreimal Bronze.

Gleich drei Medaillen holten sich Meret Renold und Katharina Ebert: Gold im Zweier ohne der Juniorinnen U19, Gold im Doppelvierer der Juniorinnen U19 (zusammen mit Julia Andrist und Isabel Metcalf) sowie Bronze im Doppelzweier der Juniorinnen U19. Den dritten Schweizermeistertitel gab es bei den Junioren U17 für die BRC-Ruderer Henrik Angehrn, Donat Vonder Mühll, José Buendia und Léon Zahner sowie Steuerfrau Xenia Gusset, die in einer Renngemeinschaft des BRC mit dem RC Aarburg und dem Solothurner RC erfolgreich waren. Silber gab es für den Basler Ruder-Club bei den Männern Elite im Leichtgewichts-Doppelzweier (Julius Olaf, Jonathan Bieg), bei den Juniorinnen U17 im Doppelvierer (Vivien Goretic, Paula Bieg, Chiara Wooldridge, Laura Villiger) sowie bei den Junioren U15 im Doppelzweier (Oscar Morton Krause, Nicolas Bertossa) und im Doppelvierer (Oscar Morton

Der Silber-Achter der Junioren U17 mit Simon Uske, Lukas Eschbach, José Buendia, Léon Zahner, Cyrill Krattinger, Henrik Angehrn, Donat Vonder Mühll, Christian Stuber und Steuerfrau Xenia Gusset an der Schweizermeisterschaft auf dem Rotsee.

Der Schweizer Juniorinnen-Doppelvierer an der Junioren-Weltmeisterschaft in Tokio mit (von links) Katharina Ebert, Anne-Sophie Leunig, Meret Renold und Célia Dupré.

Krause, Nicolas Bertossa, Lorenz Hornig, William Duff). Bronze gab es schliesslich ausserdem bei den Masters B im Mixed-Doppelzweier (Tobias Wullschleger, Sabine Horvath) sowie bei den Masters F Männern im Doppelzweier (Michael Fahlbusch, Martin Streb).

In der Klubwertung belegte der BRC den 5. Rang unter 38 Klubs. Auch in der Nachwuchswertung der Kategorien U15 und U17 belegte der BRC Platz 5.

Julia Andrist bestritt am 3./4. August 2019 den Coupe de la Jeunesse in Cornego (Italien) und belegte mit dem Schweizer Juniorinnen-Doppelvierer die Plätze 4 und 8.

An der Junioren-WM vom 7. bis 11. August 2019 in Tokio (Japan) sassen die BRC-Ruderinnen Katharina Ebert und Meret Renold zusammen mit Célia Dupré (CA Vésenaz) und Anne-Sophie Leunig (SC Küsnacht) im Schweizer Juniorinnen-Doppelvierer, erreichten den A-Final und wurden hervorragende Fünfte.

An den Swiss Rowing Indoors, einem Hallenwettkampf auf Ruder-Ergometern, gewann der Basler Ruder-Club am 25. Januar 2020 in Zug drei Medaillen, nämlich Gold durch Oscar Krause bei den Junioren U15, Bronze durch Nina Thölking bei den Frauen Elite und Bronze durch Julia Andrist bei den Juniorinnen U19.

SCHACH

In der Schweizerischen Mannschaftsmeisterschaft (SMM) 2019 der Nationalliga A wurde die Schachgesellschaft (SG) Riehen hinter Genf und vor Luzern Vizemeisterin. Die SG Riehen II kam in der Nationalliga-B-Westgruppe auf Platz 3, die SG Riehen III wurde in ihrer Erstligagruppe Dritte. Wegen der Corona-Krise wurde die SMM-Saison 2020 ersatzlos gestrichen – bitter für die SG Riehen, die auf dem Papier als Top-Favoritin in die Saison gestartet wäre. Am Europäischen Klub-Cup vom 10. bis 16. November 2019 in Ulcinj (Montenegro) belegte die Schachgesellschaft Riehen in der Besetzung mit Andreas Heimann, Olivier Renet, Ognjen Cvitan, Ioannis Georgiadis, Gregor Haag und Heinz Wirthensohn den 19. Rang unter 66 Teams.

Der Nordwestschweizer Schachtag vom 23. November 2019 fand im Landgasthofsaal in Riehen statt. Die gastgebende SG Riehen belegte in der Schlusswertung hinter Basel Trümmerfeld Platz 2 unter 12 Vereinen, insgesamt nahmen 149 Spielerinnen und Spieler teil.

Die Schweizerische Gruppenmeisterschaft (SGM) 2019/20 wurde vor der letzten Runde, die im März geplant war, wegen der Corona-Krise unterbrochen und wird erst im Herbst 2020 fertiggespielt.

Am Meisterturnier des Schachfestivals Basel, das vom 2. bis 5. Januar 2020 zum fünften Mal im Landgasthof Riehen ausgetragen wurde, setzte sich im Hauptturnier Open A der 19-jährige armenische

Grossmeister Haik Martirosyan durch. Hervorragender Vierter wurde Sebastian Schmidt-Schaeffer, der zum SMM-Team der SG Riehen gehört, Platz 12 belegte der Deutsche Frank Schambach von der SG Riehen und Platz 13 der Riehener Thomas Held. Jugendschachkönig der U16 wurde Nicos Doetsch-Thaler (SG Riehen).

Das SMM-Team der SG Riehen I vor einem NLA-Heimspiel mit Ognjen Cvitan, Olivier Renet, Markus Ragger, Peter Erismann (Mannschaftsleiter), Ioannis Georgiadis, Gregor Haag, Nicolas Brunner, Dennis Breder, Andreas Heimann.

SCHWIMMEN

An den Nachwuchs-Schweizermeisterschaften im Schwimmen vom 18. bis 21. Juli 2019 im Sportbad St. Jakob in Basel gewann der 15-jährige Riehener Felix Berger (SV beider Basel) in seiner Altersklasse den Titel über 100 Meter Rücken und holte Silber über 200 Meter Rücken.

Die zwei Riehenerinnen Luana Meneghello und Aileen Strittmatter mit ‹Chocolat› als Vizeschweizermeisterinnen im Kinder-Duo an der Stepptanz-Schweizermeisterschaft in Fribourg.

STEPPTANZ

An den Stepptanz-Schweizermeisterschaften vom 7./8. September 2019 in Fribourg holte die in Riehen gegründete Stepptanzschule ‹tanzwerk› drei Schweizermeistertitel und drei weitere Medaillen und gewann den Open-Cup. Den Titel gewannen die 12-köpfige Junioren-Formation (mit den vier Riehenerinnen Noémie Bezençon, Nora Büchler, Róisín Collins und Anik Valentin), die Baslerin Delia Jost im Kinder-Solo und die siebenköpfige Kinder-Smallgroup mit den Riehenerinnen Rabea Feusi, Luana Meneghello und Aileen Strittmatter. Das Juniorinnen-Trio mit Simona Gallacchi, Luria Hampe und Linda Stefanutti gewann ebenso Silber wie das Riehener Kinder-Duo mit Luana Meneghello und Aileen Strittmatter. Luria Hampe gewann Bronze im Solo der Juniorinnen, Meisterin wurde dort die ehemalige ‹tanzwerk›-Stepperin Federica Barbieri aus Basel. Vizemeisterin im Solo der Frauen wurde das ehemalige ‹tanzwerk›-Mitglied Céline Mathys aus Basel.

Mit mehreren Riehenerinnen in ihren Reihen reiste die Stepptanzschule ‹tanzwerk› an die IDO-Stepptanz-Weltmeisterschaften vom 26. bis 30. November 2019 nach Riesa (Deuschland) und war am Sieg des Schweizer Stepptanz-Nationalteams bei den Grossproduktionen beteiligt. Das ‹tanzwerk› trat in drei Konkurrenzen an und belegte im Trio der Junioren Platz 21 (Simona Gallacchi, Luria Hampe, Linda Stefanutti), bei den Formationen der Junioren Platz 15 und im Solo der Juniorinnen mit Luria Hampe Platz 29. Die ehemalige ‹tanzwerk›-Stepperin Federica Barbieri wurde sensationell zweifache Juniorinnen-Vizeweltmeisterin, nämlich im Solo und zusammen mit Maximilien Borruat-Kawasaki im Duo.

Die Kinder-Smallgroup des ‹tanzwerks› mit der Sieger-Choreografie ‹Pünktchen und Anton› an der Stepptanz-Schweizermeisterschaft in Fribourg.

TAEKWONDO

An den Taekwondo-Schweizermeisterschaften im Formenlaufen (Poomsae) vom 21. September 2019 in Bern feierte die Taekwondo-Schule Riehen gleich acht Meistertitel, dazu zwei Silber- und drei Bronzemedaillen. Meistertitel gewannen Maria Gilgen (Kat. A Frauen Masters), Daniel Morath (Kat. A Junioren), Laura Fasciano (Kat. A Juniorinnen), Daniel Morath und Laura Fasciano (Kat. A Junioren Paar), Cleo Kaufmann, Madleina Dietrich und Laura Fasciano (Kat. A Junioren Team), Mathien Tanael (Kat. B Kadetten), Dominik Helbing (Kat. D Senioren) sowie Yussouf M. Bareck und Tina Reimann (Kat. D Minimes Paar).

Am 4. Lissabon Poomsae Open vom 9. November 2019 in Poures (Portugal) gewann Maria Gilgen in der Altersklasse U50 das Frauen-Einzel und zusammen mit dem Portugiesen Pedro Tomas auch den Paar-Wettbewerb. Daniel Morath wurde Dritter im Junioren-Einzel, Sophie Morath Dritte im Kadettinnen-Einzel und Laura Fasciano und Daniel Morath wurden Fünfte im Kadetten-Paarwettbewerb.

Im November 2019 schafften von der Taekwondo-Schule Riehen Laura Fasciano (Juniorinnen) und Daniel Morath (Junioren) die Aufnahme ins Schweizer Poomsae-Nationalkader, Maria Gilgen (Frauen U50) bestätigte ihre Kaderzugehörigkeit.

Am 5th President's-Cup vom 18./19. Februar 2020 in Helsingborg (Schweden) gewann Maria Gilgen den U50-Einzelwettbewerb der Frauen, Daniel Morath wurde Sechster bei den Junioren und Laura Fasciano Zehnte bei den Juniorinnen.

Gruppenbild der Taekwondo-Schule Riehen an der Poomsae-Schweizermeisterschaft in Bern.

TENNIS

Am 23. Juli 2019 fand auf den Anlagen des Tennis-Clubs Riehen (TCR) die Premiere des Riehen Open statt. Organisatorin war TCR-Spielerin Paula Gerber, die das Turnier im Rahmen einer Projektarbeit an der FMS Basel auf die Beine gestellt hatte. Sieger des Männer-Turniers N4/R4 wurde Julian Modrig, der sich im Final gegen Andrin Saner durchsetzte.

Am Finaltag der Klubmeisterschaften des TC Riehen wurden am 1. September 2019 auf dem Tennisplatz Grendelmatte folgende Klubmeister und -meisterinnen gekürt: Christopher Reiff (Männer), Christopher Reiff (Junioren U18), Karl Schweizer (Junioren U16), Nico Kaufmann (Junioren U14), Siegfried Santamaria (Senioren 60+), Sara Aeberli und Verena Aeberli (Frauen-Doppel) und Anna Gubler und Nicolas Schwyzer (Mixed-Doppel).

In der Jubiläums-Klubmeisterschaft des 40-jährigen TC Stettenfeld gingen die Meistertitel an Dominik Kiener (Männer Einzel), Michael Kuprianczyk und Dominik Kiener (Männer-Doppel), Sylvette Peter und Ursula Schlup (Frauen-Doppel) und Lara Kuprianczyk und Stefan Mayer (Mixed-Doppel).

Männer- und Juniorensieger Christopher Reiff am Finaltag der Klubmeisterschaften des TC Riehen auf der Grendelmatte.

Nico Kaufmann und Nico Heyn beim Handshake vor dem U14-Final an der Klubmeisterschaft des TC Riehen.

Die Interclub-Meisterschaft 2020, die im Mai / Juni geplant war, konnte aufgrund der Corona-Krise nicht ausgetragen werden. Von der Absage betroffen waren Teams des TC Riehen und des TC Stettenfeld.

UNIHOCKEY

Die Unihockey-Meisterschaft 2019/20, an welcher der Unihockey-Club (UHC) Riehen mit neun Teams teilnahm, wurde wegen der Corona-Krise nicht zu Ende gespielt. Es war die erste Saison, in der kein Riehener Männer-Grossfeldteam mehr am Meisterschaftsbetrieb teilnahm. Die Frauen hatten als Fünfte ihrer Erstligagruppe die Play-off-Viertelfinals um den Kleinfeld-Meistertitel verpasst, bevor die Meisterschaft gestoppt wurde. Es gab keine Meistertitel, keine Auf- und keine Abstiege. Ab dem 13. März 2020 und bis in den Juni hinein war auch kein Trainingsbetrieb möglich.

UNTERWASSERRUGBY

Am 24./25. August 2019 führte der Riehener Verein UW-Rugby Bâle im Gartenbad Eglisee das 18. Turnier um den Läckerli-Cup durch, das zum dritten Mal in Serie von Manta Saarbrücken gewonnen wurde. UW-Rugby Bâle belegte den 9. Rang unter 9 Teams.

VOLLEYBALL

Die Volleyballerinnen des KTV Riehen sicherten sich als Zweite der Erstligagruppe C hinter dem souveränen Volley Lugano II die Teilnahme an den Play-offs. In den Play-off-Halbfinals schlugen sie Volley Toggenburg II in zwei Spielen mit 6:2-Sätzen und wären in den Play-off-Finals auf Volley Lugano II getroffen. Im März brach der Schweizerische Volleyballverband dann aber sämtliche Meisterschafts- und Cupwettbewerbe wegen der Corona-Krise ab.

Im Schweizer-Cup qualifizierten sich die Riehenerinnen mit einem 3:0-Heimsieg über B-Ligist Volero züri unterland für die Achtelfinals, wo sie den A-Ligisten Genève Volley empfangen durften und nach guter Leistung 0:3 unterlagen. Der Cup-Final zwischen Sm'Aesch Pfeffingen und Neuchâtel UC wurde nicht mehr ausgetragen.

Die Volleyballerinnen des TV Riehen führten am 20. Oktober 2019 in der Sporthalle Bäumlihof ihr traditionelles Heimturnier durch und belegten in der Kategorie Easy League / 5. Liga Platz 7. Die Easy-League-Meisterschaft 2019/20 wurde nicht zu Ende gespielt.

Die Volleyballerinnen des KTV Riehen in der Sporthalle Niederholz im Schweizer-Cup-Achtelfinalspiel gegen A-Ligist Genève Volley.

RELIGION

RÖMISCH-KATHOLISCHE PFARREI ST. FRANZISKUS RIEHEN-BETTINGEN

JULI 2019 BIS JUNI 2020
CHRISTOPH BOSSART UND
ODO CAMPONOVO

Ein Blick nach vorne: Bis zum 25. Juni 2020 traf kein Begehren für eine Urnenwahl ein. Damit wird mit Dorothee Becker erstmals eine Theologin die Pfarrei St. Franziskus Riehen-Bettingen leiten. Gross war die Freude am Begegnungs- und Austauschabend vom 10. Juni, dass am 1. November die lange Zeit der Pfarrvakanz und damit hoffentlich auch die Zeit der Verwerfungen zu Ende geht.

Und einige Blicke zurück: Im Juli 2019 blieb die Liste für den Pfarreirat an den Gesamterneuerungswahlen der kirchlichen Parlamente leer: Nach der verunglückten Pfarrwahl zu Jahresbeginn stellte sich kein bisheriges Mitglied zur Wiederwahl und niemand Neues kandidierte. Erfreulicherweise wurden bis Ende September doch noch sieben Personen gefunden und damit die ‹Zwangsverwaltung› durch die Kantonalkirche abgewendet. Mit Elan machte sich der neue Rat an die Arbeit.

Dank dem grossen Engagement der Angestellten sowie der vielen unbezahlt Mitwirkenden ging das Pfarreileben vorerst seinen gewohnten Gang. So sorgen etwa im Pfarreiheim Frauen seit Jahren oder gar Jahrzehnten dafür, dass jeden Dienstag ein warmes Mittagessen für die älteren Mitmenschen auf den Tisch kommt.

Ein Höhepunkt 2019 war das 27. Riehener Orgelfestival mit vier Konzerten und der Schweizer Erstaufführung der ‹Messe in B-Dur› von Luigi Cherubini. Dieses ‹Geschenk› machte sich der Kirchenchor unter der Leitung von Tobias Lindner zu seinem 120-jährigen Bestehen. Damit ist der Chor zusammen mit den Ministrantinnen und Ministranten die älteste Gruppierung, die seit dem ersten katholischen Gottesdienst nach der Reformation 1899 das Pfarreileben mitgestaltet.

Die grosse Zäsur der Corona-Pandemie kam Anfang 2020 dann auch für die Pfarrei: Erstkommunion und Firmung wurden auf den Herbst 2020 verschoben, Fastenzeit, Karwoche und Ostern in den eigenen vier Wänden begangen.

Die Kirche war in dieser Zeit offen und mit den Zeichen des jeweiligen Festtags geschmückt: Palmbaum, Karfreitagskreuz und Osterkerze. Den Stammgästen des Mittagstischs wurde zu Ostern ein Gruss mit Palmzweig, Osterkerze und Ostertaube vorbeigebracht. Die Kirchen der Region traten in diesen Tagen erstmals gemein-

Die fleissigen Helferinnen, die jahraus, jahrein für den Dienstags-Mittagstisch im Pfarreiheim sorgen, werden mit einer Rose geehrt.

Kirchenchor und Orchester der Schola Cantorum Basiliensis an der Schweizer Erstaufführung der ‹Messe in B-Dur› von Luigi Cherubini unter der Leitung von Tobias Lindner.

Drehorgelspiel aus der Kirche St. Franziskus im ‹regioTVplus› am Ostermontag.

sam bei ‹regioTVplus› auf. Den musikalischen Beitrag aus der Pfarrei St. Franziskus gestalteten Christoph Bossart als Drehorgelmann und Tobias Lindner auf der grossen Orgel.

Seit dem Ende des Lockdowns konnten unter Einhaltung der Schutzkonzepte wieder Gottesdienste gefeiert und das Pfarreileben aufgenommen werden. Es bleibt aber ein Suchen und Versuchen im ungewissen Verlauf der Pandemie. Flexible Improvisationen lösen längerfristiges Planen ab.

Die Pfarrwahlkommission war, wie eingangs erwähnt, trotz Corona-Stillstand aktiv. Am 14. Mai konnte sie die Wahl von Dorothee Becker publizieren. Nach ihren bisherigen Engagements als Pfarreiseelsorgerin in St. Anton und Heiliggeist in Basel übernimmt sie nun in Riehen als erste Frau im Pastoralraum die Leitung einer Pfarrei. Für Basel-Stadt mag das neu sein, anderswo in der katholischen Kirche in der Schweiz hat sich der Einsatz von Frauen in der Pfarreileitung bereits segensvoll bewährt: Allein im Bistum Basel nehmen zurzeit 31 Frauen diese verantwortungsvolle Aufgabe wahr. Für St. Franziskus ist es ein hoffnungsvoller Aufbruch ins ‹Neuland›.

Damit geht auch die längere Periode mit Koordinatoren – zuletzt Odo Camponovo – zu Ende. Diese Bezeichnung trifft den Sachverhalt nicht schlecht: Koordinieren heisst ja, die Arbeit anderer zusammenzuführen und zusammenzuhalten. Viele Personen tragen das Pfarreileben mit. Einzelne Gruppen führen teils seit Jahren ihre Aufgabe selbstständig aus. Das Seelsorgeteam arbeitet motiviert. Nur deshalb konnte die Pfarrei die Stürme überstehen

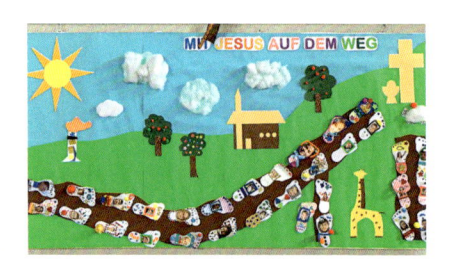

«Mit Jesus auf dem Weg»: das Motto der diesjährigen, wegen der Corona-Krise verschobenen Erstkommunion.

und nach und nach zur Normalität zurückfinden – eine Voraussetzung für die Suche nach Wegen, um das Evangelium in der heutigen Zeit bezeugen zu können.

EVANGELISCH-REFORMIERTE KIRCHGEMEINDE RIEHEN-BETTINGEN

JULI 2019 BIS JUNI 2020
ANDREAS KLAIBER

GEMEINDEKREIS RIEHEN-DORF

Hervorgehoben sei bei den Veranstaltungen das Erntedankfest unter dem Motto ‹Himmelsleiter› mit einem ‹Streetfood-Festival› rund um die Dorfkirche. Die Dorfweihnacht mit über 50 aktiven Kindern brachte die Weihnachtsgeschichte an verschiedene Plätze im Dorf.

Im Oktober trat Jugendpfarrer Silas Deutscher seine neu geschaffene Stelle an. Dafür und für die Pfarrstellen des Ehepaars Holder muss der Gemeindekreis Dorf wesentlich mehr Drittmittel aufbringen. Ende Jahr ging der Organist Bruno Haueter nach über 20 Jahren Tätigkeit in Pension.

GEMEINDEKREIS KORNFELD-ANDREAS

Anfang September wurde Organist Joachim Scherrer nach 47 Dienstjahren in den Ruhestand verabschiedet. Als seine Nachfolgerin trat Françoise Matile ihre Stelle an. Ende Jahr beendete Pfarrerin Audrey Drabe ihre auf zwei Jahre befristete 25-Prozent-Pfarrstelle. Aus Spargründen kann diese nicht weitergeführt werden.

Im September zeigte das Andreashaus eine Ausstellung von grossformatigen,

Tanja Manz und Harald Matern absolvierten von Januar bis Juni das praktische Semester in der Kirchgemeinde. Sie konnten in der Zeit des Lockdowns vieles für den Pfarrberuf lernen.

Erster Gottesdienst nach dem Lockdown unter Einhaltung der Abstandsregeln in der Kornfeldkirche an Pfingsten 2020.

kraftvollen Tierbildern der Basler Künstlerin Stephanie Grob. Der ethische Aspekt dieser Kunstwerke wurde während der Ausstellungszeit in verschiedenen Anlässen thematisiert. Am Weihnachtstag führte der Kirchenchor Kornfeld zusammen mit Instrumentalistinnen und Instrumentalisten die ‹Weihnachtskantate› von Dietrich Buxtehude auf.

Von Januar bis Juni absolvierte der Theologe Harald Matern sein kirchlich-praktisches Semester bei Pfarrer Andreas Klaiber. Auf Sommer 2020 beendete Toni Timar nach vier Jahren seine Tätigkeit als Jugendarbeiter im Gemeindekreis Kornfeld-Andreas. Auch diese Stelle kann mangels Finanzierung nicht weitergeführt werden.

GEMEINDEKREIS BETTINGEN

Die Baubewilligung für den Kirchenneubau ist erteilt, das Kirchlein Bettingen wurde abgetragen. Gottesdienste finden im Diakonissenmutterhaus Chrischona und in der ‹Baslerhof-Schüüre› statt.

Eine Gemeindereise führte nach Ägypten. Neben vielen Kulturgütern, die besichtigt wurden, gab es auch verschiedene Begegnungen mit Christinnen und Christen.

Von Januar bis Juni absolvierte die Theologiestudentin Tanja Manz ihr kirchlich-praktisches Semester bei Pfarrer Stefan Fischer.

ALTERS- UND PFLEGEHEIMSEELSORGE

Zwei Jubiläen wurden begangen: 100 Jahre Adullam-Stiftung und 50 Jahre Dominikus-Haus. Mit der Schliessung der Wohngruppe Sternenhof entstand eine Lücke in der Betreuung demenzkranker Menschen. Der Seelsorger Pfarrer Lukas Wenk leistete mit vielen Besuchen in Heimen und mit Abdankungen ehemaliger Heimbewohnerinnen und -bewohner einen wertvollen Dienst.

GESAMTGEMEINDE

Mit der Covid-19-Krise und dem Lockdown im März war auch die Kirche herausgefordert: Keine Gottesdienste in der Passions- und Osterzeit, keine Besuche in Heimen und Spitälern. Nebst vielen anderen Veranstaltungen mussten auch die Konfirmandenreisen abgesagt und die Konfirmationen verschoben werden.

Trauerfälle waren besonders hart betroffen. Es konnte über Wochen nur im allerkleinsten Kreis direkt am Grab Abschied genommen werden.

Wöchentliche Video-Teamsitzungen dienten der Koordination und Aufgabenverteilung. Die Frage war: Wie kann Kirche funktionieren, wenn keine Anlässe stattfinden dürfen? Der Kontakt zu den Gemeindemitgliedern wurde mit Telefonanrufen, Grusskarten, Hilfsangeboten, telefonischen Wochengrüssen, Video-Gottesdiensten und Informationen über den Kirchenzettel aufrechterhalten. Die ‹Riehener Zeitung› gab der Kirche zu Ostern eine Stimme.

An Pfingsten wurden Gottesdienste wieder möglich, allerdings mit allen Sicherheitsvorkehrungen wie Abstands- und Hygieneregeln und ohne Gesang und Abendmahl. Die Freude, wieder zusammenkommen zu dürfen, war gross, denn eine Kirche lebt von der erfahr- und erlebbaren Gemeinschaft.

Dankbar darf festgestellt werden, wie gut die Nachbarschafts- und Familienhilfe sowie die zahlreichen Angebote von privater und öffentlicher Seite in Riehen und Bettingen funktionierten.

POLITIK

Schwerpunkte der Gemeindepolitik

AUSZUG AUS DEM GESCHÄFTSBERICHT DES RIEHENER GEMEINDERATS FÜR DAS JAHR 2019

GEMEINDEHAUSHALT

Der Gemeinderat sieht eine grosse Herausforderung darin, bei steigenden Ausgaben, insbesondere in den Produktgruppen Bildung und Familie sowie Gesundheit und Soziales, und Zuwachs an weiteren Aufgaben den Gemeindehaushalt langfristig im Lot zu halten. Das Ausbleiben von ausserordentlichen, nicht planbaren Sondereffekten auf der Ertragsseite, wie in den letzten Jahren regelmässig der Fall, hätte ein strukturelles Defizit zur Folge. Der Gemeinderat liess sich deshalb im Rahmen der Behandlung der Erwartungsrechnung und der Budgetzahlen an einer Sitzung im Juni 2019 von sämtlichen Produktgruppenverantwortlichen die Ergebnisse der Überprüfung der Einnahmen und Ausgaben in ihrem Bereich aufzeigen und lotete auf diese Weise die Sparmöglichkeiten aus, wodurch eine Verbesserung des Plandefizits um rund 1 Million Franken möglich wurde. Dieselbe Übung soll im Juni 2020 wiederholt werden. Falls der Einwohnerrat im Rahmen der zum Zeitpunkt der Erstellung dieses Berichts noch bearbeiteten Vorlage zur Motion P. Huber zur Einführung einer regelmässigen generellen Aufgabenüberprüfung (GAP) entscheidet, ein solches Instrument in die Finanzhaushaltsordnung aufzunehmen, würde dieser Prozess institutionalisiert.

DIGITALE TRANSFORMATION

Die digitale Transformation war ein Thema und wird es weiterhin bleiben. Nach der Digitalisierung der Sitzungsunterlagen des Einwohnerrats und des Gemeinderats sollen im Rahmen eines Verwaltungsprojekts zur elektronischen Geschäftsverwaltung die heute zur Verfügung stehenden technischen EDV-Mittel zeitgemässer und effizienter genutzt, Medienbrüche vermieden und die Ablagen digitalisiert und vereinheitlicht werden. Nach der Schaffung der benötigten Grundlagen wurden die Mitarbeitenden entsprechend geschult und seitens Verwaltungs- und Projektleitung Aufträge erteilt zur konsequenten Überführung aller bearbeiteten Geschäfte in die elektronische Geschäftsverwaltung mit entsprechenden Fristen.

Die Riehener Bevölkerung nimmt die schrittweise Digitalisierung der Verwaltung auf verschiedene Weise wahr, so zum Beispiel mit der Reservationsplattform für SBB-Tageskarten, die seit dem 1. Januar 2019 via Internet reserviert werden können, oder mit der Lancierung des neuen elektronischen Veranstaltungs-Newsletters des Kulturbüros. Auch die Möglichkeit, Gesuche im Bereich der Kulturförderung oder für Quartierprojekte neu online einzureichen, setzt auf den digitalen Weg.

ENERGIE

Aufgrund der neuen kantonalen Energiegesetzgebung steigt seit 2018 die Nachfrage von Liegenschaftsbesitzer/innen nach Anschlüssen an den Wärmeverbund Riehen. Um den steigenden Bedarf nach CO_2-neutraler Wärme zu decken, plant die Wärmeverbund Riehen AG, eine zweite Geothermie-Bohrung durchzuführen (Projekt ‹geo2riehen›). Eine Machbarkeitsstudie zeigte auf, dass die Chancen gut stehen, mit der Bohrung erfolgreich zu sein. Der Bund hiess deshalb eine Subvention des zukunftsträchtigen Projekts gut. Der Gemeinderat führte 2019 mit der Mitaktionärin IWB Verhandlungen über die Finanzierung des Projekts ‹geo2riehen› sowie des weiteren Ausbaus des Wärmeverbundnetzes. Dazu ist eine Vorlage an den Einwohnerrat in Vorbereitung. Die Gemeinde wirkte 2019 auch bei der Erarbeitung des kantonalen Teilrichtplans Energie mit. Der Energierichtplan zeigt auf, wo prioritär welche Energieträger genutzt werden sollen. Der

Erlass des behördenverbindlichen Teilrichtplans erfolgt voraussichtlich 2020 durch den Regierungsrat des Kantons Basel-Stadt. In den Grossauflagen der ‹Riehener Zeitung› wurden zudem Liegenschaftsbesitzer/innen mehrfach zum Thema Heizungsersatz sowie Massnahmen am Gebäude zur Reduktion des Heizenergieverbrauchs informiert.

FONDATION BEYELER

Bezüglich der Realisierung der Erweiterung der Fondation Beyeler durch die neuen Museumsgebäude, entworfen von Architekt Peter Zumthor, erfolgten im Berichtsjahr wesentliche Schritte durch die Entscheidungen des Einwohnerrats vom 27. November 2019, als der Abschluss eines Baurechtsvertrags für die Realisierung eines Clubgebäudes und die neue Subventionsvereinbarung für die Jahre 2020–2023 einstimmig genehmigt wurden. Bei der weiteren Planung und Realisierung der vorgesehenen Bauten und auch sonst steht der Gemeinderat in engem Kontakt mit den Verantwortlichen der Fondation Beyeler und setzt sich weiter konsequent für die Anliegen der Riehener Bevölkerung bezüglich Sicherheit und Ordnung, Parknutzung und -unterhalt, Verkehrs- und Besucherführung et cetera ein.

NEUES STEUERUNGSMODELL

Zusätzlich erwähnte der Gemeinderat im Politikplan 2019–2021 die Systemüberprüfung und kündigte an, die Arbeiten am Projekt im Berichtsjahr an die Hand zu nehmen. Der Gemeinderat entschied sich im Sommer 2019 für eine externe Begleitung und initiierte in der zweiten Jahreshälfte die Arbeiten im Projekt unter dem vorläufigen Arbeitstitel «Systemüberprüfung PRIMA». In einer ersten Phase wurde eine Analyse durchgeführt und ein Grobkonzept mit möglichen Handlungsoptionen für das zukünftige Steuerungsmodell für die Gemeinde Riehen erarbeitet. Damit verbundene übergeordnete Zielsetzungen sind die Entschlackung des Systems, die Klärung von Steuerungsprozessen und Zuständigkeiten auf allen Ebenen bis hin zur Verbesserung der Berichterstattung. Zur Begleitung dieser Arbeiten setzte der Einwohnerrat mit Beschluss vom 27. November 2019 die einwohnerrätliche Spezialkommission Neues Steuerungsmodell Riehen (SpezKo NSR) ein. Die Ergebnisse der Projektarbeiten der ersten Phase werden dem Gemeinderat im Frühjahr 2020 vorgelegt und entstehen somit zeitgleich wie dieser Geschäftsbericht.

JAHRESRECHNUNG 2019

Das Jahresergebnis 2019 weist einen Überschuss von rund 8,8 Millionen Franken auf. Im Budget 2019 wurde mit einem Defizit von rund 4,6 Millionen Franken gerechnet. Die Hauptgründe für diese markante Budgetabweichung liegen einerseits im Bereich Neutrales, wo einmalige, ausserordentliche Mehreinnahmen bei der Vermögenssteuer zu verzeichnen sind. Andererseits liegen die Nettokosten in den Politikbereichen Gesundheit und Soziales sowie Mobilität und Versorgung unter dem Budget.

Der vollständige Geschäftsbericht des Gemeinderats kann bei der Gemeindeverwaltung bezogen oder im Internet eingesehen werden unter www.riehen.ch.

Aus den Sitzungen des Einwohnerrats

JULI 2019 BIS JUNI 2020

SITZUNG VOM 28. AUGUST 2019

INTERPELLATIONEN

— Interpellation Andreas Zappalà betreffend Topverdienersteuer-Initiative
— Interpellation Cornelia Birchmeier betreffend Unterflurcontainer an der Mühlestiegstrasse
— Interpellation Peter A. Vogt betreffend «Verdurstete Bäume an der Aeusseren Baselstrasse in Riehen»
— Interpellation Susanne Fisch Amrhein: «Zum Ratschlag betreffend Ausbau der Digitalisierung der Volksschulen des Kantons BS»
— Interpellation Jenny Schweizer betreffend Pendlerparkkarten für Gemeinde-Mitarbeiter

WAHLEN

— Nachwahl eines Mitglieds in die Sachkommission Bildung und Familie (SBF) (Rücktritt Sasha Mazzotti)
— Nachwahl eines Mitglieds in die Sachkommission Gesundheit und Soziales (SGS) (Rücktritt Mario Biondi)
— Nachwahl zweier Mitglieder in die Sachkommission Siedlung und Landschaft (SSK) (Rücktritt Philipp Ponacz und Rücktritt aus der Sachkommission Thomas Strahm)
— Nachwahl eines Mitglieds in die Kommission für Volksanregungen und Petitionen (PetKo) (Rücktritt Sasha Mazzotti)

VORLAGEN UND BERICHTE

— Leistungsauftrag für den Politikbereich Bildung und Familie (Produktgruppe 4) für die Jahre 2017–2020; Bewilligung eines Nachkredits
— Vierter Bericht des Gemeinderats zum Anzug Martin Leschhorn Strebel und Kons. betreffend Zukunft von Kirchenräumen als Quartiertreffpunkte in Riehen
— Bericht der Kommission für Volksanregungen und Petitionen betreffend die Petition «Ausweitung der Tagesstrukturen in die Schulferien auch in Riehen»
— Bericht des Gemeinderats zum Anzug Philipp Ponacz und Kons. betreffend Eltern- und Familienbildung auch in Riehen
— Stellungnahme des Gemeinderats zum Planungsauftrag Paul Spring betreffend Plastikrecycling
— Vierter Bericht des Gemeinderats zum Anzug Peter A. Vogt und Kons. betreffend «Nachhaltiger Gewässerschutz für die Wiese»
— Zweiter Bericht des Gemeinderats zum Anzug Olivier Bezençon und Kons. betreffend Traglufthalle für die Tennisanlage des TC Riehen auf der Grendelmatte
— Bericht der Kommission für Volksanregungen und Petitionen betreffend die Petition «Trottoirkante an der Bushaltestelle Schmiedgasse vor Coop»

NEUE ANZÜGE, MOTIONEN, PARLAMENTARISCHE AUFTRÄGE

— Anzug Jürg Sollberger und Kons. betreffend umweltfreundliche Fahrzeuge der Gemeinde Riehen

SITZUNG VOM 25./26. SEPTEMBER 2019

INTERPELLATIONEN

— Interpellation Susanne Fisch Amrhein betreffend Französischunterricht an den Riehener Schulen
— Interpellation Caroline Schachenmann betreffend gemeindeeigenes Quellwassersystem
— Interpellation Jürg Sollberger betreffend Kreisel Grenzacherweg-Kohlistieg

- Interpellation Hans Rudolf Lüthi betreffend Quellwasser der Dorfbrunnen
- Interpellation Patrick Huber betreffend elektronischer Bezug von Abfallvignetten
- Interpellation Heiner Vischer betreffend Sanierungsmassnahmen der Strasse Am Hang
- Interpellation Thomas Strahm betreffend Verkehrssituation Wohnüberbauung GSR-Areal
- Interpellation Paul Spring betreffend mögliche Verminderung des Plastikgebrauchs
- Interpellation Peter A. Vogt: «Muss das sein? Eltern mit Netto-Steuereinkommen von über 200 000 Franken erhalten Subventionen für die Tagesbetreuung ihrer Kinder»
- Interpellation Petra Priess betreffend Baumfällungen im Baumschutzgebiet
- Interpellation Heinz Oehen-Schumacher betreffend Schnittstellenproblematik Primarschule–Sekundarschule

WAHLEN

- Nachwahl eines Mitglieds in die Sachkommission Publikumsdienste, Behörden und Finanzen (SPBF) (Rücktritt aus der Sachkommission Cornelia Birchmeier)

VORLAGEN UND BERICHTE

- Rahmenkredit 2019–2021 für die Instandhaltungs- und Instandsetzungsmassnahmen der Liegenschaften der Primarstufe, inklusive Rechenschaftsbericht über den Rahmenkredit 2017/18
- Konzept zur Förderung des ausserschulischen Musikunterrichts in Riehen
- Bericht des Gemeinderats zum Anzug Patrick Huber und Kons. betreffend Abschaffung der Gebühren für Riehener Vereine
- Stellungnahme des Gemeinderats zur Motion Jürg Sollberger und Kons. betreffend Wiederbelebung des Dorfzentrums
- Stellungnahme des Gemeinderats zum Planungsauftrag Jürg Sollberger und Kons. betreffend «Realistische Budgetierung im Politikbereich Mobilität und Versorgung»
- Bericht der Kommission für Volksanregungen und Petitionen betreffend die Volksanregung «Riehener Klimapolitik mit Zukunft»
- Bericht des Gemeinderats zum Anzug Priska Keller-Dietrich und Kons. betreffend Verkehrskonzept Niederholz

NEUE ANZÜGE, MOTIONEN, PARLAMENTARISCHE AUFTRÄGE

- Anzug Katja Christ und Kons. betreffend Wasserspender anstatt Flaschenwasser innerhalb der Gemeindeverwaltung
- Anzug Alfred Merz-Ankli und Kons. betreffend Einrichtung einer kommunalen Ombudsstelle für die Gemeinde Riehen

SITZUNG VOM 30. OKTOBER 2019

INTERPELLATIONEN

- Interpellation Christian Heim betreffend neue Verkehrslenkungsmassnahmen im Kanton Basel-Stadt
- Interpellation Andreas Zappalà betreffend Ausfall BVB-Kurse
- Interpellation Thomas Strahm betreffend Neubauprojekt Doppelkindergarten Siegwaldweg in Riehen
- Interpellation Heinz Oehen-Schumacher betreffend Überholverbot am Grenzacherweg

VORLAGEN UND BERICHTE

- Leistungsauftrag und Globalkredit für den Politikbereich Siedlung und Landschaft (Produktgruppe 3) für die Jahre 2020–2023
- Leistungsauftrag und Globalkredit für den Politikbereich Gesundheit und Soziales (Produktgruppe 7) für die Jahre 2020–2023
- Zweiter Zwischenbericht des Gemeinderats zum Anzug Andreas Zappalà und Kons. betreffend Riehener Verkehrsnetz
- Bericht der Kommission für Volksanregungen und Petitionen betreffend die Petition «Kein Leistungsabbau der Gemeinde Riehen bei der Grünabfuhr der Familiengärten in Riehen!»

— Bericht der Kommission für Volksanregungen und Petitionen betreffend die Petition «Erlensträsschen: 5G-antennenfreier Bereich»

SITZUNG VOM 27./28. NOVEMBER 2019

INTERPELLATIONEN

— Interpellation Martin Leschhorn Strebel betreffend «UN-Nachhaltigkeitsziele: Stand der Umsetzung durch Riehen zum Zweiten»
— Interpellation Heinz Oehen-Schumacher betreffend Folgen von Steuersenkungsmassnahmen
— Interpellation Hans Rudolf Lüthi betreffend Folgen der Bundeskürzungen im Asylbereich
— Interpellation Heinrich Ueberwasser betreffend «Agglomerationsprogramm Basel und Trireno: Chancen und Handlungsbedarf für die Gemeinde Riehen in Verkehrs- und Raumplanungsfragen»
— Interpellation Jenny Schweizer betreffend «Vorbeugen und Reagieren bei erhöhter Einbruchsrate»
— Interpellation Petra Priess betreffend «Riehen nur Niederflur»
— Interpellation Alfred Merz-Ankli betreffend Ombudsstelle für die Gemeinde Riehen
— Interpellation Jenny Schweizer betreffend Sanierung Reithalle Wenkenhof
— Interpellation Peter A. Vogt betreffend «Schutz für Honigbienen gegen die Varroa-Milben»

WAHLEN

— Nachwahl eines Mitglieds in die Geschäftsprüfungskommission (GPK) (Rücktritt Christian Griss)
— Nachwahl eines Mitglieds in die Sachkommission Gesundheit und Soziales (SGS) (Rücktritt Christian Griss)
— Nachwahl eines Mitglieds in die Sachkommission Siedlung und Landschaft (SSK) (Rücktritt Christian Griss)

VORLAGEN UND BERICHTE

— Leistungsauftrag und Globalkredit für den Politikbereich Gesundheit und Soziales (Produktgruppe 3) für die Jahre 2020–2023; zweite Lesung
— Leistungsauftrag und Globalkredit für den Politikbereich Siedlung und Landschaft (Produktgruppe 7) für die Jahre 2020–2023; zweite Lesung
— Bericht des Ratsbüros betreffend Einsetzung einer Spezialkommission «Neues Steuerungsmodell»
— Abschluss eines Baurechtsvertrags mit der Beyeler-Stiftung für die Realisierung eines Clubgebäudes sowie Abschluss einer Dienstbarkeit zur Erstellung und Nutzung einer neuen infrastrukturellen Schopfbaute auf der Parzelle RB 862
— Abschluss einer Subventionsvereinbarung zwischen der Gemeinde Riehen und der Beyeler Museum AG (Fondation Beyeler) für die Jahre 2020–2023
— (Teil-)Erneuerungen / Instandstellungen von Strassen (Bischoffweg, Auf der Bischoffhöhe) inklusive öffentliche Beleuchtung; Kreditvorlage
— Bericht des Gemeinderats zum Anzug Alfred Merz-Ankli und Kons. betreffend «Frühzeitige Planung einer grossräumigen und unmissverständlichen Signalisation der Verkehrsführung Basel-Lörrach-Wiesental über die Zollfreistrasse ab Freigabe der sanierten Baselstrasse 2020»
— Bericht (überarbeitet) der Kommission für Volksanregungen und Petitionen betreffend die Volksanregung «Riehener Klimapolitik mit Zukunft»

NEUE ANZÜGE, MOTIONEN, PARLAMENTARISCHE AUFTRÄGE

— Anzug Alfred Merz-Ankli und Kons. betreffend «Road Energy Systems – Energie aus der Strasse»
— Anzug Thomas Strahm und Kons. betreffend Variante des Projekts Doppelkindergarten Siegwaldweg
— Anzug Andreas Hupfer und Kons. betreffend Abstimmungssystem im Einwohnerrat

SITZUNG VOM 18. DEZEMBER 2019

INTERPELLATIONEN

— Interpellation Regina Rahmen betreffend verunreinigtes Trink- und Grundwasser in der Region Basel
— Interpellation Christian Heim betreffend «Vandalenakte und Handel mit Betäubungsmitteln im Freiraum Hinter Gärten»

WAHLEN

— Nachwahl eines Mitglieds in die Sachkommission Bildung und Familie (SBF) (Rücktritt Pascal Messerli)

VORLAGEN UND BERICHTE

— Politikplan des Gemeinderats 2020–2023, Kenntnisnahme sowie Genehmigung des Produktsummenbudgets 2020 und Festlegung des Steuerfusses für die Steuerperiode 2020
— Dritter Bericht des Gemeinderats zum Anzug Hans Rudolf Lüthi betreffend «Optimierung Regio S6»

SITZUNG VOM 19. JANUAR 2020

INTERPELLATIONEN

— Interpellation Thomas Widmer-Huber betreffend Einführungsklassen in Riehen
— Interpellation Priska Keller-Dietrich betreffend Recyclinggebühr für Karton
— Interpellation Susanne Fisch Amrhein betreffend Anstellung von Lehrpersonen
— Interpellation Brigitte Zogg Mascarin betreffend Teilsperrung der Kantonsstrasse und Umleitung über den Grenzacherweg
— Interpellation Jürg Sollberger betreffend verschiedene Tempolimiten auf Riehener Strassen
— Interpellation Heinrich Ueberwasser betreffend «Karton und Papier gebührenfrei»
— Interpellation Christian Heim betreffend Leerstand von Gemeindeliegenschaften
— Interpellation Petra Priess betreffend Stärkung des Dorfzentrums
— Interpellation Rebecca Stankowski-Jeker betreffend Schulraumbedarf in Riehen
— Interpellation Matthias Moser betreffend die kantonalen Abstimmungsvorlagen «Parkieren für alle» und «Zämme fahre mir besser»

WAHLEN

— Nachwahl eines Mitglieds in die Sachkommission Siedlung und Landschaft (SSL) (Rücktritt Daniel Wenk)
— Nachwahl eines Mitglieds in die Geschäftsprüfungskommission (GPK) (Rücktritt aus der GPK Katja Christ)

VORLAGEN UND BERICHTE

— Zusätzlicher Raumbedarf für die Gemeindeverwaltung
— Sportanlage Grendelmatte; Investitionskredit für die Sanierung des Hauptfelds
— Zweiter Bericht des Gemeinderats zum Anzug Felix Wehrli und Daniel Hettich betreffend mehr Parkplätze für den Sportplatz
— Dritter Bericht des Gemeinderats zum Anzug Philipp Ponacz und Kons. betreffend eine Gemeindeinitiative für eine verbesserte kommunale Steuerhoheit und fünfter Bericht des Gemeinderats zum Anzug Franziska Roth-Bräm und Kons. betreffend finanzielle Entlastung des Mittelstands
— Zweiter Bericht des Gemeinderats zum Anzug Thomas Strahm betreffend «Überprüfung Steuerungsmodell PRIMA»

NEUE ANZÜGE, MOTIONEN, PARLAMENTARISCHE AUFTRÄGE

— Anzug Franziska Roth-Bräm und Kons. betreffend Verknüpfung der Fondation Beyeler mit dem Dorfzentrum
— Anzug Martin Leschhorn Strebel und Kons. betreffend «Park and Ride»

SITZUNG VOM 29. APRIL 2020

INTERPELLATIONEN

— Interpellation Jenny Schweizer betreffend Sonderprivatauszug
— Interpellation Patrick Huber betreffend «Auswirkungen Topverdiener-Steuer auf Anzahl Gutverdienende in Riehen»
— Interpellation Jürg Sollberger betreffend Energiekonzept 2014–2025
— Interpellation Thomas Widmer-Huber betreffend Sofortmassnahmen in Riehen im Zusammenhang mit dem neuen Coronavirus
— Interpellation Christian Heim betreffend Anzahl Parkplätze bei Neubauten

WAHLEN

— Wahl Einwohnerratspräsidium 2020–2022 (Ablauf Amtszeit Claudia Schultheiss)
— Wahl Statthalter/in 2020–2022 (Ablauf Amtszeit Andreas Zappalà)
— Wahl zweier Mitglieder des Ratsbüros (Ablauf Amtszeit als Ratspräsidentin sowie Rücktritt Katja Christ)
— Nachwahl eines Mitglieds in die Wahlprüfungskommission (Rücktritt Daniel Wenk)
— Nachwahl eines Mitglieds in die Sachkommission Bildung und Familie (SBF) (Rücktritt Katja Christ)
— Nachwahl eines Mitglieds in die Sachkommission Gesundheit und Soziales (SGS) (Rücktritt aus der Sachkommission Ernst G. Stalder)

VORLAGEN UND BERICHTE

— Fristenstillstand bei kommunalen Volksbegehren aufgrund der ausserordentlichen Situation im Zusammenhang mit dem Coronavirus
— Zusätzlicher Schulraum für die Primarschule Niederholz; Kreditantrag
— Investitionskredit betreffend Ausbau der Digitalisierung der Gemeindeschulen von Bettingen und Riehen
— Massnahmen zur Optimierung des Übergangs Kindergarten-Primarschule; Kreditantrag
— Bericht des Gemeinderats zum Anzug Thomas Strahm und Kons. betreffend Variante des Projekts Doppelkindergarten Siegwaldweg

NEUE ANZÜGE, MOTIONEN, PARLAMENTARISCHE AUFTRÄGE

— Anzug Martin Leschhorn Strebel, Daniel Lorenz, Christine Mumenthaler betreffend Einrichtung eines Hauslieferdiensts in Riehen
— Anzug Andreas Hupfer und Kons. betreffend Gewerbezone Rüchligareal
— Anzug Patrick Huber und Kons. betreffend Kompensationszahlung Maienbühlhof
— Anzug Dieter Nill und Kons. betreffend Einsatz von solar- und sensorgesteuerten Abfallkübeln an öffentlichen Orten in Riehen

SITZUNG VOM 27. MAI 2020

INTERPELLATIONEN

— Interpellation Regina Rahmen zum Abschussgesuch der Gemeinde Riehen für Rehe auf dem Friedhof Hörnli
— Interpellation Priska Keller-Dietrich betreffend Spielplätze für alle in Riehen

WAHLEN

— Nachwahl eines Mitglieds in die Sachkommission Bildung und Familie (SBF) (Rücktritt Marianne Hazenkamp-von Arx)
— Nachwahl eines Mitglieds in die Sachkommission Kultur, Freizeit und Sport (SKFS) (Rücktritt aus der Sachkommission Thomas Widmer-Huber)

VORLAGEN UND BERICHTE

- Stellungnahme des Gemeinderats zur Motion der Sachkommission Mobilität und Versorgung betreffend Änderung des § 7 der Abfallordnung der Gemeinde Riehen
- Bericht des Gemeinderats zur Initiative «Familien entlasten: Für ein kinderfreundliches Riehen»; Ausformulierung der Initiative
- Zweiter Bericht des Gemeinderats zum Anzug Roland Engeler-Ohnemus und Kons. betreffend Optimierung des öffentlichen Verkehrs in den späteren Abendstunden
- Zwischenbericht des Gemeinderats zum Anzug Patrick Huber und Kons. betreffend Optimierung der Anschlüsse im öffentlichen Verkehr
- Bericht des Gemeinderats zum Anzug Philipp Ponacz und Kons. betreffend Fachperson Schwimmen für die Primarschule
- Bericht des Gemeinderats zum Anzug Christian Griss und Kons. betreffend «Berufsausbildungen Berufsattest (EBA) in Riehen»
- Bericht des Gemeinderats zum Anzug Jenny Schweizer und Kons. betreffend Einführung in die Anwendung der Office-Systeme für 6. Primarschüler
- Bericht des Gemeinderats zum Anzug Jürg Blattner und Kons. betreffend automatisierte externe Defibrillatoren (AED)

NEUE ANZÜGE, MOTIONEN, PARLAMENTARISCHE AUFTRÄGE

- Anzug Patrick Huber und Kons. betreffend Legislatur-Eröffnung auch durch das jüngste Ratsmitglied

SITZUNG VOM 17. JUNI 2020

INTERPELLATIONEN

- Interpellation Susanne Fisch Amrhein betreffend die Situation von Riehener Spielgruppen
- Interpellation Jenny Schweizer betreffend Fussgängerstreifen Rudolf Wackernagel-Strasse
- Interpellation Matthias Moser betreffend Umgestaltung des Otto Wenk-Platzes
- Interpellation Peter A. Vogt betreffend Bundesfeier in Riehen 2020

BERICHTE UND VORLAGEN

- Bericht der Kommission für Volksanregungen und Petitionen zur Volksanregung «Inzlingerstrasse, Parzellen RF1096–RF1112 – Zuweisung einer Nutzungszone»
- Genehmigung des Geschäftsberichts 2019 des Gemeinderats mit Jahresrechnung
- Wärmeverbund Riehen AG, Geschäftsbericht 2019
- Teilrevision der Ordnung für die Schulen der Gemeinden Bettingen und Riehen (Schulordnung) betreffend Ferienregelung für Fachpersonen Logopädie und Psychomotorik
- Zweiter Zwischenbericht des Gemeinderats zur Motion Patrick Huber und Kons. betreffend Einführung einer regelmässigen Überprüfung der öffentlichen Aufgaben der Gemeinde

NEUE ANZÜGE, MOTIONEN, PARLAMENTARISCHE AUFTRÄGE

- Anzug Caroline Schachenmann und Kons. betreffend Konjunkturprogramm und Massnahmen zur Bekämpfung der Arbeitslosigkeit der Gemeinde Riehen
- Anzug Martin Leschhorn Strebel und Kons. betreffend Riehener Dorffest als trinationales Fest

Gremien und Behörden
STAND DER ANGABEN: 1. SEPTEMBER 2020

EINWOHNERRAT AMTSPERIODE 2018/2022

	Partei	Jahrgang	Wahljahr
PRÄSIDENT 2020/2022			
ZAPPALÀ Andreas	FDP	1963	2007
STATTHALTER 2020/2022			
LESCHHORN STREBEL Martin	SP	1969	2014
MITGLIEDER			
BIRCHMEIER Cornelia	Grüne	1968	2018
BLATTNER Jürg	LDP	1957	2018
FISCH AMRHEIN Susanne	SP	1972	2018
GOSTELI Mike	Grüne	1963	2020
HEIM Christian	SVP	1958	2010
HUBER Patrick	CVP	1991	2012
HUPFER Andreas	LDP	1975	2019
KELLER-DIETRICH Priska	CVP	1961	2009
LORENZ Daniel	CVP	1964	2019
LÜTHI Hans Rudolf	LDP	1943	1989
MARK Peter	SVP	1958	2011
MERKLE-ZÄCH Silvia	GLP	1969	2018
MERZ-ANKLI Alfred	EVP	1949	2015
MOOR David	parteilos (GLP)	1967	2004
MOSER Matthias	SVP	1994	2019
MUMENTHALER Christine	FDP	1962	2015
NÄF Elisabeth	FDP	1955	2014
NILL Dieter	FDP	1954	2011
OEHEN-SCHUMACHER Heinz	SP	1961	2009
PAVLU David	FDP	1998	2020
PRIESS Petra	SP	1968	2019
RAHMEN Regina	SP	1961	2015
ROTH-BRÄM Franziska	SP	1964	2006
RUNGGER Bernhard	SVP	1967	2020
SCHACHENMANN Caroline	EVP	1956	2010
SCHULTHEISS Claudia	LDP	1965	2013
SCHWEIZER Jenny	SVP	1964	2018
SOLLBERGER Jürg	EVP	1950	2000
SPRING Paul	SP	1955	2018
STALDER Ernst G.	SVP	1956	2010
STANKOWSKI-JEKER Rebecca	EVP	1979	2019
STRAHM Thomas	LDP	1957	2001
UEBERWASSER Heinrich	SVP	1957	2003
VISCHER Heiner	LDP	1956	2018
VOGT Peter A.	SVP	1939	1999
WALLACE Denise	GLP	1971	2020
WIDMER-HUBER Thomas	EVP	1965	2012
ZOGG MASCARIN Brigitte	parteilos (SP)	1946	2019

BÜRO DES EINWOHNERRATS

ZAPPALÀ Andreas, Präsident (von Amtes wegen)

LESCHHORN STREBEL Martin, Statthalter (von Amtes wegen)

HUBER Patrick

SCHULTHEISS Claudia

SOLLBERGER Jürg

UEBERWASSER Heinrich

WALLACE Denise

TESSARINI Sandra, Ratssekretärin

GEMEINDERAT AMTSPERIODE 2018/2022

	Partei	Jahrgang	Wahljahr
PRÄSIDENT			
WILDE Hansjörg	parteilos	1965	2014
VIZEPRÄSIDENT			
VOGEL Guido	SP	1962	2014
MITGLIEDER			
ALBIETZ Daniel	CVP	1971	2010
HETTICH Daniel	LDP	1960	2018
KAUFMANN Christine	EVP	1968	2014
SCHWEIZER Silvia	FDP	1962	2014
WEHRLI Felix	SVP	1960	2018

GESCHÄFTSKREISE DES GEMEINDERATS AMTSPERIODE 2018/2022

WILDE Hansjörg	Präsidium / Publikums- und Behördendienste
VOGEL Guido	Vizepräsidium / Gesundheit und Soziales
ALBIETZ Daniel	Finanzen und Steuern
HETTICH Daniel	Mobilität und Versorgung
KAUFMANN Christine	Kultur, Freizeit und Sport sowie Umwelt
SCHWEIZER Silvia	Bildung und Familie
WEHRLI Felix	Siedlungsentwicklung und Grünanlagen

BÜRGERRAT AMTSPERIODE 2018/2022

	Jahrgang	Wahljahr
PRÄSIDENT		
LEMMENMEIER Martin	1963	1991
VIZEPRÄSIDENT		
KÜENZI Andreas	1970	2014
MITGLIEDER		
AGNOLAZZA Daniele	1962	2014
FRÖHLICH-BÜRGENMEIER Claudia	1980	2019
NÄF Elisabeth	1955	2006

GROSSRÄTINNEN UND GROSSRÄTE DES WAHLKREISES RIEHEN

AMTSPERIODE 2017/2021

	Partei	Jahrgang	Wahljahr
BOTHE Sandra	GLP	1968	2020
GRISS Christian	CVP	1960	2016
GROSSENBACHER Thomas	GB	1964	2006
HETTICH Daniel	LDP	1960	2017
MAZZOTTI Sasha	SP	1968	2017
ROTH-BRÄM Franziska	SP	1964	2013
RUTSCHMANN Eduard	SVP	1953	2004
STRAHM Thomas	LDP	1957	2007
UEBERWASSER Heinrich	SVP	1957	2006
WIDMER-HUBER Thomas	EVP	1965	2019
ZAPPALÀ Andreas	FDP	1963	2011

GEMEINDEVERWALTUNG

GESCHÄFTSLEITUNG

VAN DER MEER Jens	Verwaltungsleiter
TESSARINI Sandra	Generalsekretärin
BERWEGER Ivo	AL Bau, Mobilität und Umwelt
CAMENISCH Stefan	AL Bildung und Familie
HAMMER Reto	AL Finanzen und Wirtschaft

ERWEITERTE GESCHÄFTSLEITUNG

Mitglieder der Geschäftsleitung sowie Abteilungs- (AL) und Fachbereichsleitungen:

BREITENSTEIN Patrick	AL Publikums- und Behördendienste
HELM Rainer	AL Werkdienste
KÉZDI LEUTWYLER Katrin	Kommunikationsverantwortliche
LEUENBERGER FRIEDLIN Pascale	Leitung Fachbereich Recht
LUPP Christian	AL Kultur, Freizeit und Sport
MEIER Beat	Leitung Fachbereich Personal
MEISTER Lia	AL Gesundheit und Soziales
RIBI Andreas	Leitung Fachbereich Controlling

Wahlen und Abstimmungen
JULI 2019 BIS JUNI 2020

20. Oktober 2019 // Stimmberechtigte 13 059

KANTON — **Wahl eines Mitglieds des Ständerats / 1. Wahlgang**
Stimmbeteiligung: 55,9 %
Absolutes Mehr: 28 205

Stimmen erhalten haben:	Total	davon Gemeinde
Herzog Eva SP	37 230	3768
von Falkenstein Patricia LDP	12 037	2307
Hablützel-Bürki Gianna SVP	4557	850
Weber Eric VA	1187	165
Meyer Marc parteilos	531	80
Vereinzelte	501	68

Gewählt ist: Herzog Eva SP

Wahl von 5 Mitgliedern des Nationalrats
Stimmbeteiligung: 54,4 %

Gewählt wurden:	Total	davon Gemeinde
Jans Beat SP	21 869	2342
Herzog Eva SP	18 210	2024
Arslan Sibel GB	13 582	892
Eymann Christoph LDP	13 220	2358
Christ Katja GLP	3816	749

Für die in den Ständerat gewählte Herzog Eva SP rückte Atici Mustafa SP nach.

Regierungsratsersatzwahl
Stimmbeteiligung: 55 %
Absolutes Mehr: 26 692

Stimmen erhalten haben:	Total	davon Gemeinde
Soland Tanja SP	26 935	2410
Gautschi Nadine FDP	14 290	2772
Christ Katja GLP	7989	1351
Weber Eric VA	2600	375
Vereinzelte	819	139

Gewählt ist: Soland Tanja SP

24. November 2019 // Stimmberechtigte 13 049

KANTON — **Grossratsbeschluss vom 13. Februar 2019 betreffend Totalrevision des Übertretungsstrafgesetzes**
Stimmbeteiligung: 41,4 %

	Kanton	davon Gemeinde
Ja	21 193	2862
Nein	16 581	2488

9. Februar 2020 // Stimmberechtigte 13 027 // Stimmbeteiligung: 54,25 %

BUND — **Initiative «Mehr bezahlbare Wohnungen»**

	Bund	Kanton	davon Gemeinde
Ja	963 610	32 271	3266
Nein	1 280 148	21 330	3671

Änderung des Strafgesetzbuchs und des Militärstrafgesetzes (Verbot der Diskriminierung aufgrund der sexuellen Orientierung)

	Bund	Kanton	davon Gemeinde
Ja	1 413 609	38 547	4260
Nein	827 361	15 066	2668

KANTON — **Initiative «Zämme fahre mir besser» mit Gegenvorschlag und Stichfrage**

Initiative:	Kanton	davon Gemeinde
Ja	17 570	3040
Nein	32 911	3761
ohne Antwort	677	102

Gegenvorschlag:		
Ja	26 406	2951
Nein	22 944	3673
ohne Antwort	1808	279

Stichfrage:		
Initiative	17 134	2992
Gegenvorschlag	31 119	3450
ohne Antwort	2905	461

Initiative «Parkieren für alle Verkehrsteilnehmer»

	Kanton	davon Gemeinde
Ja	21 444	3541
Nein	29 240	3274

Einwohner/innen per 31.12.2019: 21 443
Stimmberechtigte per 31.12.2019: 13 049

Bürgeraufnahmen
IM JAHR 2019

AUFNAHMEN

ALIU Špresa, nordmazedonische Staatsangehörige

ALVES DE OLIVEIRA Luciene, und das Kind
ALVES DE OLIVEIRA Iracema Victoria,
beide sind brasilianische Staatsangehörige.

ANDERSEN Jan Bødskov, dänischer Staatsangehöriger

BARTH Carolin Madeleine, und die Kinder
KOLLMER Christian David, und
KOLLMER Thomas David,
alle sind deutsche Staatsangehörige.

BEAUCHAMP Jeremy Charles,
britischer Staatsangehöriger

BIDWELL Claudia Ranee,
deutsche Staatsangehörige, und ihr Ehemann
BIDWELL Mark Edward Hugh,
britischer Staatsangehöriger, sowie die Kinder
BIDWELL Samuel Edward Vijit,
BIDWELL Lauren Jenifer Ranee, und
BIDWELL Henry Mark Rohan,
britische Staatsangehörige.

BIERL Anton Friedrich Harald, und seine Ehefrau
HABAZETTL Judith Maria,
beide sind deutsche Staatsangehörige.

BÖHM Albert Günter, und seine Ehefrau
BÖHM Ines Ute, sowie das Kind
BÖHM Emma Johanna,
alle sind deutsche Staatsangehörige.

BÖHM Elias Johannes, deutscher Staatsangehöriger

BRIANZA Federico Michele Maria, und seine Ehefrau
QUARANTA Stefania Angela, sowie die Kinder
BRIANZA Cecilia,
BRIANZA Carlo, und
BRIANZA Gabriele,
alle sind italienische Staatsangehörige.

DECRESSIN Raphaëlle Jacqueline Odette,
französische Staatsangehörige

DELLAS Athanassios,
griechischer Staatsangehöriger, und seine Ehefrau
DELLAS Ursula Sophie Renate,
deutsche Staatsangehörige

DEMPFLE Daniela Silvia, deutsche Staatsangehörige

DI PILLA Luigi,
italienischer Staatsangehöriger, und das Kind
DI PILLA Flavio Nicolas Luigi,
französischer Staatsangehöriger

DILLINGER-SCHWARZ Elisabeth Maria,
und ihr Ehemann
SCHWARZ Stefan Alfred,
beide sind deutsche Staatsangehörige.

EBERSBACH Renate Marianne,
deutsche Staatsangehörige

ECKHARDT Armin, und seine Ehefrau
ECKHARDT Nicole Mignon Andrea, sowie die Kinder
ECKHARDT Louis, und
ECKHARDT Jacques,
alle sind deutsche Staatsangehörige.

EHLERS-MOKRANI Julia, und ihr Ehemann
MOKRANI Chokri, sowie die Kinder
MOKRANI Amina,
MOKRANI Malik, und
MOKRANI Alissa,
alle sind deutsche Staatsangehörige.

FANAJ Ashim, und seine Ehefrau
FANAJ Ilmije,
beide sind kosovarische Staatsangehörige.

FASCIANO Laura, italienische Staatsangehörige

GREVE Jan Michael, deutscher Staatsangehöriger

GUNTRUM Louis Nikolaus Adolf Hermann Peter,
und die Kinder
GUNTRUM Felix Louis, und
GUNTRUM Florian Philipp,
alle sind deutsche Staatsangehörige.

HAGER Peter Joseph Antonio Ortega,
amerikanischer Staatsangehöriger

HAZENKAMP Menno Floris,
niederländischer Staatsangehöriger

HEEDMANN Bianca, deutsche Staatsangehörige

HESS Christine, Bürgerin von Wattwil SG

HEYN Sietske Nora, niederländische und
amerikanische Staatsangehörige, und ihr Ehemann
HASSELBLATT Markus,
deutscher Staatsangehöriger, sowie die Kinder
HEYN Saskia Esther,
HEYN Rene Jonas, und
HEYN Vincent Peter,
deutsche und amerikanische Staatsangehörige.

HOHL Karin Christine, und die Kinder
HOHL Johannes Albert, und
HOHL Anna-Maria,
alle sind deutsche Staatsangehörige.

HORSTMÖLLER Ralf, und seine Ehefrau
HARDEWEG Eva Johanna, sowie die Kinder
HARDEWEG Marit Ann, und
HARDEWEG Sinje Josefin,
alle sind deutsche Staatsangehörige.

JOHNSON Ethan Luke Hemsworth,
britischer Staatsangehöriger

KAPITZA Florian Manuel, und seine Ehefrau
KAPITZA Kristin, sowie die Kinder
KAPITZA Martin Reto, und
KAPITZA Amalia Marianne,
alle sind deutsche Staatsangehörige.

KEMMETHMÜLLER Ute Maria, und ihr Ehemann
KEMMETHMÜLLER Hans Stefan Josef,
beide sind deutsche Staatsangehörige.

KETTELHACK Christoph Josef, und seine Ehefrau
KETTELHACK Marietta Ingeborg Clementine,
sowie das Kind
KETTELHACK Josephine Angela Monika Maren,
alle sind deutsche Staatsangehörige.

KLEIN Luisa Kathrin, deutsche Staatsangehörige

KOWALCZYK Christian, deutscher Staatsangehöriger

KUNAM Rageepan, srilankischer Staatsangehöriger

KUNST Katrin, deutsche Staatsangehörige

KUZUCULAR Erdem, türkischer Staatsangehöriger

LI Jie, deutscher Staatsangehöriger,
und seine Ehefrau
ZHONG Li, chinesische Staatsangehörige,
sowie das Kind
LI Celine, deutsche Staatsangehörige

LUTSENKO Nataliya, ukrainische Staatsangehörige

MCDOWELL Bryan John,
irischer Staatsangehöriger, und seine Ehefrau
MCDOWELL Alla, ukrainische Staatsangehörige

METTAUER Andreas Emil François,
und seine Ehefrau
ALBRECHT METTAUER Christine,
beide sind Bürger, Bürgerin von Gipf-Oberfrick AG

MULANDA Stephanie Ann, und das Kind
MULANDA Ibos Staunton,
beide sind kenianische Staatsangehörige.

MUTLU Kenan, türkischer Staatsangehöriger

NAVARRO CARPENTIERI Iker, amerikanischer und
mexikanischer Staatsangehöriger

NEECKE Annabel, deutsche Staatsangehörige,
und ihr Ehemann
ARDURA TEJADA Adrián Eugenio,
spanischer Staatsangehöriger, sowie die Kinder
ARDURA NEECKE Fabio Eugenio, und
ARDURA NEECKE Mayra Lucia,
beide sind deutsche Staatsangehörige.

NEWKIRK Bennett Ford,
amerikanischer Staatsangehöriger

PANEPUCCI Angelina Lucia,
brasilianische Staatsangehörige

PAREDES Maria Valeria
argentinische Staatsangehörige

PRATSCH Martina-Michaela Elisabeth,
deutsche Staatsangehörige

PULS Terese, deutsche Staatsangehörige

RASKOPF Roland, und seine Ehefrau
FÖRSTER RASKOPF Sylvia Susanne,
sowie die Kinder
RASKOPF Tim Martin, und
RASKOPF Tobias Sydney,
alle sind deutsche Staatsangehörige.

RITTINGHAUS Sabine,
deutsche Staatsangehörige, und ihre Partnerin
WEISMILLER Sylvia Jeneen,
kanadische Staatsangehörige

ROBINSON George Harry,
britischer Staatsangehöriger

RONSDORF Anke, deutsche Staatsangehörige

RÖSCH Isabelle Madeleine,
deutsche Staatsangehörige

SCHIABELLO Alessandro,
italienischer Staatsangehöriger, und seine Ehefrau
SCHIABELLO Meike, deutsche Staatsangehörige

SCHOLZ Juliane, deutsche Staatsangehörige,
und ihr Ehemann
GUZMÁN Mariano de Jesus,
nicaraguanischer Staatsangehöriger, sowie das Kind
GUZMÁN Julisa Raquel, deutsche Staatsangehörige

SCHWAN Severin Anton, deutscher und österreichischer Staatsangehöriger, und seine Ehefrau
SCHWAN Ingeborg, österreichische Staatsangehörige,
sowie die Kinder
SCHWAN Georg, und
SCHWAN Lena, österreichische und
deutsche Staatsangehörige

STAUB-KLESCHIN Stefan, und seine Ehefrau
KLESCHIN Corinna, sowie die Kinder
KLESCHIN Linus, und
KLESCHIN Jonathan,
alle sind deutsche Staatsangehörige.

STICH Werner Rainer, und seine Ehefrau
MATHIS-STICH Sonja Birgit Maria, sowie die Kinder
STICH Selma Hélène Franziska,
STICH Caecilia Pauline Elisabeth, und
STICH Josefine Greta Marie,
alle sind deutsche Staatsangehörige.

STOECKLIN Jennifer Leoni,
Bürgerin von Basel und Biel-Benken BL

STOHLER Ursula, Bürgerin von Basel

TIGHE Elizabeth, irische Staatsangehörige

VASILESCU Vinia Diandra,
rumänische Staatsangehörige

VAUPEL Andrea Helga Emmi,
deutsche Staatsangehörige

ZELLER Andreas, und seine Ehefrau
ZELLER Ann-Lore Janine Nicole, sowie die Kinder
ZELLER Benjamin Yoan, und
ZELLER Florianne Yva,
alle sind deutsche Staatsangehörige.

ERLEICHTERTE EINBÜRGERUNGEN GEMÄSS EIDGENÖSSISCHEM BÜRGERRECHTSGESETZ (BÜG)

BRÄNDLE Lydie, französische Staatsangehörige
(Art. 27 altes BüG)

FASCIANO Ilaria, italienische Staatsangehörige
(Art. 24a BüG)

FASCIANO Morena, italienische Staatsangehörige
(Art. 24a BüG)

SCHÖNTHALER Leander, deutscher Staatsangehöriger
(Art. 27 altes BüG)

SCRIRÈ Francesca, italienische Staatsangehörige
(Art. 24a BüG)

MENSCH UND ZEIT

Unsere Jüngsten
JULI 2019 BIS JUNI 2020

ABDALLA Lilian		29.07.2019
ABT Miro Louis		22.03.2020
AEBI Lara Aliya		11.07.2019
AFRA Ella Maria		24.02.2020
AGHDAMI Zachary Nathaniel		17.02.2020
AKÇAY Aliasaf		13.04.2020
ALEXANDER Thomas Alexander		11.04.2020
ALIU Alem		22.02.2020
BACHOFER Alina		06.12.2019
BALTERMIA Mikael Kjell Quentin		12.02.2020
BANNEHR Lio		08.05.2020
BAUER Sophia Emilia Marleen		03.06.2020
BAUMGARTNER Tim Marlon		19.10.2019
BEELER Ylvi Annelie		29.01.2020
BERGEN WIEBE Thea Elischa		06.09.2019
BERIC Amalia		21.09.2019
BISCHOF Serafina Elin		02.07.2019
BLANCKARTS Noam Henry		06.08.2019
BORNEMANN Luciana		27.08.2019
BRACHER Lea		10.01.2020
BRÄNDLE Naemi		23.01.2020
BROGLI Orianne		17.01.2020
BRUNNER Gustav Albert		05.12.2019
BUSINGER Martha Emilia		14.04.2020
BÜYÜKSARI Mizgin		15.07.2019
CAESAR Julian Paul		07.06.2020
CATANIA Jacob Matteo		02.04.2020
ÇELIK Alya		31.12.2019
CEMBIC Bojana		06.07.2019
CHEN Emma Yun		21.04.2020
CHOQUARD Quintus Vitus		17.08.2019
CIOBANU Christian Alexander		26.11.2019
ÇOBAN Mia Lena		23.09.2019
CONRAD Dalia		31.08.2019
CUPIC Gabriel		28.12.2019
CUPIC Matias		06.01.2020
DADAKO Miran		04.12.2019
DANKOZ Rodi		20.12.2019
DECKLER Tilda Marlies		05.05.2020
DEUTSCHER Noelle Joy		21.11.2019
DEVIGUS Alexander Márk		02.08.2019
DIEM Marlon		13.07.2019
DIERMAYR Aurelia Sophie		17.04.2020
DINTER Bela		07.06.2020
DÖBELIN Luana		14.02.2020
DOPPLER Finn		26.10.2019
DREXLER Philip		11.04.2020
ELOUAZZANI Nael		05.02.2020
EROGLU Arin Liya		19.07.2019
FANAJ Miranda Nelia		08.02.2020
FANKHAUSER Malia		10.04.2020
FARACO Adrian Leon Ciro		12.10.2019
FISCHER Ronja Maria		07.04.2020
FLÜCKIGER Éline Marie		16.02.2020
FULNECZEK Nico		27.09.2019
FÜRSTENBERGER Jonas Paul		31.03.2020
GERBER Joshua		10.06.2020
GSCHWIND Nils		06.11.2019
HABEGGER Leon Lars		29.02.2020
HAID Liyan Yorin		06.07.2019
HÄNZI Zoey Aulia		10.10.2019
HAROLD Emilie Cosette		23.11.2019
HERREN Ella Sophia		03.12.2019
HESS Elena Cocò		19.01.2020
HIMMELEIN Alina Lea		24.04.2020
HOF Milena Valentina		15.09.2019
HOSCH Fynn Laurin		20.12.2019
HOSTETTLER Jamy Demien		22.01.2020
HUBER Vinzent		05.05.2020
ISUFI Lijan		27.12.2019
JABLONSKI Mauro Jerun		12.03.2020
JAGGI Leo Oliver		23.01.2020
JAKUPAJ Melisa		03.02.2020
JENNY Kian Jorin		26.12.2019
KAMAN Mira		27.11.2019
KANAT Nelia Solin		28.01.2020
KAWAMURA Itsuki		19.05.2020
KELLER Lennox Marlon		17.09.2019
KELP Laura Béatrice		02.11.2019
KITZMÜLLER Eveline Rosa		14.10.2019
KLEBSATTEL Helena Laetitia		08.10.2019
KLEIN Benjamin Efe		04.11.2019
KNECHT Oliver Matteo		10.06.2020
KNÖLLINGER Finn Maximilian		18.03.2020
KOCAHAL Asef		02.08.2019
KOCAHAL Baran		02.08.2019
KOCAHAL Rüzgar		02.08.2019
KÖLM Emma		24.07.2019
KÖSLER Emia		02.11.2019
KRAYSS Jonathan Nils		23.11.2019

LAHRARI Alycia	13.12.2019	
LASAK Cléa	11.06.2020	
LEUENBERGER Philippa Lou	16.03.2020	
LEUENBERGER Romy Maeva	16.03.2020	
LIAO Camille Hunter	18.08.2019	
LIEDERER Finja Lea	14.10.2019	
LI-KWAI-CHEUNG Delilah Belle	01.03.2020	
LINDER Benaja Lenny	07.06.2020	
LUZHA Loris	16.09.2019	
MAHMOODIAN Keano Christopher	30.10.2019	
MARKOVIC Filip	22.10.2019	
MARTI Zoé	12.01.2020	
MATEOS PANEQUE Victoria	27.04.2020	
MEIRAMA BEITKE Olivia	15.07.2019	
MEYER Liam	05.02.2020	
MILEJSKI Aleksander	16.10.2019	
MIOSSEC HERNANDEZ Alexandre Joseph	02.09.2019	
MORALES Alicia Raquel	26.11.2019	
MUSAI Lejs	14.09.2019	
MWAFISE WOLOKO Deborah	23.05.2020	
NARDI Tommaso Rocco	30.08.2019	
NARMAN Elinor Xana	02.12.2019	
ORUÇLAR Alina	11.05.2020	
OSMANAJ Mina	22.06.2020	
PANAYOTOV Christian Ivanov	08.07.2019	
PÖTSCH Abigail Emma Lou	29.05.2020	
PROSCHEK Mia Yuna	11.08.2019	
RASKINA Ariana Artemovna	10.10.2019	
RATNAKUMAR Eva	19.08.2019	
RATZ Thilda Sophia	27.06.2020	
REICHLIN Himary	28.12.2019	
REICHMUTH Levin	02.10.2019	
RIBI Malou Helen	08.09.2019	
RICHTER Tivon Mateo	16.03.2020	
RIEDENER Nilas	27.01.2020	

RIEDWYL Noah David	13.11.2019	
RODRIGUEZ MESQUIDA Robert	07.07.2019	
RUNGGER Valentin Mario	15.08.2019	
RUSSO Salvatore	24.03.2020	
SAITTA Ellie Oana	27.05.2020	
SANCI Adelya	13.03.2020	
SCHARF Noah	20.11.2019	
SCHILD Ilay Kephren	21.09.2019	
SCHMACHTENBERG Gabriel Noah Ouko	23.06.2020	
SCHMACHTENBERG Thea Corinne	31.08.2019	
SCHNEIDER Adrian	19.05.2020	
SCHNYDER Toma	26.08.2019	
SCHÖNHERR Alisa	30.10.2019	
SCHUMACHER Fjonn	21.01.2020	
SCHWARZE Aaron David	09.12.2019	
SIDLER Mia Philine	12.07.2019	
SOLLBERGER Ferdinand Raphael	25.09.2019	
SPADIN Selina Marlise	10.01.2020	
STAUB David	24.10.2019	
STRAMANDINO Fabio	31.10.2019	
STRICKER Ellie	14.10.2019	
STRÖM Linus Erik Ake	10.12.2019	
STUBER Nelio	13.03.2020	
STUMPF Julian Andrés	22.07.2019	
SZABO Gentijan	26.10.2019	
TEKIN Julien Méro	24.11.2019	
TELKO Miro Gabriel	20.02.2020	
TOKAY Deniz	22.10.2019	
TRÜBY Karl Anton	30.03.2020	
TSCHUDI Philippa Sophie	08.12.2019	
TUNJIC Vincent Ivan	21.08.2019	
VELUPPILLAI Jeyden	11.06.2020	
VESENMAIER Laura Marianne	22.04.2020	
VOCAT Julien	13.09.2019	
VÖGTLIN Julie	06.04.2020	

VON LAER Matilda Nicoletta Marie	20.08.2019	
WAIBEL Juna Liyah	11.05.2020	
WALDMEIER Max Damian	12.06.2020	
WASACZ Oliver Emil	08.08.2019	
WEGMÜLLER Luan	10.10.2019	
WELTEN Louis Olivier	30.07.2019	
WIDMER Enea Samuel	27.11.2019	
WILDE Elena Zoe	18.01.2020	
YAGCI Azad Murat	22.02.2020	
ZIBERI Noar	28.11.2019	
ZIPPERER Antonia Liliane	25.12.2019	

Unsere Jubilare

JULI 2019 BIS JUNI 2020

90 JAHRE

ACKERMANN-STAUB Hans	30.03.1930
AEBISCHER-GOLDEMANN Gerda Margaretha	23.02.1930
AMBRUS-GAAL Ilona	18.01.1930
AMWEG-GRÖHBIEL Norma Hilda	27.09.1929
ANDEREGG Walter Armin	15.03.1930
ARTHO-BAUMGARTNER Werner August	09.08.1929
BAIER-GERBER Egon	12.03.1930
BARRETTA-CUSUMANO Maria	06.08.1929
BASLER-SCHMID Elisabeth Charlotte	05.06.1930
BRAUN-LINGG Josefine	08.02.1930
BREIL-HALDEMANN Hanny	25.05.1930
BREISCH-SALATHÉ Rosmarie	24.06.1930
BUCHELI-STRÜTT Josef	24.03.1930
BUCHER-WINTER Agatha Charlotte	09.01.1930
BÜHLER-RAULF Rosa Yvolette	09.05.1930
BUMANN-SCHUMACHER Hermann	31.08.1929
BÜRGIN-WOLFF Annemarie Ruth	19.09.1929
BURK-FREIVOGEL Rudolf Martin	20.01.1930
BÜTIKOFER-HERRMANN Verena Dora	16.12.1929
DE COURTEN-SCHWEIZER Peter Othmar François	28.02.1930
DEGEN-WAGNER Rita	07.02.1930
DÉGLON-MARTINEZ Maria Angélica	01.05.1930
DIESCH-STREULI Gertrud	12.07.1929
ELLENRIEDER-GAGNEUX Yvette Jeanne Madeleine	26.07.1929
ENGEL-BOSSERT Esther Marianne	25.09.1929
ERNI-HÄGELI Dolores	24.04.1930
FLÜCKIGER-CHAPUIS Werner	29.08.1929
FLÜCKIGER-RÖLLI Ulrich Rudolf	17.09.1929
GERCEK-ERAKMAN Servet	27.06.1930
GESSLER-SCHWENDIMANN Maria Louise	06.04.1930
GRAF-SCHWEIGHAUSER Helena	07.09.1929
HALDIMANN-BÜRGIN Charlotte Elsbeth	05.05.1930
HANCK-SANDKÜHLER Alfred Bruno Karl	28.03.1930
HAUPT-FRIES Ruth Rosa	10.04.1930
HEDINGER Marie Lina	29.10.1929
HENNICKE-BÜHLER Karl Rolf	23.03.1930
HERZOG-STUMP Magdalena Christine	22.12.1929
HODEL-RÖLLI Ida Adelheid	14.02.1930
HOFSTETTER Hildegard	14.11.1929
KÄPPELI-AEBIN Elisabeth	14.09.1929
KESSLER-WENK Dora	09.07.1929
KONG-GOH Fung	22.11.1929
KRAUER-KLARER Monika Susanna	07.04.1930
LEHMANN-JICHLINSKI Eva	02.08.1929
LERGENMÜLLER-SCHLEIER Ursula	15.11.1929
LIEDERER-BISSIG Paulette	02.10.1929
LINK-STRUB Irma	25.05.1930
LOHER-APPELT Leopoldine Maria	24.09.1929
LUGINBÜHL-KÜTTEL Rosmarie	19.10.1929
MADOERY-WENK Anna Marie	12.03.1930
MARTIN-PROBST Johanna Margaritha	23.08.1929
MASAR-JANTULA Pavol Peter	28.06.1930
MASCHE Ursus Alfons Reinhold	19.02.1930
MAYER Suzanne	25.01.1930
MENEGHIN-HAUSSENER Louis Karl	25.05.1930
MÜHLEMANN-LÜSCHER Elsa	18.10.1929
MÜLLER-TRÖGER Alfred Werner	23.06.1930
NÄGELE-WULLSCHLEGER Gertrud	25.08.1929
NOPPEL-RIEDERER Johann	19.01.1930
OBERHÄNSLI-LINDER Willy Emil	16.06.1930
OPPLIGER-MATTI René Albert	14.01.1930

PFENNINGER-BACHMANN Esther	20.06.1930
PICCINELLI Pietro	01.03.1930
RINGWALD-GOTTESMANN Margot	26.06.1930
RITTER-VISCHI Giovanni Marco	13.05.1930
ROTH-VONIER Theresia Jakobina Verena	29.09.1929
RUTISHAUSER-HÜNI Gertrud Erna	24.03.1930
SALVISBERG-HERTWIG Maria-Luise	12.06.1930
SAXER-LEIBINGER Magda	25.04.1930
SCHACHENMANN-BOLLIGER Balthasar Christoph	31.05.1930
SCHEER-LICHTENBERGER Irene	29.10.1929
SCHEIDEGGER-SCHULTZE Helene	17.10.1929
SCHERRER-SCHELCHSHORN Ruth Sylvia	01.05.1930
SCHMIDT-VOGT Beatrice Helene	04.01.1930
SENN-ELMER Anita Theresia	28.04.1930
SOLTERMANN-GUTZWILLER Margaretha	28.10.1929
SPARR-KARLIN Ernst	14.04.1930
SPITZ-BÖHRET Hansruedi	30.07.1929
STERLI Olga Emilia	25.05.1930
STINGELIN-HEINIMANN Lilly	06.05.1930
STOHLER-FÜCHTER Fritz Erwin	31.03.1930
STOLL-HELBLING Karl Mathias	25.02.1930
STROHBACH Heinz Ernst	29.03.1930
STROHMEIER-ZATLASCH Felizita Daniela	28.03.1930
STRUB-OSWALD Pia Regina	05.07.1929
TEMPEL-MUTTER Ernst Wilhelm	20.05.1930
THÖNI Anna Marie	12.02.1930
TOBLER-FREY Sonja Angela	20.04.1930
TRAMÈR-SALLMANN Rosmarie	15.10.1929
TSCHEER Rosmarie	18.06.1930
VINCENT-WILDE Eugenie Cécile	22.10.1929
VOGT Beatrice	05.12.1929
VOGT-SPIES Herta Maria Elisabeth	04.06.1930
WENK-MADOERY Johannes	12.03.1930
WIRZ-BIEDERT Bertha Elise	03.08.1929
WITZIG-KÜPFER Werner Helmut	01.02.1930

100 JAHRE

ANKLI-MEHLIN Ruth	08.06.1919
BACHOFNER-BRUNNSCHWILER Ernst	27.01.1920
BOLLIGER-BACHMANN Hans Rudolf	10.05.1920
BRÄGGER-HETTINGER Ruth Christel	07.08.1919
KASER Elisabeth	03.09.1919
TELLENBACH-AMMANN Gerda Hedwig	12.01.1920
WAGNER-ESCHBACH Richard	26.04.1920
WIRZ-KUHN Beatrice Rosmarie	11.08.1919
ZIMMERMANN-VANAMO Anna-Maija	20.03.1920

ÜBER 100 JAHRE

DUDLI-SCHIEGG Katharina Josefa	03.08.1918
HOCH Gertrud Elisabeth	05.01.1916
LÜTHI-STEINEBRUNNER Ruth	09.06.1919
SCHMIDLIN-HUG Dora Hedwig	11.12.1916
VOGT-VON DER CRONE Hedwig Elisabeth	18.09.1915

Unsere Verstorbenen
JULI 2019 BIS JUNI 2020

ACHERMANN Bernhard	24.03.1962–14.08.2019	**BRAUN-KUNZ** Lilly	13.05.1936–07.03.2020
AEBI-HÄBERLIN Hans	24.07.1921–26.09.2019	**BRUHIN** Erich	22.08.1952–04.12.2019
ALPSTÄG-KIRMSER Adele	02.07.1924–17.01.2020	**BRUN-STEIGER** Walter	17.02.1926–09.08.2019
AMMANN-BÜRGER Rolf	04.09.1932–09.03.2020	**BUCHS-CAPPONI** Anita	21.01.1924–19.03.2020
AMREIN-SCHÖPFER Rosa	15.07.1930–05.10.2019	**BUCHWALDER-SUTTER** Heidirösli	24.07.1930–08.11.2019
ARNOLD Rosmarie	29.09.1934–09.08.2019	**BUCHWIESER-HITZ** Jörg	09.09.1928–25.10.2019
ASCHMANN Karl	17.09.1934–27.02.2020	**BÜHLER-BAERISWYL** Cäcilia	05.08.1924–11.10.2019
AUROUSSEAU-KREBS Esther	01.06.1933–27.04.2020	**BÜHLER-RAULF** Bernard	01.04.1931–04.01.2020
BACHER-KÜBLER Eva	08.07.1926–14.12.2019	**BÜRGENMEIER** Alfred	25.03.1934–10.10.2019
BACHMANN-KESSLER Franz	31.03.1930–24.07.2019	**BÜRGENMEIER-WAGNER** Regina	09.10.1945–04.01.2020
BACHOFNER-BRUNNSCHWEILER Ernst	27.01.1920–26.11.2019	**BÜRGIN** Heinz	12.12.1926–11.03.2020
BAILAT-ZENKLUSEN Germain	15.03.1935–21.03.2020	**BURKARD-WILLAREDT** Gretel	09.11.1923–29.08.2019
BALLMER-BUCHER Anna	03.03.1926–12.01.2020	**BÜTTNER-SALMINEN** Martin	16.12.1929–06.07.2019
BARTH-LEUMANN Margarith	13.03.1921–01.12.2019	**CANTAFFA-MEGNA** Francesco	02.10.1941–27.03.2020
BAUMANN-SOELL Cäcilia	28.07.1925–18.08.2019	**CANTALUPPI-KROGH** Rolf	30.11.1943–22.02.2020
BAUMGARTNER-EISENRING Theresina	20.12.1926–11.08.2019	**CENTRELLA-ALBRECHT** Amedeo	24.03.1943–20.03.2020
BAUMGARTNER-VÖGELIN Lotti	10.04.1931–23.09.2019	**CHRISTEN-SCHWEIZER** Hugo	13.02.1932–21.06.2020
BAUR-MAURER Doris	26.07.1934–26.05.2020	**COERPER-BEYELER** Beatrix	23.01.1940–02.04.2020
BENZ-LÖLIGER Marlene	15.09.1931–02.09.2019	**CORNEO** Heidi	29.01.1927–14.08.2019
BERGER-BRÜHWILER Frieda	26.02.1923–29.08.2019	**CRISTOFOLI** Margherita	27.07.1934–04.10.2019
BERTSCHMANN-VOGT Katharina	30.05.1950–03.07.2019	**DEGEN-WAGNER** Rita	07.02.1930–26.02.2020
BIANCHIN-PANDOLFO Maria	27.06.1941–27.03.2020	**DIEHR** Werner	13.02.1924–27.03.2020
BIANCULLI José	28.06.1938–01.12.2019	**DOLANC-TOMC** Margareta	09.11.1938–24.02.2020
BINKERT-GROND Barbara	23.01.1927–05.03.2020	**DÖTZER-SCHWIER** Ingeborg	18.03.1931–23.06.2020
BISSIG-GERBER Heidi	01.03.1929–14.03.2020	**DROHOMIRECKI-ZULAUF** Emil	05.10.1929–30.08.2019
BLUMER-SCHÄRER Irmgard	14.07.1926–28.02.2020	**DUBACH-WÄLDE** Gottfried	10.05.1932–14.09.2019
BODMER-BÜRKI Johannes	15.04.1921–15.02.2020	**DUBACH-WÄLDE** Gretel	30.07.1933–18.04.2020
BÖHMLER-MUSCHET Frieda	18.08.1932–14.07.2019	**DURST-SCHÖNHERR** Karl	17.05.1922–20.06.2020
BOMMER-BURDAS Peter	23.02.1935–31.12.2019	**EHRSAM** Othmar	11.12.1917–03.06.2020
BOSSART-HAFNER Walter	16.08.1923–10.07.2019	**EHRSAM-KAISER** Pia	28.12.1922–04.06.2020
BOSSHARD-BEER Alice	16.08.1926–18.08.2019	**EMTER-ALPIGINI** Tina	20.11.1941–08.07.2019

ERSIG-PAWLOWSKY Ingeborg	28.03.1937–19.01.2020	**GRÖTZINGER-PFEIFFER** Ulrich	09.07.1944–19.04.2020
EUGSTER-JÄGER Susanne	02.07.1924–06.09.2019	**GRUNDER-FORSTER** Benjamin	03.08.1935–14.04.2020
FESENMEYER Walter	17.06.1933–14.03.2020	**GÜTLIN-SCHMID** Margrit	23.01.1932–19.11.2019
FEURER-MORELLINI Bruna	23.06.1928–12.09.2019	**GYWAT-GLINZ** Mirjam	16.08.1946–19.04.2020
FEY-SEKINGER Agatha	01.12.1922–23.07.2019	**HAAS-SCHALL** Adrienne	12.06.1935–06.02.2020
FIECHTER Marlise	18.10.1966–24.04.2020	**HABERMACHER-NIGG** Brigitta	09.03.1943–28.01.2020
FISCHER-MATHYS Johanna	18.10.1924–21.02.2020	**HAGEN-FLUBACHER** Rita	12.09.1939–13.08.2019
FLÜCK-MAYER Heidi	04.09.1946–01.10.2019	**HÄMMERLIN** Rolf	15.05.1946–29.12.2019
FRANCIS-LOCHER Franziska	11.12.1957–18.10.2019	**HANHART** Katharina	13.05.1944–29.06.2020
FREI-BARANZELLI Walter	12.10.1944–22.03.2020	**HÄRING-SCHAUB** Peter	01.05.1927–11.04.2020
FREI-BISSIG Hedwig	24.02.1921–07.03.2020	**HÄRING-SUTER** Charlotte	20.12.1930–06.06.2020
FREI-SCHAULIN Urs	28.04.1943–18.03.2020	**HASSLER** Adelheid	29.03.1927–31.10.2019
FREUDIGER-BÖSCH Claudia	21.05.1968–02.08.2019	**HECKENDORN-DREXLER** Ernst	06.05.1929–05.12.2019
FRIDEZ-STAUBLI Edith	17.09.1931–08.10.2019	**HEIMBERG-RUDIN** Guido	13.11.1940–03.06.2020
FRITZ-LAUER Lieselotte	05.01.1933–18.09.2019	**HEUSSER-CAIRONI** Luzia	04.02.1935–07.04.2020
FUHRER-HEINTZ Katharina	24.03.1924–31.08.2019	**HEUSSER-REINHART** Elsbeth	21.03.1932–03.09.2019
FURRER-BLAU Herta	24.10.1939–21.11.2019	**HINDERLING-SCHLUP** Gertrud	11.10.1927–23.10.2019
GAUTSCHI-INGOLD Bethly	22.04.1924–31.01.2020	**HOFSTETTER** Hildegard	14.11.1929–25.10.2019
GEISER-HABEGGER Ruth	20.01.1936–25.04.2020	**HUBER** Bruno	22.07.1952–27.09.2019
GESSLER-SCHWENDIMANN Franz	19.12.1926–19.01.2020	**HÜGEL** Hermann Fritz	08.02.1937–24.04.2020
GIGER Peter	13.05.1956–12.12.2019	**HURNI-VAN BEEK** Emmy	21.07.1940–15.10.2019
GILGIEN-NÜNLIST Heinz	22.01.1928–24.02.2020	**INDERBITZIN** Albert	02.06.1935–23.08.2019
GLATZ-KRIEGER Dieter	19.10.1957–09.01.2020	**IRION-SCHOEFFEL** Paul	14.01.1943–17.03.2020
GNANN-SOMMER Ruth	30.06.1925–04.10.2019	**JAGGI** Margritli	30.12.1924–22.07.2019
GODOY-RIQUELME Lucy	13.09.1947–20.02.2020	**JAUKER-KÜNZLE** Johann	12.08.1948–18.03.2020
GÖHRING-BASLER Felix	30.06.1933–05.04.2020	**JAUSLIN-ELMER** Hugo	24.06.1933–13.04.2020
GOLDSCHMIDT-MICHEL Anna	08.11.1920–24.01.2020	**JEANNERET-GROSJEAN** Nicole	30.04.1960–06.08.2019
GÖTTE Marcel	20.09.1950–23.02.2020	**JOCHIM-WEINGÄRTNER** Peter	13.06.1936–28.10.2019
GRAF-SAHLI Hans	24.10.1921–28.04.2020	**JOST-BERTSCHMANN** Irene	30.04.1934–14.03.2020
GRÄUB-OESCHGER Cornelia	31.08.1952–29.04.2020	**JUNGI-SCHWEIZER** Paul	29.09.1944–07.03.2020
GRETER Esther	24.09.1950–07.04.2020	**KASER** Elisabeth	03.09.1919–23.10.2019
GRIEDER-BASTIAN Traugott	20.06.1928–10.09.2019	**KIMMICH-LUTZ** René	22.09.1933–19.06.2020
GRIOT-FORRER Maya	10.03.1934–14.08.2019	**KLEMPERA** Peter	08.03.1963–12.03.2020
GRÖLI-BACHMANN Margaretha	10.12.1931–04.01.2020	**KLOPFENSTEIN-WISSLER** Liselotte	14.07.1937–23.07.2019
GROLIMUND-GAISRUCKER Anna	27.08.1933–18.12.2019	**KRAYER** Emanuel	22.04.1954–12.04.2020

KRUG Katharina	12.03.1933 – 06.02.2020
KÜFFER-ANTONIETTI Gitta	14.01.1937 – 29.06.2020
KUONEN-KUONEN Rudolf	19.09.1930 – 02.01.2020
KÜRY-VORBURGER Margrit	09.07.1930 – 05.11.2019
LACK-FLEURY Jacqueline	05.04.1934 – 21.03.2020
LANCEROTTI-SALADIN Modesto	28.06.1948 – 29.12.2019
LECOULTRE-ZOSSO Denis	06.03.1947 – 09.01.2020
LEGATO-AEBI Alice	07.04.1927 – 20.03.2020
LINNENBRÖKER-HARTMANN Klaus	30.08.1936 – 10.08.2019
LÜDIN Kurt	30.09.1931 – 06.12.2019
LÜSCHER-RYTER Hedwig	28.03.1925 – 25.10.2019
LUSSMANN-SIDLER Elisabeth	24.10.1928 – 29.01.2020
LUTZ-POLENTARUTTI Helena	09.02.1923 – 20.02.2020
MARTI-MEIER Jürg	17.07.1941 – 27.01.2020
MATHYER-ERNST Katrin	09.02.1969 – 04.01.2020
MAURON Danielle	07.04.1953 – 07.06.2020
MERKLI-PETER Edith	21.12.1927 – 18.06.2020
MERZ-DIENGER Friedrich	03.05.1927 – 16.02.2020
MERZ-VILLA Felisa	10.02.1935 – 24.06.2020
MEYER Theodor	21.12.1950 – 31.03.2020
MEYER-HARTMANN Hedwig	28.05.1927 – 04.04.2020
MOHLER-FROBESE Rosmarie	20.07.1935 – 05.04.2020
MORAND-TSCHUDIN Paul	28.10.1934 – 20.12.2019
MÜLLER Beatrix	02.11.1922 – 19.07.2019
MÜLLER-DALWARD Hedwig	12.03.1935 – 03.09.2019
MÜLLER-LAUER Clara	29.04.1925 – 26.03.2020
MÜLLER-STAMOU Helena	11.09.1935 – 30.11.2019
MÜLLER-STEHLI Peter	27.12.1933 – 15.05.2020
MÜNCH Lieselotte	31.08.1934 – 22.05.2020
NÄGELI-LIECHTY Leo	21.09.1927 – 13.02.2020
NICOSIA Francesco	01.04.1931 – 09.07.2019
NYFELER TAS Doris	16.12.1959 – 24.11.2019
NYFFELER-STOLLER Emma	10.02.1924 – 25.06.2020
OBRIST Ruth	15.05.1940 – 29.08.2019
PASSIAN-BRUHIN Franz	16.09.1935 – 15.04.2020
PATANE' Armando	22.10.1941 – 22.04.2020
PETER-VON FELLENBERG Maddalena	30.07.1925 – 25.08.2019
PETIGNAT-HAUSER Raymond	03.02.1932 – 15.09.2019
PETITPIERRE-HOTZ Erika	12.06.1919 – 17.08.2019
PHAN Lien	10.05.1924 – 20.11.2019
PHURPU-PHURPU DOLAM Yeshi Chodar	01.01.1961 – 14.01.2020
PISAN-WINTERHALTER Gertrud	01.05.1928 – 07.01.2020
PISAN-WINTERHALTER Fortunato	23.04.1924 – 18.02.2020
PORCHET-NGUYEN René	31.03.1929 – 29.08.2019
PORTMANN-KIELHOLZ Silvia	10.08.1944 – 29.12.2019
PREISWERK-FRASCHETTI Rudolf	16.03.1948 – 19.03.2020
PRÉTOT-DA RONCO Marcel	27.09.1932 – 18.01.2020
RAIS-METZGER Cäcilia	27.10.1926 – 20.10.2019
RAISIN-PESCH Ingeborg	14.03.1926 – 03.10.2019
REITZ-KARPENKO Carl	01.05.1936 – 24.11.2019
RICHLE Ida	26.06.1934 – 01.06.2020
RICKENBACHER-BUCHER Hans Rudi	04.06.1929 – 08.07.2019
RÖHRL Otmar	16.07.1932 – 20.01.2020
ROTH-HERREN Elisabeth	09.12.1923 – 21.09.2019
ROTHE-JÄGER Enrique	26.10.1926 – 08.04.2020
RÜESCH-GYSEL Peter	28.07.1932 – 28.03.2020
RUESS-COLOMBO Rosa	13.05.1927 – 21.10.2019
SANTAMARIA-SCHOBER Irmgard	04.02.1932 – 11.07.2019
SARASIN-HEUSSER Liselotte	16.09.1933 – 01.03.2020
SÄUBERLI-SCHLENKER Fritz	30.09.1949 – 06.08.2019
SCHÄFER Karsten Wilhelm	24.01.1943 – 27.02.2020
SCHÄFER-BUCHHEIT Hans	11.07.1932 – 04.05.2020
SCHENK-KOLLER Denise	13.01.1947 – 12.04.2020
SCHENKER-AEBERHARD Fausto	30.01.1932 – 12.12.2019
SCHIBLER Reinhard	04.10.1953 – 10.01.2020
SCHLICHT-HARNISCH Gerda	23.06.1934 – 23.08.2019
SCHMID-NEEBE Elke	30.05.1946 – 17.09.2019
SCHMIDLI-HEILMANN Erwin	13.07.1922 – 02.12.2019
SCHMIDLIN Konrad	15.08.1933 – 29.05.2020
SCHMIDT-LEPORE Dominique	16.04.1957 – 07.10.2019

SCHNEIDER-WULLSCHLEGER Verena	03.02.1950-19.05.2020
SCHÖNECK Hans	28.04.1927-25.10.2019
SCHUDEL-SCHMUTZ Alexander	09.10.1935-11.10.2019
SCHULTHEISS-SCHNEIDER Fritz	26.05.1936-14.07.2019
SCHÜPBACH Bruno	15.02.1954-23.03.2020
SCHÜPBACH-GLATT Gerhard	23.09.1938-12.10.2019
SCHUSTER-BUCHER Agnes	03.09.1944-25.02.2020
SCHWARZ-BIERI Karl	30.11.1936-21.01.2020
SIGRIST-HUTTEGGER Josef	29.08.1928-08.03.2020
SIKEMEIER-MÜLLER Claude	20.01.1940-13.05.2020
SIMON-BUSCH Geneviève	29.05.1948-13.12.2019
SINGER-STEFFAN Astrid	03.02.1947-03.12.2019
SOKOLL-SCHNEIDER Elisabeth	29.10.1928-04.06.2020
SOTELO-PFEIFFER Helga	09.01.1934-17.07.2019
SPINAS-GISLER Johann	24.11.1926-19.01.2020
SPRECHER-PORTMANN Norbert	10.09.1937-17.07.2019
STÄHLI Isabelle	09.09.1966-16.05.2020
STALDER-SIEGENTHALER René	18.06.1949-11.04.2020
STARK-BERNAUER Emilie	15.03.1926-30.06.2020
STAUB-GROND Ida	16.05.1921-11.11.2019
STEIDEL-BARTH Georg	24.03.1946-13.02.2020
STETTLER-SCHNELL Erika	18.03.1940-03.11.2019
STILB Winfried	03.03.1964-17.12.2019
STRAUMANN-HANDSCHIN August	21.02.1935-24.12.2019
STÜCKLIN-LUZ Marianne	02.08.1927-23.09.2019
STUDER Michel	18.02.1944-02.02.2020
STUMM-DYLEWSKI Marèn	01.03.1926-30.06.2020
STUMP Elisabeth	25.01.1924-03.03.2020
SÜTTERLIN-FLEURY Rose-Marie	01.10.1932-30.10.2019
SZÜLE-TORDAY Ilona	27.06.1933-21.01.2020
TANNER-RUDIN Percy	02.04.1931-22.03.2020
TEASEL Charles Leslie Peter	01.12.1930-01.10.2019
TELLENBACH-AMMANN Gerda	12.01.1920-16.06.2020
THORNTON-SCHÜSSLER Verena	27.10.1930-27.12.2019
TJULINA-RIEDER Lydia	02.09.1927-25.10.2019
TRÄCHSLIN Rolf	01.04.1946-04.04.2020
TREZZINI-LAMBERG Eini	08.02.1939-20.08.2019
TSCHAN-GOEPFERT Lotti	29.04.1931-04.06.2020
TSCHUDIN-BIGLER Fredy	31.05.1934-08.06.2020
UEBEL-THEIS Helga	08.03.1931-20.12.2019
VANONCINI-SMITH Georges	17.05.1925-18.12.2019
VILLOZ-ENGELHARDT Jean-Pierre	11.09.1934-13.08.2019
VOCAT Jean-Pierre	26.12.1932-04.10.2019
VÖGELIN-BÜRGIN Elsbeth	12.09.1936-31.07.2019
VOGT-VON DER CRONE Hedwig Elisabeth	18.09.1915-25.10.2019
VON ALLMEN-MOSER Wolfgang	10.05.1943-23.11.2019
WAGNER-BINKERT Elisabeth	13.03.1927-18.03.2020
WAGNER-ESCHBACH Lieselotte	11.11.1930-23.07.2019
WALDNER-KIENHOLZ Else	23.02.1921-14.01.2020
WALTHER-FRITZSCHE Eike	19.05.1933-07.09.2019
WEBER-SCHMID Jolanda	25.09.1926-27.11.2019
WEGMÜLLER Luan	10.10.2019-10.10.2019
WEIBEL-MEYER Arno	23.08.1937-08.04.2020
WENK-KRONMÜLLER Maya	17.12.1931-01.08.2019
WENK-MADOERY Johannes	12.03.1930-05.05.2020
WICHSER-ERZER Jean	31.10.1931-20.05.2020
WIEDEMANN-YOSHITAKE Minami	18.06.1942-30.03.2020
WINTELER-RÜTTI Viktor	11.09.1946-24.11.2019
WOLF-HEIDEGGER Christine	06.04.1959-05.07.2019
WUNDERLI Dora	22.02.1934-23.09.2019
ZAHND-EGGER Elisabeth	02.09.1928-19.01.2020
ZANETTI RAULF Katharina	18.09.1936-29.09.2019
ZEISER-TRÄCHSLIN Georg	31.05.1936-14.04.2020
ZEISING-SÄUBERLI Suzanne	15.01.1956-13.07.2019
ZIHLMANN-OFFNER Rudolf	17.09.1926-16.10.2019
ZIMMERMANN-SPÖRRI Meta	20.06.1923-15.06.2020
ZINKERNAGEL-GROSSMANN Eberhard	14.07.1924-06.06.2020
ZIPFEL-ALLMANDINGER Walter	21.08.1921-26.11.2019
ZOLG-BLÜLLE Nelly	22.07.1930-03.06.2020

Paul Jungi-Schweizer (29.09.1944–07.03.2020)
ROLF SPRIESSLER

Paul Jungi bei seiner Abschiedspredigt als Pfarrer der Dorfkirche am 30. August 2009.

EIN UNERMÜDLICHER DIENER SEINER GEMEINDE

Paul Jungi wurde am 29. September 1944 in Köniz geboren und kam nach seiner Schulzeit nach Basel, um bei einem Basler Chemieunternehmen eine Laborantenlehre zu machen und Chemie zu studieren. Eine Vergiftung, die er sich im Chemiepraktikum zuzog, bewog ihn jedoch, eine andere Richtung einzuschlagen. So studierte er in Basel und Zürich Theologie, absolvierte sein Vikariat in der Psychiatrischen Universitätsklinik Friedmatt und war zunächst als Pfarrhelfer in der Basler St. Johannes-Gemeinde tätig. Nach zwei Jahren in London, wo er für das Seelenheil der dortigen Auslandschweizerinnen und -schweizer besorgt war, wurde er als Pfarrhelfer nach Riehen berufen. Als Theo Schubert 1978 als Pfarrer der Dorfkirche zurücktrat, wurde Paul Jungi zu dessen Nachfolger gewählt. Während der folgenden 31 Jahre wirkte er als Pfarrer in der Dorfkirche Riehen.

Paul Jungi war ein in bestem Sinne bodenständiger Pfarrer, der sich als Mann des Volkes verstand und dessen Türe jederzeit und für jeden und jede offen war. Er war zudem ein Mann des gesprochenen Wortes. Er habe die Anstellung als Pfarrer unter der Bedingung angenommen, dass ihm die Kirche eine Sekretärin bewillige, sagte er einst. So habe er einen Grossteil seiner Zeit der Gemeinde widmen können, ohne Zeit am Computer zu verlieren. Für seine Gemeinde war er rund um die Uhr da, einen Feierabend kannte er als Pfarrer nicht. Und er predigte gern in seinem berndeutschen Dialekt. Mit der Mundart, war er überzeugt, komme man näher an den Urtext der Bibel heran, weil das Hebräische und das Altgriechische jener Zeit eher noch einer Mundart entsprochen hätten.

Paul Jungi setzte sich immer für den Dialog über die Grenzen der Konfessionen und Religionen hinaus ein und sagte im Interview anlässlich seiner Pensionierung als Pfarrer im September 2009: «Ich frage mich, wie lange es noch gut geht, wenn jede Seite den Anspruch auf Wahrheit erhebt und den anderen als un- oder falschgläubig bezeichnet.»

Paul Jungi fühlte sich mit seiner Frau Anne und seinen Kindern in Riehen sehr gut aufgehoben und liebte das Kirchengeläut der Dorfkirche, das er als selten harmonisch empfand. Ein schwerer Schicksalsschlag, den er trotz seines tiefen Glaubens nur schwer akzeptieren konnte, war der Tod seiner Tochter Simone, seines Schwiegersohns und Enkelkinds nach einem Autounfall. Letztlich sei ihm aber bewusst geworden, dass die Barmherzigkeit Gottes das Erlösende sei, und so habe er die Gewissheit erlangt, dass sie lebten, und dadurch seinen persönlichen Frieden gefunden.

Am 7. März 2020 wurde Paul Jungi aus dem irdischen Leben abberufen.

Theo Meyer (21.12.1950–31.03.2020)
WERNER BLATTER

Theo Meyer am ‹Lääberli-Äsne›, Vogel Gryff 2020.

EIN MANN MIT ZWEI HERZEN IN SEINER BRUST

Das eine Herz, womöglich in der rechten Brusthälfte, schlug für Zahlen, Wirtschaftlichkeit und Rendite. Das andere, entsprechend auf der linken Seite, verkörperte sein soziales Engagement für das Wohlergehen aller.

Am 21. Dezember 1950 erblickte Theo Meyer im Basler Frauenspital das Licht der Welt. Er durfte eine schöne Jugend erleben, schloss erfolgreich eine Lehre als Charcuterie-Verkäufer im Warenhaus Globus in Basel ab und wechselte später in den dazumal noch von Walter Frehner geführten Schweizerischen Bankverein (SBV). Beim SBV war er jahrelang erfolgreich im Immobilienbereich tätig. Er war zeitlebens ein hervorragender Verkäufer mit einem geschliffenen Mundwerk.

Im Jahr 1983 verliess er die Bank und gründetet mit 45 Wohngenossenschaften den Wohnbaugenossenschaftsverband Nordwest (WGN). Diesem widmete er über 30 Jahre sein Herzblut als Präsident und Geschäftsführer. In dieser Funktion realisierte er unzählige Bauprojekte, die dem gemeinnützigen Wohnen zugutekamen, zuletzt die wunderschöne Überbauung am Kohlistieg in Riehen, wo Theo Meyer sein letztes Zuhause hatte. Was er mit der von ihm gegründeten WGN-Stiftung im Kulturellen und Sozialen alles bewirkt und wie vielen er geholfen hat, verdient allerhöchste Würdigung.

Theo Meyer war seit 1993 auch Mitglied der Verwaltungskommission der Gebäudeversicherung Basel-Stadt. In der E. E. Zunft zu Schiffleuten war er seit 1975 zünftig, als Bannerherr und die letzten 30 Jahre als geschätzter und grosszügiger Seckelmeister. Zudem war er Rotarier beim Club Basel-Riehen und hatte dort Einsitz im SOS-Fonds. Sehr am Herzen lagen ihm der Sport im Allgemeinen und der Satus-Fussballverband RV Nord im Besonderen. Zum Basel Tattoo hatte Theo Meyer seit dessen Anfängen eine enge Beziehung. Schweizweit waren die speziellen ‹Theo-Einladungen› der WGN sehr beliebt und begehrt. Viele wertvolle Kontakte, nicht nur im Wohnbaubereich, wurden in diesem Umfeld geschlossen.

Am 31. März 2020 ist Theo Meyer nach langer, schwerer und geduldig ertragener Krankheit im Alter von 70 Jahren im Adullam-Spital in Riehen verstorben, bis zuletzt herzlich umsorgt und betreut von Tochter Simone und seinen innig geliebten Enkelkindern Chiara und Nick Theo. Nicht wenige Exponentinnen und Exponenten aus Wirtschaft, Sport und Politik werden ihn zeitlebens als einen fordernden, fairen, humorvollen, grosszügigen und wortgewaltigen Mentor in Erinnerung behalten.

Hedwig Vogt-von der Crone (18.09.1915–25.10.2019)
ROLF SPRIESSLER

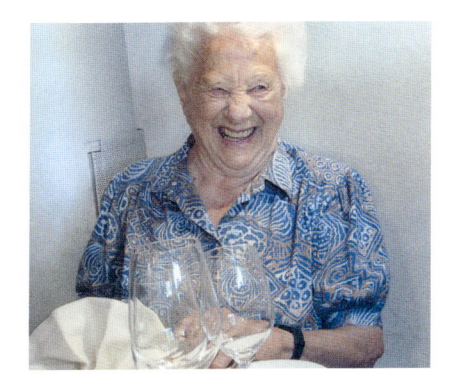

Hedwig Vogt-von der Crone verbrachte ihre letzten Lebensjahre im Riehener Pflegezentrum Adullam.

FRAU DES VOLKES ALS POLITISCHE PIONIERIN

Als am 9. Mai 1968 Alterspräsident A. E. Stückelberger die frisch gewählten Mitglieder des Basler Grossen Rates begrüsste, sassen erstmals 14 Frauen im Kantonsparlament. Eine von ihnen war die damals 53-jährige Hedwig Vogt-von der Crone, die ihre Wahl als Kandidatin der damaligen Vereinigung Evangelischer Wählerinnen und Wähler (VEW, heute EVP) im Wahlkreis Kleinbasel wohl vor allem ihrer Popularität im Zusammenhang mit ihrer Tätigkeit bei der ‹Haushilfe für Betagte› zu verdanken hatte. Im Juni 1966 hatte Basel-Stadt als erster Deutschschweizer Kanton und erst vierter Kanton überhaupt nach Waadt, Neuenburg und Genf das Frauenstimmrecht eingeführt. Und Hedwig Vogt-von der Crone wurde so mit ihrem Engagement als Parlamentarierin zu einer der Pionierinnen in der Schweizer Politik.

Sie habe eine natürliche Gabe gehabt, auf unterschiedlichste Menschen zuzugehen, sie ernst zu nehmen und zu ermutigen, schreibt alt EVP-Nationalrat Heiner Studer über seine Parteikollegin, die trotz ihres Zürcher Dialekts in Basel sehr gut angekommen sei und als warmherzig und humorvoll bekannt war. Hedwig Vogt-von der Crone gehörte dem Kantonsparlament in Basel-Stadt von 1968 bis 1980 an und war in diesen zwölf Jahren in fast allen Kommissionen einmal tätig. Sie nahm auch an den Delegiertenversammlungen der EVP Schweiz teil. Als gläubige Christin engagierte sie sich ausserdem in der Kirchgemeinde.

Hedwig Vogt-von der Crone wurde am 18. September 1915 im zürcherischen Russikon als zweitjüngstes von elf Kindern geboren. Da ihr Grossvater Basler war, wurde sie im April 1932 Doppelbürgerin von Zürich und Basel. Sie durchlief mehrere Ausbildungen im Pflegebereich und zog 1945 nach Muttenz, wo ihr Bruder eine Drogerie führte und sie als Helferin einsetzen konnte. Über den lokalen Gesangsverein lernte die begeisterte Chorsängerin ihren späteren Ehemann Hans Vogt kennen. Dieser starb bereits 1973.

In den Jahren von 1951 bis 1968 arbeitete Hedwig Vogt-von der Crone bei der ‹Haushilfe für Betagte›, aus der die heutige Spitex hervorgegangen ist, zuletzt war sie deren Leiterin. Während neun Jahren war sie Mitglied des Bürgerrats der Stadt Basel.

Im Jahr 2011 zog sie dann nach Riehen ins Alters- und Pflegeheim Adullam und erfreute sich bis ins hohe Alter guter Gesundheit. Dass sie flexibel und optimistisch blieb, zeigte auch die Art und Weise, wie sie zwei baulich begründete Umplatzierungen im Heim verkraftete. Sie verstarb am 25. Oktober 2019 im Alter von 104 Jahren.

Johannes Wenk-Madoery (12.03.1930–05.05.2020)
ROLF SPRIESSLER

Johannes Wenk-Madoery anlässlich der Kulturpreisverleihung der Gemeinde Riehen für das Jahr 1995, Riehen 1996.

SAMMLER, LOKALHISTORIKER UND HEBEL-KENNER

«Es macht mir Freude, anderen eine Freude zu bereiten», sagte er einmal, und dieser Satz wiederum sagt viel aus über den gewissenhaften Sammler und Archivar Johannes Wenk-Madoery, der am 5. Mai 2020 im Alter von 90 Jahren nach einem reich erfüllten Leben verstorben ist.

Johannes Wenk, geboren am 12. März 1930, wurde Kaufmann und übernahm von seinem Vater das traditionsreiche Haushaltwarengeschäft Wenk, das heute in den Händen seines Sohnes liegt. Hierher kamen die Leute nicht nur, um etwas zu kaufen, sondern oft, um dem interessierten Inhaber Fragen zu stellen, zu berichten oder Dokumente zu übergeben. So wuchsen Johannes Wenks Wissen über seine Heimatgemeinde und die Region und seine Sammlung stetig.

Er sammelte Schriften, Bilder und Tondokumente zur Geschichte der Familie Wenk, der Gemeinde Riehen und der Region. Für das Sammeln, Sichten und Ordnen hatte er sich von seinem Vater begeistern lassen, der bereits ein Archiv zur Familien- und Geschäftsgeschichte angelegt hatte. Johannes Wenk war Mitinitiant des Dorf- und Spielzeugmuseums Riehen, dem er viele Ausstellungsobjekte überliess, und engagierte sich während 28 Jahren als Mitglied der Museumskommission. Ausserdem war er Vorstandsmitglied im Heimatschutz Riehen (1961–1989) und in der Bürgerkorporation Riehen (1974–1987). In den Jahren 1975 bis 1987 beteiligte er sich gemeinsam mit seiner Frau Irma Wenk-Madoery, die ihn geschäftlich wie privat stets mit voller Kraft unterstützte, sowie mit Hans und Gertrud Krattiger und Samuel und Hanna Schudel an der Organisation der Autorenabende in Riehen.

Besonders verbunden fühlte sich Johannes Wenk mit dem alemannischen Dichter und Denker Johann Peter Hebel. Mit dessen Werk war er schon als Jugendlicher in Kontakt gekommen. Seit jeher hatte er sich wie Hebel, der halb in Hausen im Wiesental und halb in Basel aufgewachsen war, auf beiden Seiten der Landesgrenze wohlgefühlt und folglich auch vielfältige Kontakte zur badischen Nachbarschaft gepflegt. Viele Jahre gehörte Johannes Wenk dem Präsidium des Hebelbundes an, der ihn 2006 zum Hebeldank-Träger ernannte. Bereits 1988 hatte er die Johann-Peter-Hebel-Gedenkplakette erhalten, die die Gemeinde Hausen im Wiesental seit 1960 jährlich verleiht. Wenk baute in seinem Haus an der Schmiedgasse 2 eine umfangreiche Hebel-Sammlung auf und galt als einer der besten Hebel-Kenner überhaupt.

Zusammen mit Hans A. Jenny wurde Johannes Wenk für seine Sammeltätigkeit mit dem Kulturpreis der Gemeinde Riehen für das Jahr 1995 ausgezeichnet. Er hortete nicht nur Relevantes für die Nachwelt, sondern stellte seine historischen Dokumente Wissbegierigen auch gern grosszügig zur Verfügung. Er half, wo er konnte, und tat dies stets auf freundliche Weise mit aller Kraft, die er besass.

Bildnachweis

Bilder auf derselben Seite werden in der
Reihenfolge von oben nach unten
beziehungsweise von links nach rechts genannt.

Cover: Ursula Sprecher
S. 8–10: Ursula Sprecher
S. 13: Grafik 1: MeteoSchweiz 2020, modifiziert
S. 14–17: Grafiken 2–7: Daniel Hernández 2020
S. 18: Rolf Spriessler; Daniel Hernández
S. 19: Daniel Schmidt
S. 20 Grafik 8: MeteoSchweiz 2020, modifiziert; Grafik 9: National Centre for Climate Services (NCCS) (Hg.): CH2018 – Klimaszenarien für die Schweiz, Zürich 2018, S. 15, modifiziert
S. 22: Ursula Sprecher
S. 26: Nathalie Reichel
S. 28: Ursula Sprecher
S. 30: Gian Gaggiotti
S. 33–35: Ursula Sprecher
S. 36: Luzius Fischer
S. 38: Grafik: Eidgenössische Forschungsanstalt für Wald, Schnee und Landschaft (WSL), Birmensdorf
S. 39/40: Andreas Wyss
S. 41: Andreas Wyss; Luzius Fischer
S. 42–44: Andreas Wyss
S. 45: Luzius Fischer
S. 46: Salome Leugger Arnold
S. 48: Tiefbauamt Kanton Basel-Stadt; Salome Leugger Arnold
S. 50–52: Salome Leugger Arnold
S. 54: Richard Grass
S. 56: Heiner H. Schmitt, Wärmeverbund Riehen AG; Susanne Wegmann
S. 59: Dominik Hadorn
S. 60–70: Ursula Sprecher
S. 73–75: Rolf Spriessler
S. 76: Staatsarchiv Basel-Stadt, BILD 13, 274
S. 79: Universitätsbibliothek Basel, Portr BS Legrand JL 1755, 5
S. 80: Staatsarchiv Basel-Stadt, BILD Falk. A 519
S. 83: Staatsarchiv Basel-Stadt, BILD 13, 952
S. 86: Philippe Jaquet
S. 88: Riehener Zeitung, 19.01.1979, Dokumentationsstelle der Gemeinde Riehen; Riehener Zeitung, 19.01.1979, Dokumentationsstelle der Gemeinde Riehen; Werner Hausammann
S. 90: Véronique Jaquet (oben links); Philippe Jaquet (alle anderen)
S. 93: Gästebuch Arena, Dokumentationsstelle der Gemeinde Riehen
S. 95: Philippe Jaquet
S. 96: Susanna Drescher
S. 98/99: Ursula Sprecher
S. 102: Archiv Diakonissenhaus Riehen
S. 104: Archiv Gemeinschaftshaus Moosrain; Archiv Diakonissenhaus Riehen
S. 105: Archiv Diakonissenhaus Riehen
S. 106: Archiv Diakonissenhaus Riehen; Walter Morgenthaler, Archiv Gemeinschaftshaus Moosrain
S. 107: Andreas Morgenthaler, Archiv Gemeinschaftshaus Moosrain
S. 108: Arthur Meili, Archiv Gemeinschaftshaus Moosrain
S. 110: Ursula Sprecher
S. 112: Philippe Jaquet
S. 115: Ursula Sprecher
S. 116: Philippe Jaquet
S. 118: Hans Gasser: Festschrift Turnverein Riehen 1882–1932, Basel 1932, S. 49
S. 119: zVg TV Riehen
S. 120: zVg TV Riehen; zVg TV Riehen
S. 121: Philippe Jaquet
S. 122–124: Ursula Sprecher
S. 125: Philippe Jaquet; Rolf Spriessler; Rolf Spriessler
S. 126: zVg FC Amicitia; Michael Fritschi; zVg GLP; Fabian Schwarzenbach

S. 127: zVg Kiwanis Club Riehen
S. 128: Salome Brügger; Rolf Spriessler; Rolf Spriessler
S. 129: Philippe Jaquet; zVg TC Stettenfeld
S. 130: zVg Turnerinnen Riehen; Rolf Spriessler
S. 131: zVg Verein Offene Tür; Rolf Spriessler
S. 132: Ursula Sprecher
S. 133: Véronique Jaquet; Michel Schultheiss; Philippe Jaquet
S. 134: Philippe Jaquet; Philippe Jaquet; Philippe Jaquet; Philippe Jaquet
S. 135: Rolf Spriessler; Philippe Jaquet; Rolf Spriessler; Philippe Jaquet; Philippe Jaquet
S. 136: Philippe Jaquet; Michèle Faller
S. 137: zVg Künstlerkollektiv ‹Übr›; Fondation Beyeler, Filmstill aus ‹Hip Hopper›, Rap-Führung mit Laurin Buser, Kamera und Schnitt: Thomas Hof
S. 138: Michèle Faller; Stefan Leimer; Philippe Jaquet; Philippe Jaquet
S. 139: Philippe Jaquet; Philippe Jaquet; Philippe Jaquet; Philippe Jaquet
S. 140: Philippe Jaquet; Michèle Faller; Rolf Spriessler
S. 141: Philippe Jaquet; Philippe Jaquet; Philippe Jaquet; Philippe Jaquet
S. 142: Luca Koelbing
S. 143: zVg Bogenschützen Juventas; zVg Bogenschützen Juventas
S. 144: zVg Bogenschützen Juventas; zVg Alessia Wälchli; Philippe Jaquet
S. 145: Rolf Spriessler; Philippe Jaquet
S. 146: Andrea Roth; Fabian Benkler
S. 147: athletix.ch
S. 148: Luca Koelbing; Detlev Seyb (Swiss Rowing)
S. 149: Philippe Jaquet; Tony Maher; Tony Maher
S. 150: zVg Taekwondo-Schule Riehen; Rolf Spriessler; Rolf Spriessler
S. 151: Philippe Jaquet
S. 152: Ursula Sprecher
S. 153: Odo Camponovo; Philippe Jaquet
S. 154: zVg Christoph Bossart; Christoph Bossart
S. 155: Andreas Klaiber; Andreas Klaiber
S. 156–170: Ursula Sprecher
S. 179: Philippe Jaquet
S. 180: Werner Blatter
S. 181: zVg Niklaus Schmid
S. 182: Philippe Jaquet

Legenden Auftaktbilder
Cover: Wasserpfütze in den Langen Erlen, März 2020.
S. 8/9: Wiesenstreifen in den Langen Erlen, April 2020.
S. 68/69: Grünfläche beim Naturbad Riehen, Juli 2020.
S. 122/123: Baumstumpf in den langen Erlen, November 2019.
S. 124: Corona-Schutzmassnahmen beim Eingang zum Sportplatz Grendelmatte an der Grendelgasse, Juni 2020.
S. 132: Überlebensgross oder diskret am Wegesrand: die überraschenden Wortbilder der Ausstellung ‹Zeit Los Lassen› von Matthias Zurbrügg auf dem Friedhof am Hörnli, Juni 2020.
S. 142: Meret Renold und Katharina Ebert im Juniorinnen U19-Doppelzweier des Basler Ruder-Clubs an der Schweizermeisterschaft auf dem Rotsee, Juli 2019.
S. 152: Ansicht der St. Franziskus-Kirche vom Holzmühleweg her, März 2020.
S. 156: Corona ist allgegenwärtig: Schild beim Wenkenpark, Juni 2020.
S. 170: Hasen-Skulptur mit Hygienemaske bei einem Hauseingang an der Wenkenstrasse, Juni 2020.